Eve Jackson

Jupiter

Der alte Wohltäter in einem neuen Licht

Eve Jackson

Jupiter

Der alte Wohltäter in einem neuen Licht

Edition Astrodata

Titel der englischen Originalausgabe:
Jupiter: The astrological anatomy of a planet
Ins Deutsche übertragen von Jürgen Langowski

Edition Astrodata
CH-8907 Wettswil

Satz: Gasser AG, Zürich
Druck und Bindung: Hieronymus Mühlberger GmbH, Augsburg
Umschlagsfoto: Image Bank, Zürich

ISBN 3-907029-07-0

Inhalt

Danksagung

Ich möchte David Hamblin für seine Beiträge zu diesem Buch danken; Graham Ellis und Olivia Barclay für den lebhaften Briefwechsel über Jupiter; David Fisher, dem Schöpfer der Datenbank der «Astrological Association» für die schnelle Lieferung von genauen Daten; Pat Harris, deren mühevolle Forschungen über Jupitertransite durch mein Versäumnis im Buch nicht erwähnt werden, und der «Cambridge University Press» für die freundliche Erlaubnis, die Vasenmalerei von Zeus und Semele abzubilden, die zuerst von A.B. Cook in seinem Monumentalwerk *Zeus* veröffentlicht wurde.

Ausserdem stehe ich in der Schuld aller Lehrer, Kollegen, Klienten und Studenten, deren Gedanken und Erfahrungen schliesslich durch mich in dieses Buch eingingen; und ich danke Dave Stevens für seine unermüdliche Unterstützung und Hilfe.

Alle Horoskope sind nach dem Placidus-Häusersystem gezeichnet.

Abkürzungen bei den Zeitangaben:
LMT: Local Mean Time (Lokalzeit)
CST: Central Standard Time (GMT + 6 Stunden)
GMT: Greenwich Mean Time (Weltzeit)
MET: Middle European Time (Mitteleuropäische Zeit)

Einleitung

Es war eine schwierige Aufgabe, ein Buch über Jupiter zu schreiben. Zunächst einmal ist es praktisch unmöglich, eine einzelne Gestalt aus dem astrologischen Pantheon zu isolieren, denn jedes Element ist Bestandteil eines Systems von Wechselwirkungen, und wenn man ein ganzes Horoskop betrachtet, verschwimmt zwangsläufig der Blick für einen einzelnen Planeten. Ausserdem erschwert es gerade die Natur dieses Planeten, exakte Aussagen zu machen. Weit erfahrenere Astrologen als ich stellten sich die Aufgabe, ein Buch über Jupiter zu schreiben, doch auch ihnen gelang es nicht, Jupiters Reich der Potentiale – in dem alles möglich ist und in dem wir die Freiheit haben, grenzenlosen neuen Gedanken zu folgen – in die beschränkte, konkrete Form gedruckter Buchstaben umzusetzen. Die Idee, ein Buch über Jupiter zu schreiben, kam mir, als der Planet durch mein drittes Haus zog; doch als er es wieder verliess, schwand meine Begeisterung, und erst der Druck des Transit-Saturns im dritten Haus ermöglichte es mir, langsam und mühevoll dem Buch eine Gestalt zu geben.

Wenn ich mich hauptsächlich mit den weniger attraktiven Aspekten Jupiters beschäftigt habe, so liegt dies daran, dass es - wie schon andere vor mir festgestellt haben – unter Astrologen eine gewisse Scheu gibt, sie zu behandeln. Ich glaube jedoch, dass es an der Zeit ist, das Gleichgewicht wiederherzustellen. Wir nennen Jupiter den «Grossen Wohltäter» und glauben – besonders, wenn er in unseren Horoskopen stark gestellt ist -, er könne nichts Unrechtes tun. Ich meine jedoch, dass «Wohltätigkeit» nicht mit moralischer Lauterkeit gleichgesetzt werden kann.

Einige Bereiche Jupiters wurden vielleicht zu sehr vernachlässigt. Ich habe der lebenslustigen Seite Jupiters, über die häufig genug geschrieben wird, nicht sehr viel Raum gewidmet, und der Sport kommt praktisch gar nicht vor. Ich denke, die «sportliche» Seite Jupiters und seines Zeichens, des Schützen, wurde stark überbetont; Mars hat wahrscheinlich viel mehr mit diesem Bereich zu tun. Ich hoffe, die Sportfans werden mir vergeben.

Da ich mich vor allem mit Geburtshoroskopen auseinandersetze, wollte ich erforschen, wie wir den Planeten in unserem Leben spüren, und zwar in erster Linie mit Blick auf das Geburtshoroskop. Das ist für mich im Grunde eine psychologische Frage, denn meiner Meinung nach haben wir das, was wir passiv zu erleben glauben, in Wirklichkeit – bewusst oder unbewusst – angezogen. Dennoch ist die Verbindung zwischen innen und aussen geheimnisvoll, und wir können nicht für alles verantwortlich gemacht werden, ausser vielleicht auf der Grundlage des Karmas früherer Leben. Obwohl viele scheinbar glücklichen Umstände das Produkt einer bestimmten Lebenshaltung sind, kann ich die Verbindung zwischen Jupiter und schieren Glücksfällen nicht ganz leugnen.

Ich kann mir immer noch nicht erklären, warum Ptolemäus Jupiter als mässigend betrachtete, denn obwohl dieser Planet nicht immer exzessiv ist, erkennt er doch keine Grenzen an, und das ist zugleich eine seiner grossen Tugenden und seine grosse Gefahr.

Es ist zwar verführerisch, die Natur eines Planeten auf ein einziges Schlüsselwort zu reduzieren, doch der astrologische Symbolismus ist viel umfassender, und jeder Planet scheint einen ganzen Halo von teilweise widersprüchlichen Attributen zu besitzen. Beim Studium Jupiters fiel mir besonders auf, wie viele Worte, die ihn beschreiben, mit dem Sehen zu tun haben: Vision, Überblick, Theorie, Spekulation, Seher. Und alle bedeuten, etwas aus einiger Entfernung zu betrachten. Was meiner Meinung nach einer allgemeingültigen Definition von Jupiters Funktion am nächsten kommt, ist die – natürlich nicht wirklich umfassende – Aussage, dass er mit dem Drang zu tun hat, hinter das Gegebene zu schauen oder zu gehen und uns aus den Beschränkungen der augenblicklichen Situation zu befreien.

Mythen

> «Die Mythologie ist die Psychologie der Antike (. . .) Wir modernen Menschen besitzen keine Mythologie im eigentlichen Sinne, sondern vielmehr psychologische Systeme: spekulative Theorien über den Menschen in Beziehung zu übermenschlichen Kräften und Bildern, die heute Felder, Instinkte, Antriebe und Komplexe genannt werden.»[1]

> «Ein grosser Teil der griechischen Mythologie ist politisch-religiöse Geschichte.»[2]

Jede Kultur hat ihre Geschichten, in denen die historische Entwicklung und die fortschreitende menschliche Erfahrung zusammenfliessen; unsere Vergangenheit ist unweigerlich und untrennbar mit unserer Gegenwart verflochten und gestaltet sie mit. Auch Horoskope erzählen Geschichten. Wir können das im Grunde dynamische Wechselspiel von Kräften, die einen Menschen ausmachen und im Geburtshoroskop reflektiert sind, nicht begreifen, solange wir die astrologischen Symbole als rein statische Begriffe betrachten, als eine Auflistung unveränderlicher Charakteristika. Die Geschichten, die sich in Transiten und Progressionen entfalten, sind nie wirklich neu, sondern vielmehr befrachtet mit Jahrtausenden biologischer und kultureller Evolution, denn mit kleinen Abweichungen und Neuerungen wiederholen wir das Leben unserer Vorfahren.

Da ich später auf die Grosse Göttin zu sprechen komme, möchte ich die Muttersymbolik, die mit dem Zeichen des Krebses assoziiert wird, als Beispiel nehmen. Die Mutterschaft beginnt mit der geheimnisvollen, unauflöslichen Symbiose zwischen Schoss und Fetus, entwickelt sich über die Krise der Geburt weiter zur aktiven Rolle der Mutter, in der sie für Ernährung, Schutz und Erziehung des Säuglings sorgt, bis hin zu einem Punkt, an dem die Abhängigkeit allmählich abnimmt und das Kind sich von der Mutter löst und sie sogar zurückweisen kann, um selbst die Verantwortung für sein Leben zu übernehmen. Wir tun dem Zeichen des Krebses Unrecht, wenn wir uns auf seine «fürsorglichen und schützenden» Qualitäten beschränken, als wäre die Mutterschaft zum Bild der Maria geronnen, die auf ewig das neugeborene Kind zärtlich in den Armen hält. Persephones undurchsichtige Verwandlung vom Mädchen zur Mutter in der Unterwelt, Niobes hochmütiger Mutterstolz, Demeters Klage über den Verlust ihrer Tochter – dem jugendlichen Aspekt ihrer selbst -, Jokastes inzestuöse Verbindung mit Ödipus und der bedrückende mütterliche Drachen, den der Held erschlagen muss – all das sind Aspekte der Mutterschaft, die unser Verständnis dieses Zeichens bereichern können.

In unserer Kultur gibt es zwei vorherrschende mythologische Strömungen: die jüdische und christliche sowie die griechisch-römische Tradition; andere Strömungen, wie etwa das Keltische und das Nordische, spielen eine weniger herausragende Rolle. Die christlichen Mythen stehen offenbar sehr im Vordergrund, doch da das Christentum die Astrologie mied und in keiner Weise den Symbolismus der Planeten assimilierte, hat es dem Astrologen kaum Assoziationen zu bieten, wenn wir auch natürlich gewisse Verbindungen herstellen können. Die Planeten sind heute noch nach den Entsprechungen jener Namen benannt, unter denen Ptolemäus sie kannte, und ich ziehe zur Aufklärung hauptsächlich die Mythen heran, die mit diesen griechischen Namen verbunden sind, besonders die Geschichten über Zeus.

Beim Studium der Mythologie begeben wir uns jedoch auf unsicheren Grund. Die Geschichten variieren je nach Ort und Zeit, sie wurden durch lokale Traditionen modifiziert und haben sich mit anderen Geschichten vermischt. Wenn Kulturen sich ausbreiten, vermischen und verändern, dann verschmelzen auch die Götter mit anderen Göttern, und die Gestalt des Zeus ist da keine Ausnahme. In Ägypten gab es einen Kult des Zeus Ammon, und es gab einen Kult des Zeus Adad, der den syrischen König der Götter verkörperte. Der Tempel von Jerusalem wurde zu einem Zeustempel, und im christlichen Griechenland wurde Zeus anscheinend aufgrund verschiedener Ähnlichkeiten mit Elias identifiziert. Als Zeus Chtonios war er vom tödlichen Hades nicht zu unterscheiden. Er wurde unter anderem mit dem Widder, dem Bullen, dem Wolf, der Ziege und sogar der Schlange assoziiert, und seine zahlreichen, oft widersprüchlichen Beinamen zählen nach Hunderten, häufig in Anlehnung an lokale Variationen seiner Kulte.[3] Als er die Rolle des obersten Gottes übernahm, erwarb er immer mehr auch die Attribute seiner Gegenspieler.

In der letztendlichen Analyse gibt es keine feste Grenzlinie zwischen einer Gottheit oder einer Geschichte und einer anderen. Mythen entstehen, entwickeln sich, verändern sich und verschwinden, genau wie Götter. Und wenn wir uns der Astrologie zuwenden, stehen wir kaum auf festerem Boden. Die Assoziation von Göttern und Planeten in der Astrologie ist sicher nicht willkürlich, doch sie ist auch nicht ein für alle Mal stabil und festgelegt. Die Namen der Planeten änderten sich in Mesopotamien mehrmals, als verschiedene Götter mit verschiedenen Attributen die Regentschaft übernahmen – bis die Griechen sie schliesslich zu ihrem eigenen Pantheon[4] in Beziehung setzten und die Planeten einfach mit jenen Gottheiten in Verbindung brachten, die den babylonischen Gestalten am ähnlichsten zu sein schienen. Auf diese Weise wurde Marduk, der seinen Namen vom damaligen König der babylonischen Götter bekam, zum Zeus oder Dias der Griechen und später zum Jupiter der Römer. Die physischen Planeten sind mehr oder weniger in ihrer Umlaufbahn geblieben, doch über die Jahrhunderte und von einer Kultur zur anderen veränderte sich die menschliche Wahrnehmung der Realität und entwickelte sich weiter, und gleichzeitig machten die Werte, die Gottheiten und Planeten zugeschrieben wurden, entsprechende Veränderungen durch. Dennoch gibt es in Jupiters Symbolismus einen zentralen Kern, der zu einem Urwissen zurückführt, und einen zentralen Kern der vielfältigen Mythen um Zeus. Wir müssen den Griechen bei der Namensgebung der Planeten, die sie kannten, zumindest die gleiche Synchronizität zubilligen, die wir in der Benennung der später entdeckten Planeten erkennen – ein Beispiel ist Pluto, dessen erschreckend passender Name von einem elfjährigen Mädchen vorgeschlagen wurde und sich gegen recht ansehnliche Mitbewerber durchsetzte.[5]

Wenn wir die Entwicklung der Religion in Griechenland – und in vielen anderen Gebieten – weit zurückverfolgen, erreichen wir die Ära der Grossen Göttin, die in verschiedenen Erscheinungsformen über die Geheimnisse von Geburt, Fruchtbarkeit und Tod herrschte. Meist wurde sie als Dreifaltigkeit von Mädchen, Mutter und altem Weib angebetet oder als Göttin der höheren Reiche, der fruchtbaren Erde und des schrecklichen Ortes unter der Erde; oder als die drei Jahreszeiten Frühling, Sommer und Winter. Ihr Antlitz war in den drei Gesichtern des Mondes gespiegelt – die schlanke Sichel mit ihren Verheissungen, der reife, lichtspendende Vollmond und das furchterregende Verschwinden in der Dunkelheit -, und der Zyklus des Mondes war das früheste Mass für das Verstreichen der Zeit. Die Göttin war keinem männlichen Wesen verpflichtet und verband sich frei mit denen, die sie wählte. Die heilige Prostitution war ein Teil ihres Kultes. Ihre Kinder waren allein ihre, denn die Rolle des Mannes bei der Zeugung wurde noch nicht verstanden oder zumindest nicht anerkannt.

Über die soziale Organisation in dieser Zeit, als die Göttin herrschte, ist wenig bekannt, und es ist strittig, ob man von *Matriarchat* (Herrschaft der Mutter) ebenso wie von *Matrilatrie* (Anbetung der Mutter) sprechen muss.

Doch zahlreiche Geschichten bezeugen die Rolle der Königin/Priesterin, die einmal im Jahr einen Liebhaber erwählte, einen König für ein Jahr, der am Jahresende geopfert wurde und damit den Jahreszyklus der Fruchtbarkeit und der Macht der Sonne symbolisierte; ein Zyklus, der sich jedes Jahr erneuerte und den Geliebten der Göttin entspricht – ein Beispiel ist Ischtars geliebter Tammuz. Marduk, eine regionale Stammesgottheit, die von den Babyloniern mit dem Planeten Jupiter assoziiert wurde und deren Schicksal mit dem ihrer Stadt einherging, war anscheinend ein solcher Gott. Er entwickelte sich von einem Pflanzengott zu einem Sonnengott, und schliesslich wurde er der höchste König der Götter, der sich die Titel der anderen Götter aneignete – wie es auch Zeus tat. An Marduks Grabmal wurden jährliche Begräbnisriten abgehalten, und sein grosses Fest fand zur Frühlings-Tagundnachtgleiche statt, dem babylonischen Neujahr – dem Augenblick, in dem die Kraft der Sonne zurückkehrt. Einer seiner Namen (Asar) war mit dem der Korngöttin verbunden.

Marduk war ursprünglich vielleicht der örtlichen Version der Grossen Göttin untergeordnet, bevor er sich zu einem allmächtigen Herrscher entwikkelte. Ganz ähnlich wird behauptet[6], dass die Rolle des Königs, traditionell eine Sonnen-Rolle, sich langsam aus dem Zyklus des Opferns und der Beherrschung durch die heilige Königin löste.

Die Stämme, die indoarische Dialekte unbekannten Ursprungs sprachen, entwickelten eine männlich-militärische Aristokratie und beteten männliche Götter an, und in Invasionswellen unterwarfen sie die südlichen Göttinnen-Anbeter und vermischten sich mit ihnen. Dies ist die Geschichte Griechenlands im zweiten Jahrtausend vor Christus. Mit den Hellenen kamen Zeus und andere männliche Götter, es kam der Anspruch der Vaterschaft und der männlichen Autorität und der Glaube an den erlösten Geist, der die Natur unterwarf und über die Materie triumphierte. Zuerst waren diese eindringenden Götter der Göttin untergeordnet und teilten sich wahrscheinlich eine Zeitlang die Macht mit ihr, doch schliesslich übernahmen sie die Regie.

Die Mythen um Zeus beschreiben sowohl diese äussere, historische als auch die innere psychologische Entwicklung – das Auftauchen des beherrschenden Prinzips der paternalistischen Ära, die im Zeitalter des Widders entstand. In der neuen Zeit wog die soziale Organisation (die von Zeus repräsentiert wurde) schwerer als Blutsbande (die von Hera, seiner Gefährtin bevorzugt wurden); das Spirituelle stand gegen das Biologische, und eine neue Art moralischer Gesetze stellte die alten Gesetze der Natur in Frage.

Obwohl Zeus ein Himmelsgott ist (s.u.), ist er weit weniger distanziert als sein Grossvater Uranos (= Himmel). Er steht trotzdem im Gegensatz zu den dunkleren, geheimnisvolleren Gottheiten der irdischen Natur. Wie seine Gegenspieler in anderen indoarischen Traditionen wird er mit Bergen assoziiert, und in der Stundenastrologie ist Jupiter der Herrscher «hochgelegener Orte». Auch Jahwe verkündet seine Gebote von einem Berggipfel. Doch obwohl ein Berg zum Himmel reichen mag, erhebt er sich aus der Erde. Selbst der Olymp besteht aus irdischer Substanz, und Zeus ist wie Jahwe nicht über die Geschicke der irdischen Sterblichen erhaben. Es wird sogar von ihm gesagt, dass er sich mit ihnen gepaart hätte.

Zeus wird allgemein als Mann von mittleren Jahren beschrieben, bärtig und beeindruckend, bekleidet mit einer Ziegenhaut voll göttlicher Macht und einem mit Sternen besetzten Mantel, der manchmal eine himmelblaue Farbe trägt und manchmal das tiefe Blau des Nachthimmels. Zu seinen vielen Titeln zählen diese: König, Erlöser, Vater, Stammvater, der Gütige, Freund, Schenker der Vollendung, Gott der Heirat, Hüter der Fremden, Ratgeber, Wolkensammler, Donnergott, Beschützer von Eid und Vertrag.

Die Griechen nannten ihn «Vater Zeus», und sein lateinischer Name Jupiter beinhaltet ebenfalls den Begriff «Vater». Die meisten olympischen Götter sind seine Kinder, und er ist der Vater vieler Helden. Er ist der Patriarch des Olymp, und er hat einiges mit unserem «Himmlischen Vater» gemein, dem alttestamentarischen Jahwe. Er ist der spirituelle Vater und die triumphierende Vaterschaft, die auf die matriarchalische Periode folgte, in welcher die Rolle des Vaters ignoriert oder unterdrückt wurde. Obwohl er genaugenommen nicht als Vater der Menschen im allgemeinen gilt, gibt es eine Geschichte, in der er der Schöpfer der Menschheit ist, und seine väterliche Rolle wird oft verallgemeinert und umschliesst auch die Menschheit. Homer nannte ihn häufig den «Vater der Götter und Menschen».

Die traumhaft sichere Art, in der aus seinen zahlreichen flüchtigen Verbindungen Nachkommen hervorgehen, illustriert die Überbewertung des männlichen Beitrages an der Fruchtbarkeit, nachdem der Göttin die Macht genommen war. Ganz ähnlich wird erzählt, dass bei dem kurzen Aufenthalt der Argonauten auf der Insel Lemnos Herakles (Herkules) sich in einer Orgie mit fünfzig Frauen vereinigte und alle schwängerte. Die Partnerinnen, so unterstellen diese Mythen, waren jederzeit zur Empfängnis bereit, und die Rolle ihres Monatszyklus wurde übersehen. Mit der Verleugnung ihres Beitrages zur Empfängnis ging die Verleugnung ihrer Blutsverwandtschaft einher.

«Man glaubte allgemein, dass genetisches Erbe nur im männlichen Samen vorhanden sei; die Frau hatte wenig mehr als eine passive Matrix zu bieten, wie Apollo in Aischylos' Eumeniden bestätigt; und in der Tat wurde die Funktion des weiblichen Ovums bei der Fortpflanzung von Säugetieren erst im neunzehnten Jahrhundert verstanden. Deshalb konnte eine Familie nur über die männliche Linie fortgepflanzt werden.»[7]

In den *Eumeniden* entschuldigt Apollo Orestes' Muttermord mit der Begründung, dass die Mutter keine wirkliche Blutsverwandte sei:

«Die Mutter ist nicht wirklich Elternteil des Kindes,
das ihres genannt wird. Sie ist die Hüterin des Wachstums
jenes jungen Samens, der von seinem wahren Ahnen, dem Vater,
gepflanzt wurde.»[8]

In der Tat ist gerade der Konflikt zwischen den alten Rechten der Mutterschaft und dem neuen Gesetz des Patriarchats eins der wichtigsten Themen in der Orestes-Trilogie. Die verbreitete Vorstellung, dass Stuten vom Wind befruchtet würden, scheint irgendwo zwischen dem Glauben an jungfräuliche Empfängnis und der Annahme zu liegen, dass die durchdringende Kraft des Männlichen die Schwangerschaft verursacht habe. Ptolemäus' Feststellung, dass Jupiter die befruchtenden Winde regiere[9] (Marduk wird ebenfalls als «Gott der guten Winde»[10] bezeichnet), stellt gewiss eine Verbindung zwischen diesen beiden Sichtweisen her. Und astrologisch gesehen liegt er gar nicht so falsch; das Bild des Sämanns schien und scheint völlig angemessen, wenn wir über Jupiters Wirken im Horoskop sprechen – eine zerstreuende, aussendende Kraft, die immer wieder neues Leben und neue Ideen in Gang bringt und manchmal tatsächlich mit der biologischen Empfängnis zusammenfällt. Auch Regen befruchtet, und Zeus als Himmelsgott war auch der Herr der regentragenden Wolken; diese Vorstellung ist im Bild des befruchtenden Goldregens enthalten, der auf Danae niederging und in dem sich Zeus verbarg. (Danae, zum Status einer sterblichen Frau gesunken, war ursprünglich eine Ackergöttin.)Zeus, «jahrhundertelang nicht mehr als ein Halbgott und keineswegs eine unsterbliche olympische Gottheit»[11], wurde schliesslich zum höchsten Gott der Griechen. Er spielte in ihrer Theologie eine so zentrale Rolle, dass die klassischen Gelehrten in diesem polytheistischen System sogar monotheistische Züge zu entdecken glaubten. (Auch Marduk erhob sich aus niedrigen Anfängen zu überlegener Höhe.) Der Name Zeus und das römische Gegenstück Jupiter entspringen beide der indo-europäischen

Wurzel *djeu-* oder *div-*, aus der sich Worte wie *dieu* und *divine* entwickelten. Zeus wurde schliesslich gleichbedeutend mit *dem* Gott im Gegensatz zu *einem* Gott, und seine zahlreichen Beinamen entsprechen den vielfältigen Manifestationen des Göttlichen. Und deshalb regiert er in unserem astrologischen System das neunte Haus, das Haus der Religion.

Djeu- bedeutet erleuchten, und Zeus steht ganz allgemein für «den hellen Himmel», den strahlenden Himmelsgott. Er sammelt Wolken, schickt den befruchtenden Regen und erschreckt die Menschen mit seinen Blitzen. Während er gewiss mit dem Himmel und dem feurigen Äther darüber assoziiert wird, unterstreicht Kerenyi[12], dass dies nicht unbedingt die ursprüngliche Bedeutung seines Namens gewesen sein muss, denn linguistisch bezeichnet das Wort kein Objekt (etwas Helles), sondern eher ein Ereignis, ein Blitzen oder ein Leuchten.

Er zitiert die Schlusszeile von Sophokles' *Trachinierinnen*: «Und nichts von all dem ‹der tragischen Selbstverbrennung Herakles'› ist nicht Zeus» und fährt fort: «. . . für den normalen Athener der klassischen Periode (. . .) war Zeus die 'Bedeutung', die mehr oder weniger jedes grosse Ereignis erhellte.»[13] Diese Einsicht bringt uns nahe an die Funktion Jupiters im Geburtshoroskop, denn als Herrscher des neunten Hauses hat er vor allem mit der Sinnsuche zu tun. Dies ist die Dimension des Lebens, die uns aus dem ewig blinden Kreislauf der Natur errettet.

Zeus' Waffe ist der Donnerkeil, den er zornig schleudert. Dieses Thema findet sich beim wedischen Indra wieder, einem weiteren «Prahlhans» und Regenbringer unter den indoarischen Himmelsgöttern, der dem griechischen Zeus gleicht. Das Gegenstück in der nordischen Mythologie ist Thors Hammer.[13] Und abermals taucht die Waffe als Attribut des Marduk auf, der Entsprechung Zeus' im babylonischen astrologischen System.[15] Er war mit dem astrologischen Neujahr im Frühling verknüpft, und er war der Gott des Frühlingsregens und des Donners.

Der Donnerkeil oder *vajra* überlebte im Hinduismus und in der Vajrayana-Tradition des tibetischen Buddhismus als Symbol unwiderstehlicher spiritueller Kraft und des unauslöschlichen Seinszustandes, der hinter Täuschung und Käuflichkeit liegt. Es ist ein maskulines Symbol, das in der tantrischen Praxis mit einer (weiblichen) Glocke kombiniert wird. Es kann erleuchten oder zerstören, und es deutet auf Zeus' Funktion als Erleuchter hin, während es uns zugleich daran erinnert, dass er eine mächtige Gestalt ist – und dass der Planet Jupiter nicht so harmlos ist, wie er manchmal dargestellt wird. Homer beschreibt ihn als «unbesiegbaren Zeus, der die höchsten Türme vieler Städte niederriss und noch viele weitere zerstören wird».[16] Jahwe wird ebenfalls oft mit Blitz und Donner in Verbindung gebracht. Sie kündigen seine Gegenwart auf dem Berg Sinai an, bevor er Moses die zehn Gebote verkündet (Exodus 19,16), und sie spiegeln seine schreckliche Macht: «Es donnerte im Himmel, deine Blitze leuchteten auf dem Erdboden; das Erdreich regte sich und bebte davon» (Psalm 77,19); «Du fährst auf den Wolken wie auf einem Wagen und kommst daher auf den Fittichen des Windes (. . .) vor deinem Donner fuhren sie dahin» (Psalm 104,3 u. 7). Die Eiche, der heilige Baum des Zeus (in einem der ersten Schreine des Zeus in der prächtigen Berglandschaft von Dodona wurde das Orakel aus den Bewegungen des Windes in den Eichenblättern gelesen), ist der Baum, der am häufigsten vom Blitz gespalten wird.

Zeus' Vogel, der Adler, bringt wie der Blitz die Zerstörung aus dem Himmel, und sein ferner Hort in den Bergen macht ihn zu einem passenden Gefährten des Gottes. Auch Jahwe wird manchmal mit Adlern identifiziert: «Ich trug dich auf Adlerschwingen und brachte dich zu mir.» (Übertragung des Übersetzers).

Zeus ist der Sohn von Kronos (Saturn) und Rhea; Kronos ist vielleicht ein Gott, der immer noch der Göttin gehorcht.[17] Da Kronos prophezeit wurde, dass er den Thron des Königs der Götter einem seiner Kinder überlassen müsse, verschlingt er sie gleich nach der Geburt. Doch mit Hilfe Uranos' und Gäas, Kronos' Eltern, die er seinerseits verdrängte, gebiert Rhea auf Kreta Zeus, zieht ihn dort auf und gibt Kronos einen Stein, den er an Stelle seines Sohnes verschlingt. Zeus bekommt Hilfe von seiner ersten Frau Metis (d.h. Weisheit, guter Rat), der Tochter von Okeanos und Tethys. Sie rät ihm, Rhea aufzusuchen, die dafür sorgen soll, dass Zeus Kronos' Kelch tragen darf. Rhea gibt ihm einen Gifttrank, und wieder auf Metis' Rat mischt er den Trank in den Kelch seines Vaters, worauf der alte Gott Zeus' Geschwister – Hestia, Demeter, Hera, Hades und Poseidon – wieder ausspeit. Unter Zeus' Führung nehmen sie den Kampf gegen die Titanen auf. Diese älteren Schwestern und Brüder, an erster Stelle die Schwestern, sind eindeutig frühere Gottheiten, die nun Zeus' Autorität unterworfen sind. Wie es bei Mythen immer der Fall ist, gibt es verschiedene Berichte über die Art und Weise, wie Zeus mit Kronos verfährt, nachdem er die Prophezeiung erfüllt und den alten Mann mit Hilfe seiner Brüder und Schwestern überwunden hat. Manche sagen, dass er Kronos in die Tiefen des Tartaros warf, doch in anderen Versionen verbannt er ihn in ein würdiges Exil auf den Inseln der Gesegneten im Westlichen Meer. Obwohl er immer wieder Wutanfälle bekam und schwere Strafen verhängte, war Zeus kein so rachsüchtiger Gott wie beispielsweise Apollo. Doch als er selbst Gefahr läuft, auf ähnliche Weise von einem ungeborenen Sohn aus seiner Ehe mit Metis überwunden zu werden, benutzt er die gleiche Taktik wie sein Vater und verschlingt die ganze Ehefrau.

Der zukünftige König des Olymps wurde auf Kreta in einer dunklen Höhle geboren und von der Ziegen-Amme, der Göttin Amaltheia, aufgezogen. Einige Geschichten berichten, dass sein Ziehbruder die Ziege Pan oder Aigipan[18] war, eine alte Naturgottheit. Andere Ammen, die erwähnt werden, sind die Nymphen Adrasteia und Io, Töchter von Melisseus, dem König von Kreta oder dem Bienenkönig, einer männlichen Form der Melissa (Biene, weibliche Form). Adrasteia («die Unausweichliche») war die dunkle Form der Mutter Rhea, und Io war eine schlichtere Version der Göttin. «Biene» ist auch einer der Namen der Göttin, und man glaubte, der Honig käme vom Mond[19]; er galt als wichtiges Nahrungsmittel und wurde gleichzeitig mit dem Tod assoziiert. In manchen Versionen der Geschichte ist Zeus' Amme eine Sau, ebenfalls ein Tier der Göttin. Von Milch und Honig genährt, wächst das Kind auf und bereitet sich auf seine Eroberungstaten vor.

Nach dem Sieg über seinen Vater und die anderen Titanen führt Zeus die Olymper erfolgreich in den Krieg gegen die Giganten. Dabei helfen ihnen die Hekatoncheiren, drei Giganten, die hundert Arme besitzen und von Kronos in den Tiefen der Erde gefangen gehalten worden waren. Seine nächste Heldentat ist der Sieg über das Ungeheuer Typhon; aus dieser Geschichte geht er als der Prototyp aller drachentötenden Helden hervor. Typhon ist ein riesiges, qualmendes Biest mit hundert Schlangenköpfen, das bellt wie ein Hund; und sowohl Schlange als auch Hund werden mit der dreigesichtigen Mondgöttin assoziiert. Diese Verkörperung der dunklen, instinktiven und unbewussten Kräfte wird vom Verteidiger des Lichtes und des Bewusstseins überwunden. Die Geschichte hat Parallelen in Thors Sieg über die Midgard-Schlange, Indras Sieg über Vritra und Jahwes Bestrafung der Schlange im Garten Eden. Der babylonische Marduk kam zur Macht, nachdem er den Drachen Tiamat erschlagen hatte, die Verkörperung des Wasser-Chaos, aus dem er und die anderen Götter entstanden waren.[20]

Es ist jedoch wichtig anzumerken, dass Zeus bei seiner Aufgabe nur Erfolg hat, indem er ein Wesen der instinktiven Kräfte unterwirft, in diesem Fall Aigipan, den Ziegengott; ganz ähnlich überwand er seine Titaneneltern mit Hilfe der Titanin Metis und einem Gefolge von Mutterfiguren; und die Giganten, die Kinder Gäas, besiegt er mit der Hilfe ihrer anderen riesigen Kinder, der hundertarmigen Hekatoncheiren.

Zeus jagt Semele

Alle diese Geschichten, in denen Zeus Hilfe fand, zeigen uns, dass er seine Macht nur durch Bündnisse – wenn auch durch einseitige – mit den Gottheiten einer früheren, stärker biologisch orientierten Periode erlangt; letzten Endes durch Bündnisse mit der «freigiebigen Göttin Erde, (. . .) der Mutter und Ernährerin des Lebens und der Empfängerin der Toten für die Wiedergeburt.»[21] Sein Donner und seine Blitze sind Geschenke der Zyklopen, der Söhne von Uranos und Gäa. Semele, eine Göttin, die auf den Status einer unglücklichen Geliebten zurückgestuft wurde, benutzte selbst den Donnerkeil, um ihren Sohn Dionysos beim Opfer der Sommersonnenwende zu töten. Moira oder Moiren – das Schicksal oder die Schicksalsgöttinnen – wird verstanden als etwas, das jenseits der Kraft von Zeus liegt, bis er schliesslich auch *themis* verkörpert, das Naturgesetz; das heisst, er assimiliert Themis, eine weitere seiner Frauen. (Auch Marduk reisst die Tafeln des Schicksals, die in dieser Version der Geschichte ursprünglich der Meergöttin Tiamat gehörten, von der Brust ihres erwählten Mannes Kingu.[22]) Metis (die, wie wir uns erinnern, von Zeus verschluckt wurde) versorgt ihn aus seinem Bauch mit guten Ratschlägen. Wenn aus diesen Zusammenhängen für die Astrologie eine Lehre zu ziehen ist, dann vielleicht diese: Jupiters Macht, wenn auch gewaltig gross, hat Grenzen, und sie muss vom weiblichen Prinzip geerdet und genährt werden. Gewiss ist er weniger gefährlich, wenn er sich mit dem Weiblichen verbündet, und seine Erhöhung im Krebs zeigt an, dass eine solche Verbindung in der Tat eine glückliche ist. Der biblische Jahwe dagegen ist eher einseitig, denn er wendet sich strikt gegen jede weibliche Kraft.

Zu Zeus' göttlichen Ehen zählen jene mit Eurynome, Mnemosyne, Metis, Thetis, Themis, Dione, Nemesis, Demeter und Persephone; und alle sind sie Göttinnen der Erde oder des Meeres, der weiblichen Elemente Erde und Wasser. Aus diesen Verbindungen entstehen zahlreiche Nachkommen, die ihrerseits wieder aus älteren Figuren bestehen, wie zum Beispiel Athene[23]; diese Nachkommen werden in das Reich der neuen Religion eingeführt, genau wie frühere Gottheiten in die christliche Heiligenversammlung eingeführt wurden. Die Geschichten über Zeus' zahlreiche Heiraten sind Berichte über ebensoviele Vergewaltigungen oder zumindest über arglistige Verführungen. Vergewaltigung ist die konkreteste Ausdrucksform der Verletzung des weiblichen Prinzips und ein häufiges Traummotiv.

Besser bekannt als alle bisher erwähnten Ehen ist natürlich die Vereinigung von Zeus und seiner Schwester, der «ochsenäugigen» Hera. Es gibt Geschichten über die Verfolgung und Verführung Heras – er erregt ihr Mitgefühl, indem er sich in einen armseligen Kuckuck verwandelt und sie dann gewaltsam nimmt - und von einer langen, heimlichen Beziehung mit ihr; doch weit mehr Geschichten bezeichnen ihn als verheirateten Mann, der immer wieder Abenteuer sucht, während ihm seine rachsüchtige Frau auf den Fersen ist. Es ist für unser Verständnis des astrologischen Jupiter hilfreich, in Erinnerung zu behalten, dass für Zeus die Jagd alles ist und eine langfristige Verpflichtung ein Greuel. Doch die Ehe mit Hera hält: Die Feindseligkeit des eifersüchtigen Weibes gibt Zeus anscheinend die benötigte Grundlage und ist zugleich eine Beschränkung, die seinen Appetit für eine endlose Folge kurzer Affären mit Göttinnen, Nymphen und sterblichen Frauen erst recht anstachelt. So müssen wir den freischwebenden Jupiter immer vor dem Hintergrund und in Gegensatz zu einer ruhigeren, beschränkteren Lebensart sehen, die ihn dennoch stützt.

Früher wurde dem *hieros gamos* (der göttlichen Ehe) von Zeus und Hera viel Aufmerksamkeit gewidmet. Kerenyi[24] erwähnt die Kulte, die sich um das Ehebett der Hera drehen; sie selbst wird von einer Holzpuppe repräsentiert, der Zeus als «unsichtbarer Bräutigam» beiwohnt. Dies beschwört die Vorstellung von Christus als Bräutigam und vom Gott als Geliebtem bei den Sufis herauf – es ist eine Metapher für den empfänglichen Gläubigen, der von der Erfahrung des Göttlichen durchdrungen wird. Doch in ihrem Buch *The Way of All Women*[25] warnt Esther Harding vor Verführung durch den «Geistergeliebten», der Frauen aus der wirklichen Welt ins Reich der Phantasie lockt. Hier kommen wir in Berührung mit einer der Gefahren, die uns von Jupiter drohen, eine Gefahr, die vielleicht mehr gefürchtet werden muss als sein gelegentliches Blitzeschleudern – nämlich seine Neigung, uns die Vereinigung mit dem «Spirituellen» zu versprechen und uns alle Unbequemlichkeiten und Trivialitäten des «Realen» zu ersparen. Er ist der verführerische Aspekt des männlichen Prinzips, gleichgültig, ob wir das Horoskop eines Mannes oder einer Frau betrachten. Der Versuch, ungewappnet ins Reich Jupiters zu fliegen, muss zwangsläufig zu einer Spaltung führen, und wir werden zurückgetrieben, um das «Reale» oder Natürliche auf der Suche nach Ganzheit neu zu bewerten.

Bei seinen zahlreichen Verführungen benutzt Zeus äusserst findige Verkleidungen und verbindet sich mit den Opfern in Gestalt von sterblichen Männern, von Tieren und sogar leblosen Dingen. Er ist in dieser Hinsicht so trickreich wie Hermes (Merkur), in der Tradition der zweite Herr über die veränderlichen Zeichen. Und er ist immer erfolgreich – nicht nur bei seinen Verführungen, sondern auch beim Hervorbringen von Nachkommen aus diesen flüchtigen Abenteuern. Er sät seinen Samen und verschwindet, doch wie ein Jupitertransit braucht es einen Nährboden, damit der Same Früchte trägt.

Die mythologische Gestalt des Zeus verkörpert eine ganze Reihe von Eigenschaften, die direkt auf die Rolle Jupiters in der Astrologie umgesetzt werden können. Er wird mit dem Konzept des «Göttlichen» ganz allgemein assoziiert, mit Klugheit, Erleuchtung und Sinn, mit dem Männlichen (die Elemente Feuer und Luft) im Gegensatz zum Weiblichen (Erde und Wasser); doch anscheinend braucht er dessen Hilfe, um seine Ziele zu erreichen. Er ist eine mächtige Autoritätsfigur, er wütet und straft im Zorn, und er ist ein geschickter Verführer und ein Vergewaltiger. Er sät überall seinen Samen.

Die Mythen um Zeus haben nicht nur eine ähnliche Struktur wie jene um andere Götter, die von Völkern der indoeuropäischen oder arischen Sprachgruppe angebetet wurden (Indra und Thor), sondern lassen sich auch mit den semitischen Mythen um Jahwe und Marduk vergleichen. Trotz der Behauptung, dass die Priester Babylons Marduks Charakteristika und seine Geschichte stark verändert haben, um ihre Gottheit an die wachsende weltliche Bedeutung ihrer Stadt anzupassen, besitzt Marduk erkennbare Gemeinsamkeiten mit der olympischen Gottheit, und man dürfte nicht fehlgehen, wenn man seinen Planeten mit Zeus identifiziert. Ob es tatsächlich direkte Einflüsse gab, oder ob die gleichen archetypischen Motive unabhängig voneinander an mehreren Orten auftauchten, bleibt Mutmassungen überlassen.

Anmerkungen

1 James Hillman: *The Dream and the Underworld*, Harper & Row 1979.

2 Robert Graves: *The Greek Myths*, Penguin 1960. Bd. 1, S. 17. (Erstausgabe 1957).

3 s. A.B. Cook: *Zeus*, Bd. I, Cambridge University Press 1914.

4 Michael Baigents bald erscheinendes Buch über die babylonische Astrologie sollte uns weitere Informationen liefern.

5 Ein Bericht über die Namensfindung für Pluto bei William Graves Hoyt, *Planets X and Pluto*, University of Arizona Press 1980, S. 215ff.

6 s. Robert Graves, *The Greek Myths*, Bd I, S. 14.

7 L.P. Wilkinson, *Classical Attitudes to Modern Issues*, William Kimber 1979.

8 Aischylos, *The Oresteian Trilogy*, engl. übers. v. Philip Vellacott, Penguin 1959 (1956).

9 Ptolemäus, *Tetrabiblos*, engl. Übers. v. F.E. Robbins, Harvard University Press und William Heinemann (Loeb Classical Library) 1940, S. 37.

10 Bouché-Leclercq, *L'Astrologie Grecque*, Paris 1899.

11 Graves, *The Greek Myths*, Bd. I, S. 18.

12 C. Kerenyi, *Zeus and Hera: Archetypical Image of Father, Husband and Wife*, Princeton University Press 1975, S. 9.

13 ebd., S. 19-20.

14 Joseph Campbell, *The Masks of God: Occidental Mythology*, Viking Press 1964, Kap. 9.

15 Jean Bottéro, *La Religion Babylonienne*, Presses Universitaires de France 1952, S. 59.

16 Homer, *Iliad*, Buch 2, engl. Übers. v. E.V. Rieu, 2. Aufl., Penguin 1950, S. 43.

17 Robert Graves, *The White Goddess*, Faber & Faber 1961, S. 127.

18 C. Kerenyi, *The Gods of the Greeks*, Thames & Hudson 1951, S. 28.

19 Erich Neumann: *The Great Mother*, Bollingen Series, Princeton University Press 1972, S. 267.

20 S.H. Langdon, *Mythology of All Races, Vol. 5: Semitic*, Cooper Square 1964, S. 282.

21 Joseph Campbell, *The Masks of God: Occidental Mythology*, Souvenir Press 1974, S. 7.

[22] Langdon, a.a.O., S. 102.

[23] Athene, die aus Zeus' Kopf geboren wurde, war anscheinend eine lokale Version der Grossen Göttin, die durch die Verbreitung der patriarchalischen Religion entthront wurde. Siehe A.B. Cook, *Zeus*, Bd. III, Cambridge University Press 1940.

[24] C. Kerenyi, *Zeus and Hera*, Kap. VII.

[25] Esther Harding, *The Way of All Women*, Longmans, Green and Co. 1933, Kap. 2.

Astronomie

Nach der Sonne ist Jupiter der grösste Körper im Sonnensystem; die Sonne ausgenommen, hat er mehr Masse als alle anderen Körper im Sonnensystem zusammen; sie entspricht dem 318fachen der Erdmasse. Sein Durchmesser beträgt 143 000 Kilometer, etwa das elffache des irdischen Durchmessers. Trotz seiner gewaltigen Grösse besteht er hauptsächlich aus leichten Substanzen, aus Gasen – wahrscheinlich vor allem Wasserstoff und Helium. Unter seinen Wolken besitzt er keine stabile Oberfläche. Er strahlt im Infrarotbereich mehr als doppelt so viel Energie ab, wie er von der Sonne aufnimmt. Einige Wellen, die er aussendet, äussern sich als Stürme von Radiowellen. Man glaubt, dass die unter dem Namen «Apollo-Objekte» bekannten Planetoiden, die die Erdbahn kreuzen und sogar mit der Erde zusammenstossen könnten, von Jupiter stammen. Der Grosse Rote Fleck, der 1831 entdeckt wurde, könnte ein gewaltiger atmosphärischer Wirbel sein, ein beständiges Sturmsystem in der Atmosphäre des Planeten, das rotes Material von tieferen Ebenen heraufbringt. Jupiter dreht sich schneller als jeder andere Planet, doch nicht völlig gleichmässig; ein äquatoriales Band bewegt sich schneller als der Rest. Das magnetische Oberflächenfeld soll etwa zehnmal so stark sein wie das der Erde, und es ist stärker als das jedes anderen Planeten. Der Zug der Schwerkraft reicht aus, um den Asteroidengürtel zu beeinflussen und dreizehn Monde in Umlaufbahnen um den Planeten zu halten.

Quelle: George O. Abell, *Realm of the Universe*, Holt, Rinehart & Winston, New York 1976.

Jupiter und Saturn

«Wir sollten beten, als hinge alles von Gott ab und handeln, als hinge alles von uns selbst ab.»

Augustinus

Aus ihrer Wechselbeziehung in der Mythologie ist klar, dass Jupiter und Saturn zwar zueinander in Beziehung stehen, doch Kräfte repräsentieren, die einander feindlich sind. Ihre Naturen, wie sie in der Astrologie beschrieben werden, sind so gegensätzlich, dass es für die beiden Planeten schwierig, wenn nicht gar unmöglich ist, zur gleichen Zeit zu wirken. Und doch sind sie komplementär, und einer setzt den anderen voraus. Was sich erhebt, muss herabkommen, auf Systole folgt Diastole, auf die Saat die Ernte.

Die beiden Planeten, die zwischen den eindeutig persönlichen und den überpersönlichen äusseren Planeten stehen, bilden eine Polarität, deren Elemente jeweils als Energie und Materie, Hoffnung und Furcht, Überfluss und Kargheit, Expansion und Kontraktion, oder, in Begriffen von Jungs Typologie, als Intuition und Empfindung bezeichnet werden können.

Die traditionellen Etiketten «Expansion» und «Kontraktion» sind recht abstrakt, doch sie gewinnen Substanz, wenn wir sie auf unsere psychologischen Alltagserfahrungen umsetzen, auf die physischen Haltungen, die zu ihnen gehören. Jupiter lässt uns die Brust weiten und hinausgreifen. Er verspricht uns, alles, was wir brauchen, sei in unserer Reichweite oder zumindest direkt um die Ecke. Er gibt uns ein Gefühl grenzenloser Möglichkeiten und flüstert uns zu, dass alles möglich sei. Er inspiriert und beflügelt uns, er führt uns weiter, überzeugt uns, gegen alle Wahrscheinlichkeit den Schritt zu tun. Er gibt uns Freiheit. Er nimmt uns aus uns selbst heraus.

Doch während das jovische Vertrauen uns öffnet, zieht uns die saturnische Furcht zusammen, sie macht uns klein, lässt uns unsere Schultern fallen und den Kopf senken, sie weckt zynische Zweifel und murmelt «Vorsicht», sie zensiert und hindert uns mit einem Gefühl der Unzulänglichkeit und Befangenheit. Saturns Rat lautet im allgemeinen, auf Nummer Sicher zu gehen und festzuhalten, was wir haben. Er misstraut Jupiters Bereitschaft, Risiken einzugehen. Kronos verschlang das Kind Zeus aus Furcht.

Saturns Sicherheit ist Jupiters Gefängnis. Saturn ist der Herr der Grenzen, und Jupiter ist nicht bereit, irgendwelche Grenzen anzuerkennen. Er macht sich nicht auf, um sie in der Art der transsaturnischen Planeten zu zerstören, indem er sie durchbricht, sie auflöst oder unterminiert – er weigert sich einfach zu akzeptieren, dass es Grenzen gibt, und mit seiner Hilfe können tatsächlich Berge versetzt werden. Doch selbst in Augenblicken, in denen wir dem Göttlichen am nächsten sind, wartet Nemesis schon auf uns. Saturn erinnert uns daran, dass wir letzten Endes doch nur aus Fleisch und Blut sind, und dass es uns nur schaden kann, unsere menschlichen Grenzen zu überschreiten.

Die Grenzen, die Saturn uns setzt, sind im Grunde Grenzen der materiellen Welt, denn die Form impliziert Definition, Begrenzung und daher materielle Bindung. Saturn beschränkt uns auf die reale Welt, wie sie durch die Sinne erfahren wird, und alle unsere Eingebungen müssen sich schliesslich in der Realität bewähren, oder sie lösen sich in Luft auf.

Doch obwohl wir in diesem Leben nicht dem Schicksal von Geschöpfen entgehen können, die in einer materiellen Welt leben, erzählen unsere Sinne nicht die ganze Geschichte – es wäre eine traurige Welt, wenn dies so wäre. Die exakten Wissenschaften wägen, messen und beschreiben, was wir gewöhnlich für die äussere Realität halten, doch es gibt auch eine innere Wahrnehmung, durch die wir Dinge sehen können, dir wir nicht direkt vor der Nase haben, sondern die sein könnten – die Dinge, die als Möglichkeiten existieren. Dies ist die Vision Jupiters, ohne die nichts Neues entstehen könnte und ohne die unsere Masseinheiten bedeutungslos blieben. Jeder von Menschen errichteten saturnischen Struktur liegt ein intuitiver Blick auf ihre Möglichkeit zugrunde. Die erfolgreiche Firma oder Institution existierte zunächst in der Phantasie, und ihr materieller Fortschritt hängt ebenso von der Fähigkeit ab, sich mögliche Entwicklungen vorzustellen, wie vom Umgang mit materiellen Komponenten und der Organisation von Zeit und Bewegung.

Jupiter lockt und verspricht. Er kann täuschen wie der Zeus der Mythen, und er trägt alle Arten von Verkleidungen, doch er weist den Weg nach vorn. Wenn wir ihn zu erkennen wissen und andererseits begreifen, wann es an der Zeit ist, Saturn zu unserem Verbündeten zu machen und unser Verständnis zu festigen, dann können wir einen grossen Schritt hin zur Erfüllung der Verheissung tun.

Saturn und sein Zeichen werden traditionell mit dem Vater assoziiert, doch auch Jupiter – oder Vater Zeus – ist ein Aspekt des väterlichen Prinzips. In früher Kindheit greift der Vater – im Idealfall wenigstens – ein, um die symbiotische Beziehung zwischen Mutter und Kind aufzubrechen. Er setzt dem kindlichen Verhalten Schranken, was einer Mutter sehr schwer fällt, wenn sie in mütterlicher Nähe und Identifizierung mit ihrem Sprössling gefangen ist. Dies ist der saturnische Aspekt der Vaterschaft, der deutlich im strengen, herrschenden Vater der viktorianischen Literatur zu finden ist.

Doch ein Vater hat noch eine weitere Funktion. Er vermittelt den Zugang zur Aussenwelt fernab der Kinderstube, die dem Kind die Ganzheit des Lebens verspricht, und in der Millionen Möglichkeiten auf ihre Erforschung warten. Vielleicht sollte ich hinzufügen, dass die *Rollen* austauschbar sind. Die Rolle des Vaters mag auch mit einer Frau besetzt sein, doch in Begriffen der menschlichen Evolution ist die mütterliche Rolle eine andere – intim und nährend, beschäftigt sie sich eher mit den unmittelbaren Bedürfnissen als mit der ganzen Bandbreite menschlicher Erfahrung. Es ist ein Teil der Rolle des Vaters, uns aus dem Heim zu führen und unseren Horizont zu erweitern. Dies ist Jupiters Funktion.

Jupiter ist natürlich auch Zeus als Hengst, Erzeuger, befruchtendes Prinzip, Sämann – und hier steht er in Kontrast zu Saturn, dem Gott der Ernte mit seiner Sichel.

Vater Zeus, der Gesetze erlässt und Blitze schleudert, kann genauso tyrannisch sein wie der rigide Kronos; und gleichgültig, ob wir ihm in der Familie, bei der Arbeit oder in der Politik begegnen, ist es leicht möglich, die beiden zu verwechseln. Doch die tieferliegende Motivation ist sehr unterschiedlich, und der aus ihr resultierende Stil ist ebenfalls ein anderer. Hinter Saturns Gesetzgebung liegt Angst und der Wunsch, auf Nummer Sicher zu gehen und Risiken und beunruhigende Neuerungen zu vermeiden. Nichts soll dem Zufall überlassen bleiben, und nie darf eine wichtige Entscheidung in den Händen der Unerfahrenen oder Abenteuerlustigen liegen. Verantwortung bedeutet, Dinge oder Menschen nicht ausser Kontrolle geraten zu lassen.

Der jovische Diktator dagegen glaubt einfach, dass er recht hat, und sein Wort duldet keinen Widerspruch, wenn es auch womöglich nicht mehr ist als eine vorübergehende Laune. Trotze ihm, und er richtet sich zu voller Grösse auf und wird toben oder zornig brüllen und eine Mordswut bekommen, doch höchstwahrscheinlich wird er nicht lange grollen.

Ein anderes Gebiet, auf dem Jupiter und Saturn sich ins Gehege kommen, ist die Dimension der Zeit. Allgemein wird gesagt, dass Saturn der Herr der Zeit sei, doch seine Domäne ist ihr begrenzender Aspekt: die Beschränkungen der augenblicklichen Situation, die weitgehend, wenn auch nicht ausschliesslich, durch unsere Handlungen in der Vergangenheit («Karma») bestimmt sind, und das Bewusstsein, dass wir nicht ewig leben. Saturn ist konservativ und zeigt uns, wie wichtig es ist, die schweren Lektionen der Erfahrung zu lernen und die Dinge auf eine Art und Weise zu tun, die sich als effektiv erwiesen hat. Er ist der alte Mann, der auf sein Leben zurückblickt und jeder Neuerung mit Misstrauen begegnet.

Jupiter wird mit der Gabe der Prophetie assoziiert – Zeus erlangte diese Gabe, indem er Metis verschlang -, und sein Reich ist die Welt der Möglichkeiten, die immer in der Zukunft liegt. Sobald einer Möglichkeit eine Form gegeben wurde, gehört sie ins Reich Saturns. Doch auch Jupiters Gesicht ist der Vergangenheit zugewandt. Als Herrscher der mittleren Jahre ist er auch der erfahrene Mann; doch hier hat das Wort einen ganz anderen Klang als in seiner saturnischen Bedeutung. Jupiters Sorge gilt der Ganzheit der Erfahrung, der umfassenden Sichtweise, die mit der Zeit kommt. In der Mitte des Lebens besitzen wir zahlreiche Landmarken, an denen wir uns orientieren. Wir können in unsere Erfahrung eintauchen, um uns von etwas ein Bild zu machen, oder um Anleitung oder Trost zu finden, und wir können das Gefühl geniessen, dass wir schon viel hinter uns haben. Alan Leo sieht es so:

> «Die Gesamtsumme unserer Vergangenheit wird wahrscheinlich vom Planeten Jupiter angezeigt. Jedes Individuum ist von einer Aura umgeben, deren Grenzlinie direkt der Schwingung Jupiters ausgesetzt ist. Wir expandieren und vergrössern in jedem Erdenleben die Weite und Qualität dieser Aura, und diese Aura, ob in objektiven Manifestationen der physischen Welt oder im Himmel, in der subjektiven Welt, ist unser eigen, und sie enthält unsere ganze Geschichte, das Ergebnis der Vergangenheit und die Möglichkeiten der Zukunft (. . .)[1]

Emily Fawcus[2] betonte ebenfalls, dass Zeus durch die Ehe mit Mnemosyne auch die Herrschaft über die Erinnerung errang. Dies ist nicht die lunare Erinnerung an einen behaglichen Mutterschoss, sondern die Intuition, dass unser Ursprung im göttlichen Licht liegt, dass wir «mit Wolken der Pracht im Gefolge» in dieses Leben kommen.

Als gemeinsame Herrscher der Zeit bestimmten Jupiter und Saturn durch ihre regelmässigen Konjunktionen, die im Muster der Triplizitäten auftreten, die Masseinheiten für die Geschichte schon lange, bevor die äusseren Planeten entdeckt wurden. Jupiters (fast zwölf Jahre währender) Zyklus ist dem zwölf Monate währenden Zeitmass der Sonne vergleichbar, während Saturns Zyklus (zweieinhalb Jahre in jedem Zeichen) eher der Mondbewegung (zweieinhalb Tage in jedem Zeichen) verwandt ist. Diese Entsprechung passt zur maskulinen/femininen Balance der beiden Planeten, denn Saturn, obwohl dem Namen nach männlich, gehört zum weiblichen Element Erde.

Zurück zur komplementären Natur der beiden Planeten, mit welcher dieses Kapitel begann. Wie der Heilige Augustinus forderte, muss es im Leben sowohl für den Glauben als auch für die Genügsamkeit Raum geben. Das eine ohne das andere ist deprimierend und bedeutungslos, und nur wenige können durch den Glauben allein überleben oder die Welt nur durch positives Denken verändern.

Die Kultivierung des Jovischen ist einerseits jenem Individuum eine Hilfe, das sich von Saturn erdrückt fühlt; andererseits aber ist Saturns beschränkende und formgebende Kraft ein notwendiges Gegengewicht zu Jupiters luftiger Begeisterung. Dies ist gewöhnlich kein willkommener Rat, denn Jupiter schmeichelt dem Ego und Saturn nicht.

Anmerkungen

1 Alan Leo: *How to Judge a Nativity, Part I*, unter gleichem Titel neu veröffentlicht in der Reihe «Astrology for All», Fowler, London 1969, S. 35f.

2 Im Vortrag vor der «Astrological Association Conference» in der Exeter University, September 1984.

Jupiter und Merkur

Im Gegensatz zu den vier Elementen, welche die Gestalt unserer Erfahrungswelt beschreiben – oder die Natur der Psyche, wenn wir das Horoskop als psychologische Landkarte auffassen -, stehen die drei Qualitäten kardinal, fix und veränderlich für eine Reihenfolge von Beginn, Mitte und Ende oder Geburt, Leben und Tod. Eine solche dreifaltige Sequenz ist in der dreigesichtigen Mondgöttin zu finden (das Mädchen, die Mutter und die Alte), in den drei Schicksalsgöttinnen (Klotho, die den Lebensfaden spinnt, Lachesis, die ihn abmisst, Atropos die «Unausweichliche», die ihn durchschneidet), und im indischen *Trimurti* (Brahma der Schöpfer, Wischnu der Erhalter und Schiwa der Zerstörer).

Edward Edinger bestätigt diese Auffassung in seiner Beschreibung des Archetyps der Dreifaltigkeit[1]. Er setzt diese einfache dreifaltige Progression in der Zeit zum dreifaltigen Prozess von These, Antithese und Synthese in Beziehung. Der im englischen gebräuchliche Begriff «common signs» als Alternative zu «veränderlich», weist darauf hin, dass diese Zeichen die Qualitäten kardinal und fix vereinen und würde für eine anschliessende Vervierfachung im zweiten Modell der vier Elemente sprechen.

Die kardinalen Zeichen sind dynamisch und bringen Dinge in Bewegung; man könnte sie vielleicht als motivierende Kräfte betrachten. Die fixen Zeichen halten fest, bewahren, widersetzen sich Veränderungen, als ginge es um vorgegebene Verhaltensweisen, die nicht in Frage gestellt werden dürften. Die veränderlichen Zeichen haben zu tun mit dem Loslassen, Verstreuen und Verteilen der in den fixen Zeichen gespeicherten Energien. Sie klammern sich nicht fest, sondern sie folgen der Richtung, in die der Wind sie treibt, und deshalb sind sie immer unterwegs. Wenn wir diese Qualitäten auf die Stadien des Lebens umsetzen, dann entspricht das veränderliche Stadium der Loslösung von der Welt, um das, was man sammelte, neu zu verteilen und die Relativität dessen erkennen zu können, was man in der Vergangenheit schuf und festhielt.

Die vier veränderlichen Zeichen können als Aspekte dessen betrachtet werden, was wir Geist[2] nennen (wobei ich einräumen muss, dass dieser Begriff schwammmig ist und im Grunde benutzt werden kann, um jegliches astrologisches Phänomen zu beschreiben): die Zwillinge entsprechen dem planenden, entwerfenden Geist. Jungfrau ist der praktische Verstand oder der mit Materie vereinte Gedanke, Schütze ist der forschende, visionäre Geist, und die Fische stehen für den transzendenten, das Ego überschreitenden, meditativen Geist. Während die beiden von Merkur beherrschten Zeichen Erfahrungen in Begriffen von Unterscheidungen und Fakten verstehen, sind die von Jupiter beherrschten eher der intuitiven Wahrnehmung, Bildern und Symbolismen zugewandt. Das Etikett «höheres Bewusstsein», das Jupiter manchmal angeheftet wird, behagt mir nicht, denn es überlässt Merkur das «niedrige Bewusstsein», und dies scheint mir eine Bewertung zu implizieren; jeder Planet sollte als wesentlicher Teil eines funktionierenden Ganzen gesehen werden. Man kann jedoch darüber streiten, ob Merkur nicht einen grundlegenderen Prozess repräsentiert. Schon etwas mehr als ein Jahr nach der Geburt haben wir einen ganzen Merkur-Zyklus erlebt, wogegen wir fast Jugendliche sind, ehe Jupiter einen ganzen Umlauf im Horoskop vollzogen hat. So lernen wir denn auch sprechen und unsere Gliedmassen einigermassen koordiniert zu bewegen, bevor wir für philosophische Höhenflüge oder den Aufbruch zu fernen Horizonten bereit sind.

Merkur, in seiner reinsten Form in den Zwillingen angesiedelt, arbeitet gern auf eine binäre Weise: «Wenn es nicht das ist, dann muss es jenes sein». Er schreitet in einem logisch verzweigenden Prozess voran. Weiterhin repräsentiert er das Prinzip des Austausches: «Dieses *für* jenes.» Die Jungfrau trennt ganz praktisch die Schafe von den Böcken. Aus folgendem Satz scheint mir Merkur zu sprechen: «In gewisser Weise musste tatsächlich ein denkender Mensch seit eh und je notgedrungen und richtigerweise die Dinge aufteilen und voneinander trennen, um seinen Problemen eine zu bewältigende Grössenordnung zu verleihen; würden wir nämlich in unserer praktischen technischen Arbeit versuchen, uns in einem einzigen Anlauf mit der ganzen Wirklichkeit zu befassen, würden wir offensichtlich untergehen.»[3] Merkur befähigt uns, den Dingen eine Bedeutung zu geben, sie mit dem Verstand zu «begreifen», indem wir unterscheiden oder zwischen einem Ding und einem anderen Verbindungen herstellen. Dies war der Gewinn, den uns der Baum der Erkenntnis brachte. Doch nur mit Merkur und ohne Jupiter könnten wir den Blick für das grössere Ganze verlieren.

Ein gutes Beispiel für den merkurischen Prozess ist Linnés Klassifikationssystem, mit dem alle Angehörigen des Tier- und Pflanzenreiches unterschieden werden. Es überrascht nicht weiter, dass Linné geboren wurde, als die Sonne in den Zwillingen stand. Die Zwillinge scheinen sich an der Vielfalt der Phänomene zu erfreuen und daran, ihnen Namen zu geben. Die erwähnte «praktische technische Arbeit» ist die Jungfrau-Anwendung eben dieses

Prinzips. Doch der Aspekt des Verstandes, der in logischen Schritten differenziert, verbindet und fortschreitet, kann trügerisch sein, wie die Liebhaber von Paradoxa und Rätseln sicher wissen. Damit kann man uns beweisen, dass der flinkfüssige Achilles die Schildkröte nie einholen wird. Merkur kann uns fröhlich über den (verzweigten) Pfad im Irrgarten führen. Er ist Fachmann für Taschenspielerei und ein Meister der Verstellung.

Jupiter kann (wie der werbende Zeus) auch gewissenlos sein und seine Gestalt verändern. In den veränderlichen Zeichen ist gewöhnlich nichts stabil: jetzt sieht man es, nun nicht mehr. Der Schütze ist heute hier und morgen dort, die Fische wechseln ständig Form und Farbe. Der neue Mitherrscher der Fische, Neptun, steht für zahlreiche Meeresgötter und Meeresgöttinnen, die alle ihre Gestalt verändern konnten: Nereus, Proteus, Metis und Thetis; doch auch Jupiter kann schlüpfrig sein, und er ist alles andere als ein zuverlässiger Planet. Einerseits kann er bluffen, und andererseits verfällt er der Leichtgläubigkeit.

Jupiter geht beim Verstehen nicht analytisch vor. Er sucht tieferliegende Gesetze und Absichten und ist bereit, intuitive Sprünge zu machen. Dinge auseinanderzunehmen, ist ihm fremd. Deshalb sagt man, dass er in merkurischen Zeichen «im Fall» ist. Wenn für Merkur zwei plus zwei vier ergibt – oder gelegentlich auch fünf -, dann neigt Jupiter zum pythagoreischen Umgang mit Zahlen: Er sucht eher nach dem schwer fassbaren Element der Bedeutung und nicht nach einem Buchhaltungssystem.

Jupiter und seine Zeichen sind eigentlich nicht ordentlich; ihnen fehlt die Präzision, durch welche sich die merkurischen Zeichen auszeichnen. Jupiters Zeichen können sorglos sein, unordentlich, sogar hemmungslos. Oft wissen sie nicht, wann sie aufhören müssen, und sie haben zu Tatsachen eine eher grosszügige Haltung. Jupiter sieht die grossen Zusammenhänge und neigt zu grandiosen Verallgemeinerungen. Und er ist ungeduldig im Detail. Er gibt sich nicht so sehr mit Einzelheiten ab, sondern sucht lieber die tiefliegenden Prinzipien, welche die aktuellen Probleme in einen grösseren Rahmen stellen – sei dieser nun ein religiöser, philosophischer oder gar wissenschaftlicher. Er neigt dazu, Merkurs eher skeptischen Ansatz durch Glauben zu ersetzen. Er konzentriert sich auf etwas jenseits der augenblicklichen Situation, und dieses Etwas kann recht berauschend sein. Während Merkur, der Gott der Strassenkreuzungen, mit der Entscheidung beschäftigt ist, in welche Richtung er sich wenden soll, sorgt Jupiter sich um die Reise selbst und die Möglichkeiten, die sie ihm bieten mag. Er ist der Planet des Weges, des sich schlängelnden Pfades.

Von Merkur wird oft gesagt, dass er das Denken regiere, doch diese Gleichung ist zu einfach. Wenn wir mit Denken die Verarbeitung von Ideen und Informationen meinen, dann ist dies tatsächlich Merkurs Funktion. Doch Jupiter kommt ebenfalls ins Spiel als *die Fähigkeit, hinter das Gegebene zu schauen*, die Fähigkeit, könnten wir sagen, *spekulativ zu denken* – oder kreativ. Dies ist nicht notwendigerweise ein intellektueller Prozess, sondern vielmehr eine Angelegenheit des neunten Hauses. Der Student, der irgendwie nicht über das hinausgehen kann, was gelehrt wurde, und es nicht vermag, das Thema unabhängig zu erforschen, bekommt vielleicht seinen Abschluss, doch im Grunde hat er das Klassenzimmer des dritten Hauses nicht verlassen.

Dieser Aspekt der Jupiterfunktion wird gut von David Hamblins Experiment mit Studentengruppen illustriert, über das im *Astrological Journal*[4] berichtet wird. In seinen Kursen fasste er die Teilnehmer mit stark gestelltem Jupiter im gleichen Zeichen zu Gruppen zusammen und gab ihnen die Aufgabe, einen gemeinsamen Organisationsplan zu entwickeln. Er stellte dabei fest, dass die Ergebnisse stark mit dem dominierenden Jupiterzeichen korrelierten. Die gleiche Tendenz zeigte sich bei Gruppendiskussionen. Leider konnte er die Übung nur mit Gruppen durchführen, in denen sechs Jupiterstellungen in sechs Zeichen vorherrschten. Natürlich schnitten die Teilnehmer mit Jupiter im Löwen und in den Zwillingen am besten ab. Erstere gaben prächtige Vorstellungen und ergriffen die Gelegenheit, vor ihren Mitstudenten ihre akademische Bildung zu demonstrieren. Die Angehörigen der zweiten Gruppe waren in ihrem Element; eine Übung, bei der sie Möglichkeiten erforschen sollten, indem sie ihre Gedanken austauschten, schien wie für sie geschaffen. Die Gruppe mit Jupiter im Krebs, die wahrscheinlich am liebsten heimlich von ihren Projekten geträumt hätte, schnitt am schlechtesten ab. Die Gruppe mit Jupiter in der Waage nutzte die Gelegenheit, ihre zwischenmenschlichen Beziehungen zu klären und kümmerte sich weniger um die gestellte Aufgabe, während in der Gruppe mit Jupiter im Skorpion einige sehr entschlossen arbeiteten, während andere nur wenig Interesse zeigten. Es wäre in diesem Fall natürlich passender gewesen, Einzelaufgaben zu stellen. Die Gruppe mit Jupiter im Schützen war recht unterhaltsam, doch zu undiszipliniert, um gut zu arbeiten. Eine Gruppe mit Jupiter in der Jungfrau erledigte nicht die Aufgabe, sondern entfesselte eine Gruppendiskussion und profilierte sich, indem sie dem ganzen Kurs besonders kritisch gegenüberstand, was sich als konstruktiv erwies.

Die veränderlichen Zeichen, möglicherweise mit Ausnahme der Fische, haben nicht nur mit dem Lernen zu tun, sondern auch mit dem Lehren. (Gewiss lehren die Fische auf einer subtileren Ebene; vielleicht wäre sogar «vermitteln» das bessere Wort.) Die Aussaat, das Ausstreuen von Samen des Wissens und Verstehens, ist ein Aspekt der Veränderlichkeit, und sowohl Merkur als auch Jupiter sind zugleich Lehrer und Anführer. Merkur informiert und stellt Verbindungen her, Jupiter inspiriert den Studenten zur Suche. Und tatsächlich wird er in der hinduistischen Tradition als «Guru»[5] bezeichnet. Beim merkurischen Lehrer müssen wir achtgeben, dass wir nicht vor lauter «Fakten» in die Irre gehen, doch beim jovischen Lehrer müssen wir uns vor den Gefahren allzu grosser Begeisterung hüten – eine nicht ungefährliche Regung. Ich kenne mehrere Menschen, die von einem wundervollen, jovischen religiösen Lehrer so begeistert waren, dass sie sogleich Mönche und Nonnen wurden. Doch als der Lehrer sie verliess, begannen sie sich zu fragen, was sie bloss getan hatten, und bald streiften sie die Kutten wieder ab und lösten sich aus ihrer Verwirrung.

Bevor ich dieses Kapitel über die Herrscher der veränderlichen Zeichen beende, möchte ich betonen, dass es kein Zufall ist, wenn Jupiter ausschliesslich veränderliche Zeichen regiert. Wir mögen ihn lieben, doch er ist bei weitem nicht so beständig, wie wir ihn gern hätten. Wie die verblassende Vision, wie das ruhelose Bewusstsein, wie der Lehrer, der inspiriert und scheidet, ist er immer in Bewegung.

Anmerkungen

1 Edward Edinger, *Ego and Archetype*, Putnam, New York 1972, Kap. 7.

2 Diese Idee stammt aus Zipporah Dobyns Buch *Finding the Person in the Horoscope*, T.I.A. Publications 1973.

3 David Bohm, *Wholeness and the Implicate Order*, Routledge & Kegan Paul, Ausg. 1981, S. 2 (Erstveröffentl. 1980).

4 David Hamblin, «Jupiter in the Classroom», *Astrological Journal*, herausgegeben von der Astrological Association of Great Britain, Sommer 1978 und Sommer 1981.

5 Chris Eger, «Swami Muktananda», *Astrological Journal*, Herbst 1982.

Elemente

Das gewöhnlich mit Jupiter assoziierte Element ist Luft. Dies mag manchen Leser überraschen, denn unser Planet besitzt keine besondere Verbindung mit irgend einem der Luftzeichen, und da er unbestritten über den Schützen herrscht, könnte man meinen, dass er vor allem im Feuertrigon zu Hause sei, und, als Herrscher der Fische, eine gewisse wässrige Seite habe. Doch die Assoziation der Elemente mit den Planeten entstammt nicht den Zeichen, die sie regieren, wie manchmal angenommen wird. Die Identifizierung von Dreiergruppen von *Tierkreiszeichen* mit Elementen ist anscheinend noch nicht sehr alt. Ptolemäus spricht zwar von Dreiheiten oder «Trigonen», die aus Zeichen gebildet werden, welche in harmonischer Beziehung (Trigone) stehen, doch bisher habe ich noch keinen Hinweis darauf gefunden, dass die Triplizität der Feuer- oder Erdzeichen und so weiter bereits vor dem siebzehnten Jahrhundert erwähnt worden wäre. Andererseits war die Assoziation der *Planeten* mit den vier Elementen schon im Mittelalter und der Renaissance geläufig, und sie brachte der Astrologie das System der vier Temperamente, die sich aus der hippokratischen und galenischen Tradition der Medizin ergaben. Es ist ein wenig Forschungsarbeit wert, ein Gefühl dafür zu bekommen, was die Elemente unseren Ahnen bedeuteten, und um zu verstehen, warum Jupiter als luftiger Planet betrachtet wurde.

Die Elemente, einzeln und in Gruppen zusammengefasst, waren ein Jahrtausend lang Gegenstand der Verehrung und später der kosmologischen Spekulation, während sie zugleich eine ergiebige Quelle für Metaphern bildeten. Auf der mythologischen Ebene glaubte man häufig, die Geschichte habe mit der göttlichen Heirat zwischen dem Himmelsgott (Uranus) und der Erdgöttin (Gäa) begonnen, und es gab Mythen über mächtige Wassergötter wie Okeanos und Tethys. Im klassischen Pantheon beherrschte Zeus den Himmel, Poseidon das Wasser und Hades die Tiefen der Erde. Die Sumerer kannten die Dreifaltigkeit von Anu (der den Himmel repräsentiert), Enlil (Erde) und Ea (Wasser). Ausserdem gab es Götter, die mit dem Feuer verbunden waren. Marduk war einer von ihnen; ausserdem wissen wir von Hephäst, dem Gott der Vulkane, vom Titanen Prometheus, der dem Menschen das Feuer brachte, und natürlich vom persischen Ahura Masda. Diese Götter waren keine Vergötterungen physischer Elemente, sondern vielmehr jener Lebensprinzipien, welche diese Elemente zu verkörpern schienen.

Im sechsten Jahrhundert v. Chr. entwickelte sich eine wissenschaftlichere Haltung. Die präsokratischen griechischen Philosophen beschäftigten sich mit der Definition der Natur des physischen Universums, doch die früheren mythologischen Bezüge hallen in ihren Theorien nach, und anscheinend betrachteten sie die Elemente mit einer Art religiöser Ehrfurcht. Die Elemente tauchen in den Fragmenten der präsokratischen Schriften ebenso als mächtige Bilder auf wie als fassbare Substanzen. Goethe enwickelt dieses Thema im *Faust* Teil II, wo wir eine Debatte über die relative Macht des Wassers oder Feuers zwischen den Philosophen Thales und Anaxagoras finden.[1] Goethe steht eindeutig auf seiten des gewaltfreien Wassers, und Anaxagoras verschwindet bald darauf von der Bühne. Es überrascht nicht, dass Goethes Horoskop fünf Planeten und den Aszendenten in Wasserzeichen hat und ein grosses Trigon in den Wasserzeichen dazu; eine Ecke dieser Figur wird vom Jupiter in den Fischen gebildet.

Die Annahme, der Kosmos bestehe aus *vier* Elementen, war unter den Pythagoräern recht verbreitet. Allgemein jedoch wird behauptet, dass Empedokles, charismatischer Philosoph des fünften Jahrhunderts v. Chr., als erster beschrieb, dass der *Mensch* aus denselben vier kosmischen Elementen oder «Wurzeln» bestehe, die er mit der Erde, dem Himmel, der Sonne und dem Meer in Verbindung brachte[2]. Die Stoiker, die die Astrologie begeistert aufnahmen, folgten ebenfalls dem Modell Empedokles', wenn sie auch die vier Elemente nicht in ihr astrologisches System integrierten[3]. Welche Fäden die westliche Tradition mit dem ganz ähnlichen indischen Schema[4] verbinden, ist nicht klar. Im Westen entsprachen, Hippokrates und Galen folgend, die vier Elemente exakt den vier Temperamenten der Humoralpathologie. Dies waren der Sanguiniker (Luft), der Choleriker (Feuer), der Phlegmatiker (Wasser) und der Melancholiker (Erde).

Wir wollen die Elemente und ihre Assoziationen etwas näher betrachten.

Erde

Wenn ich mit der Erde anfange, dann beginne ich mit dem Offensichtlichen. Dr. Johnson, erzürnt über Bischof Berkeleys Beweis, dass die Materie nicht existiere, «trat mit gewaltiger Kraft den Fuss gegen einen grossen Stein, worauf er zurückprallte und erwiderte: 'Ich weise dies *so* zurück.'»[5] Buddha berührt in seiner rituellen Geste die Erde und ruft sie an als Zeugin für die Realität seiner Erleuchtung. James Hillman sagte, wenn einem Menschen die Luft fehlt, dann schicken wir ihn nicht mit einem Flugzeug hinauf, doch wenn ihm Erde fehlt, dann schlagen wir ihm vor, einen Spaten zu nehmen und den Garten umzugraben. Erde bedeutet, etwas wörtlich nehmen oder auf der offensichtlichen Ebene anzugehen – der Ebene, auf welcher im Bewusstsein vieler Menschen die unveränderliche Realität entsteht. Vielleicht bewirkte gerade diese Bodenständigkeit, dass frühe Philosophen immer wieder die Vorrangstellung des Wassers (Thales), der Luft (Anaximenes) und des Feuers (Heraklit) betonten. Niemand räumte der langweiligen, soliden Erde einen Ehrenplatz ein. Es blieb den Alchemisten überlassen, feste Materie als wichtigste Metapher zu betrachten und mit der Suche nach der *prima materia* zu beginnen, was zum Stein der Weisen führte. Die frühen Philosophen begannen anscheinend am anderen Ende, indem sie versuchten, das Feste in Begriffen eines höheren Prinzips zu erklären.

Die Erde mag auf einer Ebene das Offensichtliche, Banale repräsentieren, doch sie ist auch die geheimnisvolle Mutter allen physischen Seins, sie ist der Staub, aus dem wir kommen und zu dem wir wieder werden, sie ist die Quelle aller Fruchtbarkeit, aller Produktivität und allen Reichtums. Die Erde ist das Element, das am häufigsten mit der Göttin identifiziert wurde, mit der Garantin materiellen Wohlergehens und der Herrin der Kornspeicher – grün, golden und üppig. Als die richtige Zeit kam, war es leicht, die Hälfte der bereits als weiblich charakterisierten Zeichen (diese Polarität von Positiv und Negativ ist eine sehr alte Unterscheidung) mit der Erde in Verbindung zu bringen.

Die Erde erinnert aber auch an die unausweichlichen Beschränkungen der physischen Existenz. Sie repräsentiert den Fluch der Geburt in einem physischen Körper, welcher häufig von Menschen mit transzendentem Ehrgeiz verachtet und folglich in der christlichen Tradition chronisch unterbewertet wurde – einer Tradition, die Aristoteles' Spaltung zwischen Geist und Materie folgt. Es ist die Materie, die Substanz, die (animalische) Natur, die bearbeitet, unterworfen und verfeinert werden muss. Sie kann gemessen und organisiert werden, man kann mit ihr stabile Strukturen errichten. Saturn wurde mit diesem niedrigen Element assoziiert, das am Fusse von Aristoteles' vertikalem Schema angesiedelt war[6]; Wasser, Luft und (ganz oben) Feuer waren ihm überlegen. Die gleiche vertikale Anordnung finden wir im kabbalistischen System[7] wieder. Die gute, verlässliche Erde, die Grundlage, das Lasttier, die Spenderin von Gütern, führt uns, wenn überbewertet, zum Materialismus und verkommt, wenn unterbewertet, zu öder Notwendigkeit und fesselndem Fleisch.

Wasser
Thales von Milet behauptete im sechsten Jahrhundert vor Christus, die Erde triebe auf Wasser, und wahrscheinlich sei sie auch aus diesem entstanden. Es scheint fast so, als hätte er Kontakt mit babylonischem Gedankengut gehabt, welches die Wassergottheiten Apsu und Tiamat an den Anfang aller Dinge stellt. In der Geschichte von Eridu wird von Marduk gesagt, er hätte auf diesem Urgewässer ein Floss und auf diesem Floss eine Hütte gebaut, welche zur Erde wurde[8], während Marduk in der babylonischen Schöpfungsgeschichte Himmel und Erde aus dem wässrigen Körper Tiamats erschafft.[9] Ähnliche Vorstellungen vom Ursprung klingen gelegentlich auch in der Bibel an. Psalm 136 zum Beispiel spricht von Gott «der die Erde über den Wassern ausgebreitet hat», während der Koran berichtet, dass das Wasser der Ursprung allen Lebens sei. Homer erwähnt nebenher (*Ilias*, Buch XIV) Okeanos und Tethys als die ursprünglichen, göttlichen Eltern. Dieses Bild, dass die Erde oder das Leben aus dem Wasser entstanden sei – und tatsächlich hat sich das Leben vom Meer aufs Land ausgebreitet, das Kind wächst im wässrigen Schoss, die Inseln des Bewusstseins erheben sich im Meer des Unbewussten -, scheint sich auf eine unscharf erinnerte Vergangenheit zu beziehen, in der es keine Getrenntheit gab. Dies fügt sich mühelos zu den Wasserzeichen des Tierkreises, vor allem wohl zum Krebs, dem Zeichen des Mondes. Und der Ort, von dem wir kommen, mag der Ort sein, zu dem wir zurückkehren, gleich Tröpfchen, die sich mit dem Meer verbinden. Die Taufe symbolisiert die Wiedergeburt aus einem neuen Schoss und die Reinigung, denn Wasser erfrischt und wäscht uns rein.

In einem seiner bekanntesten Zitate verwendet Heraklit das Bild von einem Fluss, in den wir nicht zweimal steigen können.[10] Wasser ist das Element, das uns am ehesten an Unbeständigkeit denken lässt, an Veränderung, an Fliessen und Instabilität. Sein Wesen lässt sich anscheinend besser durch Verben als durch Adjektive oder Substantive beschreiben: fliessen, branden, brodeln, verschmelzen, auflösen, spritzen. Es reagiert auf die leichteste Bewegung. Da es im Grunde chaotisch und ohne jede beständige Form zu sein schien, wurde es vom systematischen Konfuzius mit einigem Missfallen betrachtet; sein Genie lag in der Wahrnehmung und Beschreibung von Strukturen, und da dem Wasser jede Definiertheit oder selbstgesetzte Beschränkung fehlt, wird es mit Zuständen der Verwirrung oder Psychose in Verbindung gebracht. Es mag klar erscheinen, doch es kann trügerisch sein. Vom irdischen Standpunkt aus sind seine Spiegelungen Illusionen. Für Lao Tse jedoch, den mystischen Dichter und Denker des Taoismus, war «das höchste Gut wie

Wasser»[11], da es nicht streitsüchtig ist und sich an den niedrigsten Stellen niederlässt, da es dem Weg des geringsten Widerstandes folgt und mühelos in jeden freien Raum fliesst und sich einfügt. Folglich sollte eigentlich eher das Wasser als die Erde die Stellung des niedrigsten Elementes einnehmen, da es doch so gut das Prinzip der Tiefe illustriert, und da der Meeresspiegel die Grundlinie ist, von der aus wir alle Erhebungen messen. Obwohl es auch männliche Wassergottheiten gibt, wurden Wasser und Feuchtigkeit viel häufiger mit dem Weiblichen assoziiert[12]; Lao Tses Wertschätzung des Wassers entspringt einer Philosophie, die uns rät, uns «an die Rolle des Weiblichen zu halten».[13] Wasser teilt sich mit der Erde, die sich ebenfalls nach unten bewegt, die weiblichen Yin- oder negativen Zeichen des Tierkreises. Traditionell wurde es mit Mond oder Venus assoziiert.

Feuer

Die nicht an die Schwerkraft gebundenen Elemente, jene, die mit dem Himmel und seinen Feuern assoziiert werden, wurden allgemein dem Männlichen zugeordnet. Der Sexismus mit seiner Teilung in unterlegen und überlegen, eine Unterscheidung, die aus einem Wertsystem entstand, das dem Oben (dem Männlichen) den Vorzug vor dem Unten (dem Weiblichen) gibt und Höhe höher schätzt als Tiefe, hat im grossen und ganzen den Elementen Feuer und Luft einen grösseren Wert beigemessen.

Die meisten Beschreibungen des astrologischen Feuers betonen seine wärmende und verzehrende Kraft: Brände, Leidenschaft, Erregung. Der feurige Typus wurde zum Choleriker, den Nicholas Culpeper, Kräuterkundler und medizinischer Astrologe des siebzehnten Jahrhunderts, so beschrieb: «Kühn, unbekümmert, wütend, hastig, streitsüchtig, voller Zorn (. . .) mutig, gnadenlos (. . .)»[14]. Das Feuer ist jedoch mehr als Wärme, Brand und Verzehren. Es ist auch Licht, eine Tatsache, die wir in unserem elektrischen Zeitalter – was entschuldbar ist – vergessen haben. Culpepers Beschreibung würde ich mit Mars assoziieren, mit dem roten Planeten, doch nicht mit Feuer allgemein. Galen, auf dessen Theorien das System der Temperamente aufbaut, hielt den cholerischen Typus dagegen für weniger martialisch: Für ihn erfreut er sich einer «Schärfe und Klarheit des Geistes.»[15]Die Mythologie zeigt uns deutlich, dass es zwei Arten von Feuer gibt, auch wenn sie nicht unbedingt in der beschriebenen Art unterschieden werden. Es gibt ein Feuer, das mit den Göttern und Leuchterscheinungen des Himmels verbunden ist – wahrscheinlich jenes Feuer, das Prometheus auf dem Gipfel des Olymps stahl; und es gibt ein Feuer, das, manchmal mit vernichtenden Folgen, aus dem Schoss der Erde hervorbricht, aus dem Reich des Hephäst. Obwohl ein nützlicher Gott, der auf seinem heissen Amboss die Waffen und Gerätschaften des olympischen Pantheons schmiedete, war Hephäst beileibe kein Gott, den man sich als Herrscher unter den Göttern vorstellen konnte. Mars, den wir für den Feuerplaneten par excellence halten, war, wie Sie sich erinnern werden, ausschliesslich das Produkt seiner Mutter Hera, die Zeus' Gattin und zuvor eine unabhängige Göttin war. Er wurde ohne männliche Hilfe empfangen, um Rache an Zeus zu üben für dessen unnatürlichen Akt, Athene aus seinem Kopf zu gebären. So entstand Mars aus dem zornentbrannten Weiblichen, und sein Feuer ist nicht das Feuer des Himmels.

In Culpepers Tagen wurde das feurige Temperament eher mit den Macho-Seiten dieses Elementes identifiziert, die alles andere als spirituell sind. Dies war gewiss nicht das, was sich die Stoiker vorstellten, als sie dem Feuer den höchsten Rang auf ihrer Skala gaben.

Als Heraklit das Feuer als den Grundstoff beschrieb, aus dem die Welt gemacht sei, meinte er seine «reinste und hellste Art, also jene des ätherischen, göttlichen Blitzes.»[16] Es gab eine lange Tradition, die den *Aether*, die feurige Substanz, die den Himmel zu erleuchten schien, besonders verehrte, und oft hielt man dieses göttliche, himmlische Feuer zugleich für den Stoff, aus dem die Seelen gemacht seien. Auch die Babylonier glaubten, die Seelen bestünden aus der gleichen feurigen Substanz wie die Sterne[17]. Stellen Sie sich eine Leiche vor. Sie ist kalt, weil die feurige Seele, der Lebensfunke, sie verlassen hat. Im Tod, so glaubte man häufig, kehrte die Seele zu ihrem strahlenden, himmlischen Heim zurück. Mir scheint, dass Prometheus' Diebstahl des Feuers in gewisser Weise mit seiner Rolle als Schöpfer der Menschheit verbunden ist - er hatte die Macht zu beseelen, Leben und Seele zu erschaffen. Die Macht, die er den Menschen schenkte, könnte auch so gedeutet werden, dass er ihnen zugleich schöpferische Kräfte gab. Jahwe, der im Himmel lebt und ebenfalls als Schöpfer der Menschen gilt, erscheint hin und wieder in der Gestalt des Feuers. Er spricht aus einem brennenden Busch (2. Mose 3,2) und steigt als Feuer aus dem Himmel herab, um sein Weiheopfer im neuen Tempel zu verzehren (2. Chron. 7,1). Astrologisch gesehen ist das Feuer stark mit dem Schöpferdrang verbunden.

Heraklits Donnerkeil ist natürlich auch das Attribut des Zeus. Es ist ein Feuer aus dem Himmel, Ausdruck des göttlichen Zorns. Es wird als Feuer offenbar, als Zeus sich Semele zeigt, die ihn, von der rachsüchtigen Hera bedrängt, bittet, sich ihr in seiner wahren Gestalt zu zeigen, worauf sie zu Asche zerfällt. Es scheint mir, als hätte Jupiter in der Tat starke feurige Untertöne.

Sein griechischer Name bedeutet Helligkeit, sein babylonisches Gegenstück wird oft als Feuergott bezeichnet[18]. Mars, Sonne und Jupiter sind allesamt feurige Planeten, und die Sonne und Jupiter besitzen neben der Qualität der Hitze auch die des Lichtes. Und Licht ist eine Metapher für Bewusstsein, nach dem Jupiter wie die Sonne strebt.

Feuer ist das Element, das am stärksten unserer Vorstellung von Energie entspricht, ob wir es nun als pulsierende physische Kraft, als Naturgeist oder als göttliches, schöpferisches Prinzip erfahren; und tatsächlich gibt es keinen Grund, diese drei in ihrer Art letztlich als verschieden zu betrachten.

Luft

Auch die Luft wird wiederum mit dem Prinzip der Höhe assoziiert, und bedeutet astrologisch, von oben herabzublicken und distanziert (im Gegensatz zur Anteilnahme des Wassers) die Dinge klar und scharf in der richtigen Perspektive zu sehen. Sie gibt uns einen breiten Überblick, der sicher gut zu Jupiters Bedeutung passt. Aus der Distanzierung entsteht die Möglichkeit des abstrakten Denkens und der Reinheit der Ideen.

Wenn Anaximenes erklärt, die Luft sei unendlich und göttlich und das Prinzip, aus dem alle Dinge enstanden seien, «scheint es, als betrachtete ‹er› die Luft als den Atem der Welt».[19] Wie es auch beim Feuer der Fall war, assoziierte eine alte Tradition die Luft oder den Atem mit der Seele; ein unsichtbares Element, das all jenem Leben gibt, das ohne Belebung nur feste und flüssige Materie wäre. Diese Sichtweise ging in die griechische und lateinische Sprache ein, in denen *pneuma* (Geist), *psyche* (Seele) und *anima* (Seele) ursprünglich allesamt Atem bedeuteten. *Pneuma* ist auch das Wort, das für den Heiligen Geist benutzt wurde, der herabstieg (wahrscheinlich aus dem Himmel) als Wesen der Luft, als Taube. Für die Griechen und die Römer besass es Anklänge an das Sanskritwort *prana* und das chinesische *chi*, die lebensspendende und das Leben fördernde Energie, die mit dem Atem in den Körper eintritt. Prometheus *hauchte* seinen Menschen aus Staub das Leben ein. Die Seele wurde mitunter als Schmetterling beschrieben, der von den Lippen eines Sterbenden davonfliegt. Atem auf globaler Ebene ist Wind – der befruchtende Wind Jupiters? Wir können nicht leugnen, dass das jovische Temperament häufig eindeutig windig ist.

Galen schrieb dem sanguinischen oder luftigen Typus eine «Schlichtheit, die an Dummheit grenzt»[20] zu, doch diese Sichtweise hatte nicht lange Bestand. Das Feuer als bestimmender Faktor des Temperaments wurde mit gröberen Charakteristika bedacht, doch das luftige Temperament zog immer mehr alle überlegenen Qualitäten auf sich. Im zwölften Jahrhundert identifizierte William von Conches die Luft als das dem Menschen eigene Element, das ihn über die Tiere erhebe, welche nur aus den anderen dreien bestünden[21]. Gewiss atmeten zu jener Zeit auch die Tiere, doch man gestand ihnen keine Seele zu. Menschen dagegen, die ursprünglich alle mit dem gesegneten sanguinischen Temperament erschaffen worden waren, erfreuten sich eines Unterschieds, der mit eben jener Substanz gleichgesetzt wurde, aus der nach Anaximenes die Götter gemacht waren. Die Identifizierung der Luft mit dem spezifisch Menschlichen spiegelt sich auch in den Darstellungen der Luftzeichen, die in zwei Fällen eher menschliche Gestalten als Tiere sind und im dritten ein menschlicher Gegenstand. Dass die Mehrheit der Menschen andere Temperamente als das sanguinische besass, war für William von Conches eine Folge der Degenerierung der Menschheit. Der Sanguiniker, ein gutartiger, gutaussehender, fröhlicher Mensch, der Gott nahe war, war das Individuum, das mit dem Grossen Wohltäter assoziiert wurde.

Die Bevorzugung des luftigen Typs erklärt sich teilweise durch die Natur der vier Temperamente oder Körpersäfte, die in den hippokratischen Schriften definiert sind. Gelbe Galle, schwarze Galle und Schleim wurden als «überflüssige Säfte» bezeichnet; Blut erhielt eine Sonderstellung als offenbar lebenswichtige Substanz. Hippokrates hatte bereits ansatzweise versucht, physikalische Charakteristika mit Psychologie und Moral in Verbindung zu bringen[22], doch Galen betonte im zweiten Jahrhundert n. Chr. «deutlicher als jeder andere die direkte, ursächliche Beziehung zwischen körperlicher Konstitution und Charakter»[23]. Aus Galens Werk entwickelte sich das System der Temperamente (*Krasen* oder Mixturen), aus denen sich physische und psychologische Typen zusammensetzen. In den ersten Jahrhunderten der christlichen Ära wurden die Temperamente mit den Elementen im Sinne einer Entsprechung verglichen, und in diesem System entsprach das Blut der Luft. Man glaubte, in jedem Temperament herrsche ein bestimmter Saft vor, wenn auch das Gleichgewicht der Säfte in einem Menschen von Zeit zu Zeit schwanke. Diese Unausgeglichenheiten führten zu Krankheiten. Jeder Saft stand in einer der vier Jahreszeiten besonders hoch. Die vier Elemente hatten bereits eine Verbindung zu den «Qualitäten» heiss, kalt, feucht und trocken bekommen, und es entstand ein Viereck, das zuerst von Empedokles' Nachfolger Philistion (Figur 1) definiert wurde.

In Galens Zeiten hatten die Säfte bereits die Beziehung zu Qualitäten und Jahreszeiten, die in Figur 2 dargestellt sind, und die Elemente wurden bald darauf hinzugefügt[24]; etwas später folgten die Planeten. Nach Jahrhunderten

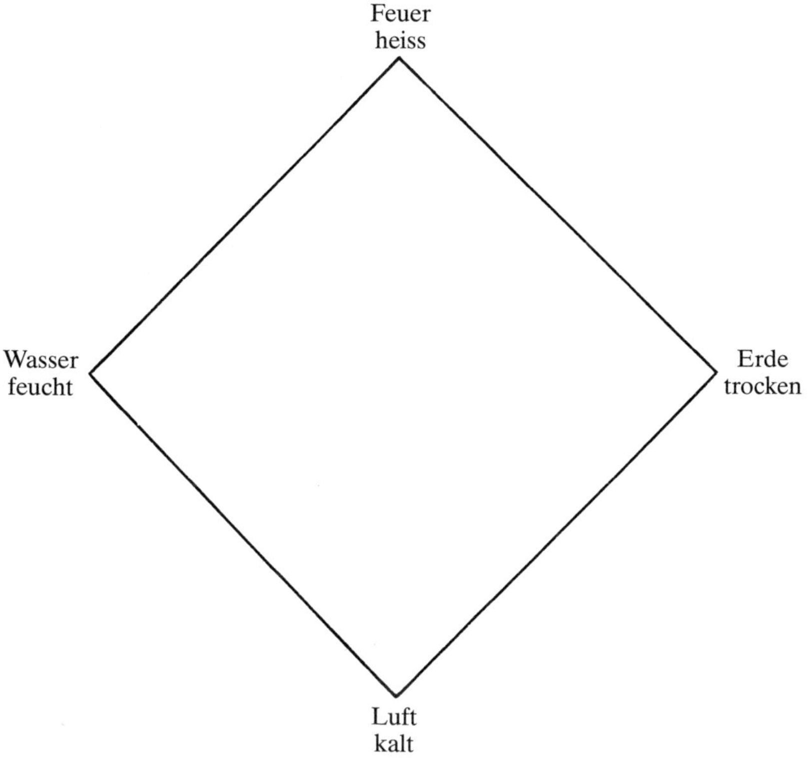

Figur 1: Die Verbindung der vier Elemente und die vier Qualitäten nach der Definition von *Philistion.*

kam Galens System mit den Arabern, die es übernommen hatten, wieder nach Europa zurück. Es gab verschiedene Varianten dieses Aufbaus, doch das Schema selbst überdauerte. Die Planeten wurden von William Lilly im siebzehnten Jahrhundert auf diese Weise charakterisiert.

Interessant dabei ist, dass einerseits Feuer und Luft um die höchste Stellung rangen, während es andererseits später eine Verwirrung zwischen dem Erd- und dem Wassertypus gab: «In den Illustrationen des fünfzehnten und sechzehnten Jahrhunderts wechselt das Porträt des Melancholikers immer wieder den Platz mit dem Porträt des Phlegmatikers; manchmal besetzt der eine und manchmal der andere den dritten Platz. Der Sanguiniker dagegen erscheint immer an erster und der Choleriker an zweiter Stelle.»[25] Die Trennlinie zwischen «männlichen» und «weiblichen» Elementen jedoch wurde nie verwischt.

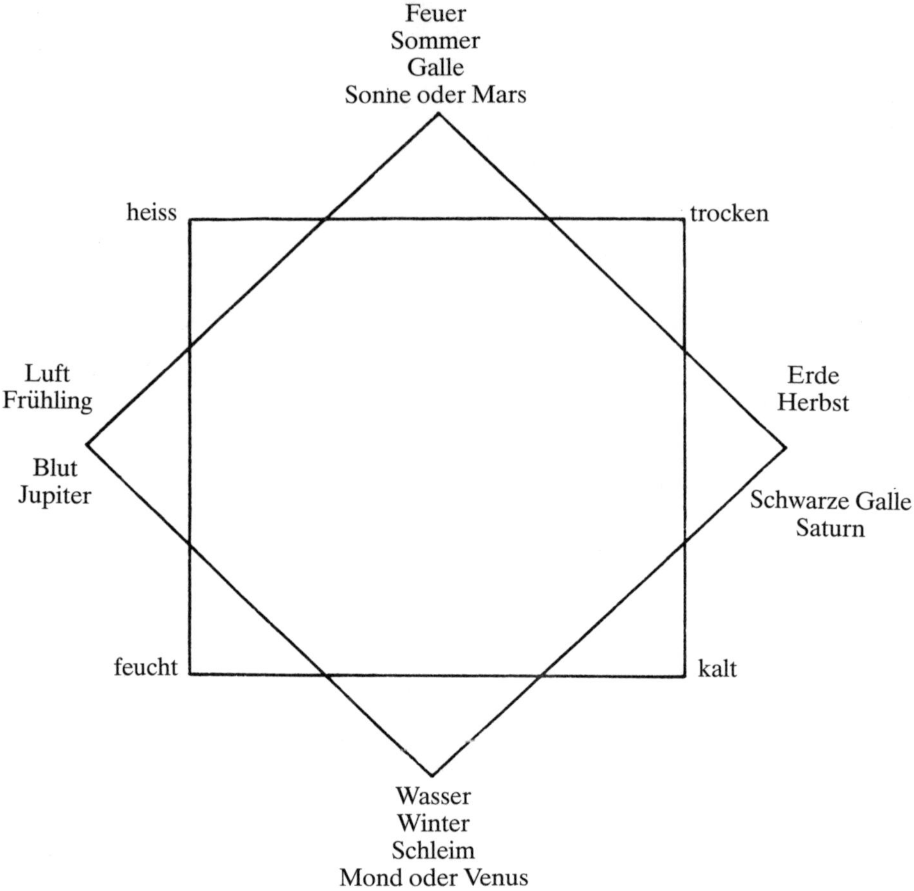

Figur 2: Die Säfte und Jahreszeiten in Beziehung zu den Qualitäten gemäß *Corpus Hippocraticum* (fünftes Jahrhundert v. Chr.) mit den ihnen später zugeschriebenen Elementen und Planeten.

Das Prinzip der «Vierfaltigkeit» geht zumindest bis zu den Pythagoreern zurück, die die Zahl Vier verehrten. Die vier Elemente besitzen Parallelen in den vier Farben des Tarot, in den vier Evangelisten und ihren Tieren und in Jungs vier Bewusstseinstypen. Die Liste könnte natürlich noch beträchtlich erweitert werden. Wie die Figuren 1 und 2 zeigen, ist die Zahl Vier jene Zahl, auf der das Mandala beruht, und die eine Figur mit zwei Gegensatzpaaren bildet. Manchmal betrachtet man diese Anordnung als Verkörperung der Vollkommenheit, und Plato sagte: «Die Vierzahl ist die mit der *Verwirklichung* der Idee verknüpfte Zahl» (die Zahl Drei steht für die Idee selbst). In Übereinstimmung mit Plato sehen moderne Astrologen im vierten «Harmonic»-Horoskop und dem Quadrataspekt das Prinzip der *Manifestation*[26]. Die

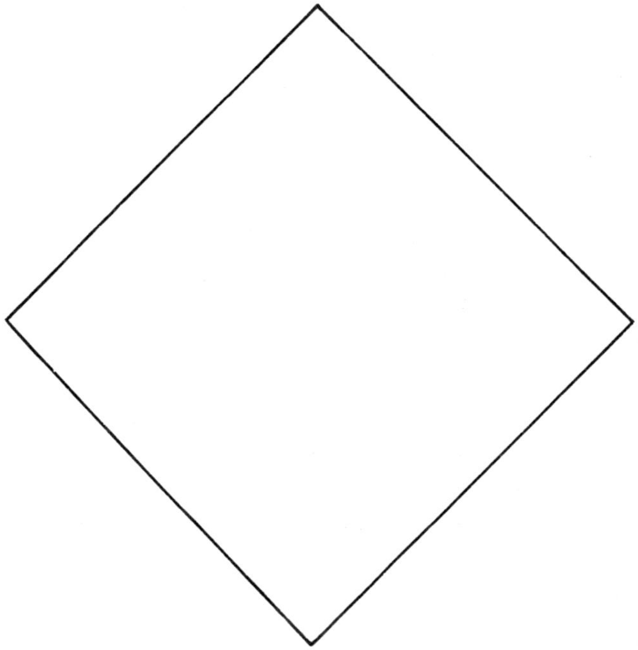

Figur 3: Die vier Elemente in Beziehung zu Jungs Funktionen des Bewusstseins (nach Liz Greene).

Zahl Vier ist die Zahl der Erde, die ihren Ausdruck im Kreuz der Materie findet. Die vier Punkte auf dem Kompass dienen uns zur Orientierung im Rund des Horizontes, in dessen Zentrum wir uns sehen und das wir in Viertel teilen. Die Zahl Vier ist selbst eine Variation des Kreuzes.

Das indische Schema setzt den Äther in den Mittelpunkt der vier Elemente, wie es die Alchemisten mit ihrer *Quint*essenz taten. Die Chinesen kennen fünf Elemente - die Erde ist in Metall und Holz unterteilt –, doch auch diese sind häufig in Form eines Mandalas abgebildet. Diese vierseitigen Figuren haben gewiss etwas sehr Befriedigendes und Festes an sich.

Liz Greene, die eine Analogie zwischen Jungs vier Bewusstseinsfunktionen (Denken, Fühlen, Empfinden, Intuition) und den vier Elementen herstellt (Luft, Wasser, Erde, Feuer), bietet uns einen etwas anderen Aufbau an (Figur 3). Dies ist ein wertvoller Beitrag, der die Natur der Elemente und ihre Interaktionen deutlich beleuchtet, denn hier sind die natürlichen Gegensätze sogar noch gegensätzlicher dargestellt als im traditionellen Aufbau. Ich glaube aber nicht, dass eines dieser Diagramme endgültig ist. Die traditionelle Anordnung (Figur 2) hat ihre Schwächen, besonders, was die Verbindung zwischen Elementen und Qualitäten angeht, denn es ergibt sich, dass Luft mit *warm und feucht* korrespondiert. Egal, in welchem Klima die Zeichnung entstand, es ist schwer zu verstehen, warum die Natur der Luft *grundsätzlich* warm und feucht sein soll – es sei denn, die Luft wird als Ausweitung des Atems gesehen. Die Verbindung zwischen Luft und der Funktion des Denkens liefert uns eine Erklärung dafür, dass sie in der westlichen Tradition so sehr überbewertet wurde, denn das Denken hatte gewiss seit Sokrates die Vorrangstellung inne, wenn wir auch von einem ehemals intuitiven Denken zu einem wissenschaftlich-konkreten Denken übergegangen sind, was einer Verlagerung von Luft/Feuer zu Luft/Erde entspricht.

Durch seinen Standort in der traditionellen Anordnung ist Jupiter mit dem Frühling verbunden, der Jahreszeit des *Wachstums*, der Jahreszeit, in dem Marduks Fest gefeiert wurde; für Chaucer war es die Zeit, da sich «Menschen sehnsuchtsvoll auf Pilgerschaft begeben»[27], beides Angelegenheiten des neunten Hauses. Jupiter ist in Figur 2 durch eine Opposition mit Saturn verbunden, so dass Saturns Verlust als Repräsentant der verachteten Erde Jupiters Gewinn ist. Der Grosse Wohltäter ist das Gegengewicht zum Grossen Übeltäter; wurde der eine überbewertet, so wurde der andere gleichermassen unterbewertet (wenn diese Tatsache auch bei Saturn dadurch etwas kompensiert wurde, dass er einen Sonderstatus bekam[28]). Die Kultivierung der Jupiterqualitäten wurde als Heilmittel gegen die saturnische Melancholie betrachtet. Wir könnten beispielsweise jemand, der an einer Depression leidet, auf eine Reise schicken, um sein oder ihr Interesse an der Welt neu zu entfachen.

Wenn wir nun überlegen, welchem Element Jupiter zugeordnet werden sollte, so glaube ich – aus Gründen, die ich bereits aufzeigte -, dass er gewiss Anspruch hat, ebenso als feurig wie als luftig betrachtet zu werden. Seine Natur entspricht den beiden «höheren» Elementen. Allgemein vermischt er sich auch gut mit dem Wässrigen, was besonders in seiner Herrschaft über die Fische und seiner Erhöhung im Krebs zum Ausdruck kommt. Die Empfindsamkeit der Wasserzeichen mildert Jupiters manchmal tyrannische Natur. In der Fische-Komponente Jupiters nehme ich die kabbalistische Assoziation dieses Planeten mit der Gnade wahr [29]. Doch im Bann der irdischen Schwerkraft ist er am wenigsten daheim und muss kämpfen. Sokrates sagt in Platos *Phaidon*: «‹Der wahre Philosoph› wird sich, so weit er es vermag, vom Körper lösen»; und Jupiter, der Planet der Philosophie, der hochgelegenen Orte und der fernen Bereiche des menschlichen Verständnisses, ist im Reich der Materie alles andere als daheim. Genau wie die Zeichen, die er regiert.

Anmerkungen

1 J. W. Goethe, *Faust II*, dtv, München 1962, S. 228ff.

2 R. Klibansky, E. Panofsky und F. Saxl, *Saturn and Melancholy*, Nelson 1964, Kap. 1. Dieses Standardwerk war mir eine grosse Hilfe, als ich dieses Kapitel schrieb.

3 Siehe Manilius, *Himmelskugel*, dt. Erstausgabe 1844. In einem Kapitel über die kosmologische Theorie behandelt er zwar die Lehre von den Elementen, doch er bringt die Elemente nicht in Zusammenhang mit der astrologischen Symbolik.

4 Zur detaillierteren Besprechung des indischen Systems siehe S. Arroyo, *Astrologie, Psychologie und die vier Elemente*, Hugendubel Verlag.

5 Boswell, *Denkwürdigkeiten aus Johnson's Leben*, 6. Aug. 1763.

6 Siehe Manilius, ebd.

7 Siehe Warren Kenton, *The Anatomy of Fate: Kabbalistic Astrology*, Rider 1978.

8 G.S. Kirk, J.E. Raven und M. Schofield, *The Presocratic Philosophers*, Cambridge University Press 1983 (2. Aufl.), S. 92.

9 S.H. Langdon, *Mythology of All Races, Vol. 5: Semitic*, Cooper Square Publ., New York 1964, S. 282.

10 Siehe Kirk, Raven und Schofield, ebd. S. 195.

11 Lao Tzu, *Tao Te Ching*, engl. Übers. v. D.C. Lau, Penguin 1963, S. 64.

12 A. Bouché-Leclercq sagt in *L'Astrologie Grecque*, Paris, 1899, S. 91: «Es war eine unter den 'Physikern' ‹den Philosophen vor Sokrates› verbreitete Ansicht, die männliche Energie entspreche jener der Wärme, während die weibliche Funktion auf das Prinzip der Feuchtigkeit beschränkt war.»

13 Lao Tzu, *Tao Te Ching*, S. 85.

14 N. Culpeper, *Astrological Judgement of Disease*, London 1655, S. 141.

15 Zitiert in Klibansky, Panofsky und Saxl, *Saturn and Melancholy*, S. 58.

16 Kirk, Raven und Schofield, ebd., S. 198.

17 F.V.M. Cumont, *Astrology and Religion among the Greeks and Romans*, Putnam, New York 1912, S. 34.

17 S.H. Langdon, *Mythology of All Races, Vol. 5: Semitic*, Cooper Square Publ., New York 1964, S. 156.

19 Kirk, Raven und Schofield, ebd., S. 147.

20 *Saturn and Melancholy*, S. 58.

21 ebd. S. 102ff.

[22] ebd. S. 55.

[23] ebd. S. 57.

[24] ebd. S. 58.

[25] ebd. S. 64.

[26] Zum Beispiel David Hamblin in *Harmonic Charts*, Aquarian 1983, S. 36.

[27] G. Chaucer, *Canterburysche Erzählungen*, dt. Erstausgabe 1827.

[28] Dies ist das Thema von *Saturn and Melancholy.*

[29] Siehe Warren Kenton, *The Anatomy of Fate*, Rider 1978.

Reisen

«Vom spirituellen Standpunkt aus gesehen, passiert man auf einer Reise nicht einfach einen Raum. Vielmehr drückt man den innigen Wunsch aus, etwas zu entdecken und zu verändern, wenn man sich auf den Weg macht und Reiseerlebnisse sammelt. Folglich sind Studium, Forschung oder der Versuch, durch neue, tiefe Erfahrungen Intensität zu erleben, lauter Formen des Reisens oder, anders ausgedrückt, spirituelle und symbolische Äquivalente des Reisens (. . .) Reisen, bemerkt Jung, sei ein Bild der Sehnsucht, eines ungestillten Verlangens, das nie sein Ziel findet, suche es, wo es wolle.[1]

Durch seine Assoziation mit dem neunten Haus ist Jupiter der Herr der Reisen und aller fremden Dinge. Die unruhigen Füsse manch eines Menschen mit starkem Jupiter halten ihn oder sie ganz wörtlich ständig auf Achse, während diese Ruhelosigkeit bei anderen eher innerlich wirkt. Für all jene, bei denen Jupiter, Schütze oder das neunte Haus betont ist, hat der Mythos des Reisens eine besondere Bedeutung, und das Donnerstagskind (geboren am Tag des Thor oder Jupiter) hat einen weiten Weg zu gehen. Im Idealfall *erweitert* das Reisen das Bewusstsein und befähigt uns, die Dinge in einem grösseren Zusammenhang zu sehen. Jupiter herrscht über das Pferd, welches uns die Möglichkeit schenkte, unsere Reisen weiter auszudehnen, und wahrscheinlich ist er auch dem Zug (dem eisernen Pferd) und dem Auto verbunden.

Der Drang zu suchen und zu forschen ist mächtig und untrennbar verbunden mit einem gewissen Missvergnügen am Bekannten und Vertrauten. Eine göttliche Unzufriedenheit flüstert ins jovische Ohr: «Es muss doch noch mehr im Leben geben.» Befriedigung bedeutet Zufriedenheit und Stillstand, Jupiters Gegenpol. Ob es eine Reise im Geiste, in der Welt der Sinne oder im Reich der Emotionen ist – der Feind, den er am meisten fürchtet, ist die Langeweile. Der Schütze verbringt, genau wie die Athener, gegen die der Heilige Paulus so wetterte, seine Zeit häufig «bloss damit, Neuigkeiten zu erzählen oder sich anzuhören». Wenn die Situation stagniert, muss er sie mit neuem Leben und neuer Bedeutung füllen oder Lebewohl sagen und rasch weiterziehen.

Der «Zugvogel» ist eine populäre Version des Reisenden. Immer begierig nach neuen Erfahrungen, macht er sich auf den Weg; das Gestrige verblasst bereits, nimmt seinen Platz in der Erinnerung ein und ergänzt den Reichtum der Lebenserfahrung, ohne die Bürde weiter zu erhöhen. Für ihn ist das fernste Feld stets verführerisch grün, immer lockt ein Ziel, das auch wieder nur ein Zwischenhalt ist. Weniger bewusst ist gewöhnlich der Wunsch, etwas zurückzulassen, Konflikte zu meiden, die sich aus Verpflichtung und Sesshaftigkeit ergeben: Die Kompromisse mit Partnern und Nachbarn, das Ringen um persönliche Ziele inmitten abhängiger Angehöriger, die eigene Zielvorstellungen besitzen – die Aussicht auf solche Bande schreckt den Reisenden, und um sich von solchen Schwierigkeiten zu befreien, opfert er gern die relative Sicherheit. Er hat etwas vom ewig Jugendlichen an sich und sammelt lieber die Süsse des Lebens und zieht weiter, bevor die Hoffnung schwindet. Keine Verpflichtungen, kein Bedauern. Dies ist das jugendliche Antlitz Jupiters, der Saturns strenge Vaterfigur verspottet und jederzeit mit der Nachsicht mütterlicher Figuren rechnen kann, wobei er jene entsetzt und erzürnt, die ihn zu halten suchen. Wie der ungebundene Bob Dylan (Aszendent Schütze, Sonne in Konjunktion mit Jupiter und Uranus), der viele Fans erzürnte, indem er musikalisch weiterzog, ruft uns Jupiter im Scheiden die Worte zu: «Don't think twice, it's all right.» (Überleg's nicht zweimal, es ist in Ordnung.) Seine Beziehungen machen Spass, solange sie dauern.

Die Freuden der Wurzellosigkeit sind jedoch nicht immer ungetrübt. «Ich habe kein Heim, kein Land, keine Familie» sagte Isabelle Eberhardt, eine ewige Wanderin. «Ich war mein ganzes Leben eine Fremde.» Das Fehlen des Zugehörigkeitsgefühls kann den ewigen Zugvogel unerwartet treffen oder ihn unvermutet beschleichen. Und wenn es seinen Sinn verliert, zeigt das Reisen eine ganz eigene Art von Vergeblichkeit: «Je weiter man geht, desto weniger weiss man.»[2] Es kann sogar eine Strafe sein. Der alte Seefahrer, der Fliegende Holländer und der Ewige Jude sind Bilder einer Reise, die eher Tyrannei als Freiheit ist: Der Reisende, der nicht innehalten kann, dessen einzige Hoffnung ein irgendwie geartetes göttliches Einwirken ist.

Der Reisende hätte Mühe, ohne die sesshaften Menschen, denen er begegnet, zu überleben; ohne die Menschen, deren Brot er isst und die er gelegentlich etwas geringschätzig betrachtet. Sie mögen für diesen Zeus die Hera spielen. Doch er kann ebenso geben wie nehmen, und darin liegt sein Segen. Er vermittelt zumindest Geschichten von exotischen Orten und prächtigen Abenteuern und erweckt die Phantasie jener, die er trifft; und in manchen Geschichten verkörpert er eine Art von Erlösung – den Fremden, der eintritt und die Situation rettet. Superman und der Lone Ranger sind moderne Versionen des ewigen Reisenden; er ist unfähig heimzukehren und hat immer zumindest ein fernes Ziel vor Augen, das ausreicht, um ihn in Bewegung zu halten. Auf seinem Weg wird er in anderer Leute Angelegenheiten hineingezogen und verlässt sie wie der Weihnachtsmann – es geht ihnen danach besser als vorher. Ein Anhalter ist willkommen, wenn er uns von der Langeweile der Autobahn erlöst, und um so mehr, wenn er fähig ist, einen kaputten Motor zu reparieren. Von wandernden Rittern erwartete man, dass sie im Vorübergehen Heldentaten vollbrachten – das war ihr Beitrag zum Gesellschaftsleben. Ahasverus, der unglückliche Ewige Jude, leistet seinen Gastgebern unschätzbare Dienste. Ganz zu schweigen vom Weihnachtsmann, der das Thema des Reisens mit der Schütze-Qualität der Grosszügigkeit vereint. Es ist sicher kein Zufall, dass der Heilige Nikolaus, der Vorläufer des Weihnachtsmannes, seinen Feiertag am sechsten Dezember hat – im Monat des Schützen.

Wenn wir auch ein Ziel haben müssen, so sind wir doch nur so lange Reisende, bis wir ankommen. Die Freude des wahren Reisenden ist die Reise selbst. Der Dichter Charles Baudelaire (Jupiter in Konjunktion mit Sonne und im Quadrat zu Uranus – Erläuterungen zu Jupiter-Uranus-Kontakten folgen später) beschreibt das Ende einer Reise so: Die anderen Passagiere sagen «Endlich!», doch er seufzt «Jetzt schon!» Cavafy, grosser alexandrinischer Dichter des neunzehnten Jahrhunderts (Jupiter Trigon Uranus, Geburtszeit unbekannt), gibt dem bekanntesten aller Weltreisenden, Odysseus, den folgenden Rat und ermutigt ihn, aus allen seinen Aufenthalten das Beste zu machen:

Vergiss nicht Ithaka.
Es zu erreichen, ist dein Ziel;
Doch eile nie – viel besser,
Wenn du lange Jahre reist
Und alt und grau dein Boot dort landest.
Reichtümer hast du auf dem Weg gesammelt
Und erwartest keine mehr in Ithaka.[3]

Transitaspekte zum Radix-Jupiter sowie Transite durch das neunte Haus schlagen sich immer wieder als Reisen nieder. Ich selbst machte meine erste Auslandsreise, als Jupiter zum erstenmal in mein neuntes Haus kam, und ich erinnere mich noch lebhaft an das Gefühl des Staunens und Entdeckens. Beinahe in jedem Augenblick gab es eine neue Erfahrung, neue Empfindungen und Gerüche, neue Menschen, neue Arten, Dinge zu tun. Für jupiterbetonte

Menschen können solche Entdeckungen und die Befreiung aus der beengenden Routine sehr wohl ein Suchtmittel sein. Jupiters Häuserstellung weist oft auf einen Bereich der Ruhelosigkeit und des «Weiterziehens» hin, wo ein Drang zum Erforschen, begleitet vom Sehnen nach Freiheit, gegen Stagnation und Beständigkeit wirkt, und Jupitertransite lösen uns oft aus Verankerungen und bringen uns wieder in eine Bewegung, die dem angezeigten Kontext entspricht. Der schöpferische Aspekt des Reisens liegt in der Offenheit für neue Möglichkeiten; der zerstörerische in der Flucht vor Bindung.

Als ich die in diesem Kapitel wiedergegebenen Horoskope welterfahrener Reisender betrachtete, fiel mir eine Gemeinsamkeit ins Auge: alle haben wichtige Jupiter-Uranus-Aspekte, die zusätzlich betont werden durch Stellung und Aspekte zur Sonne und/oder zu den Hauptachsen.

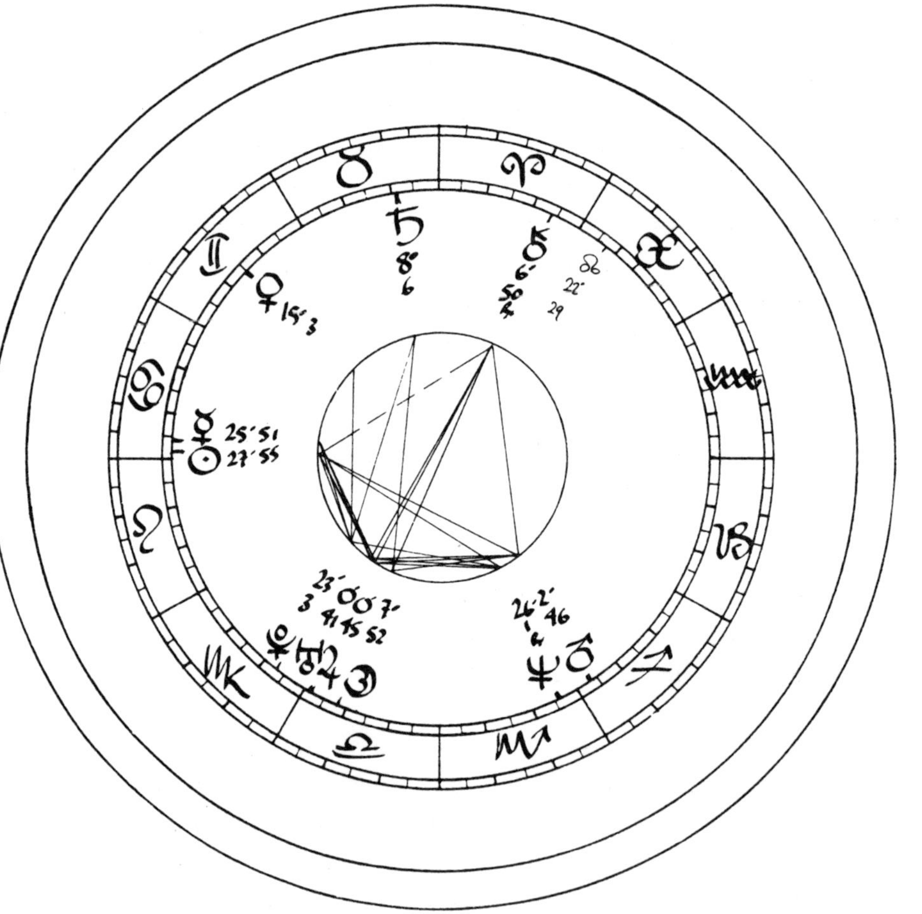

Mondlandung, 20. Juli 1969, 20.17 Uhr GMT.

Diese Horoskope wurden nur ausgewählt, weil ich Beispiele für begeisterte Reisende suchte, und nicht wegen der oben erwähnten Tatsache; doch in jedem Fall tauchte diese Gemeinsamkeit auf. Selbst die genannten Dichter – Baudelaire, Cavafy, Bob Dylan – haben starke Jupiter-Uranus-Kontakte, und ebenfalls die bereits erwähnte Isabelle Eberhardt. Thomas Cook, der Vater der begleiteten und geführten Reise, ist ein weiteres Beispiel. Ich habe schon vor langer Zeit bemerkt, dass dies die ruhelosesten Aspekte sind, und Menschen, bei denen sie stark betont auftreten, sind häufig unfähig, lange daheim oder bei einer bestimmten Arbeit zu bleiben. Beide Planeten weisen hin auf eine hohe Wertschätzung der Freiheit, und zusammengenommen scheinen sie eine unbändige Ungeduld gegen Beschränkungen anzudeuten. Auch zahlreiche Astronauten haben diese Kombination; die erste Mondlandung geschah am Tag einer Konjunktion von Jupiter und Uranus (und in Konjunktion mit dem Mond!) und markierte den Beginn einer neuen Dimension des Reisens. Ganz ähnlich tauchen diese Aspekte in den Horoskopen jener Menschen auf, die wir aus den Anfangstagen der Fliegerei kennen: Orville Wright hat eine weite Konjunktion, Wilbur Wright ein Trigon, und im Horoskop des ersten bemannten Fluges (der «Kitty Hawk» der Brüder Wright) gibt es zwar keinen Aspekt zwischen Jupiter und Uranus, doch die Sonne steht in Konjunktion mit Uranus im Schützen. Antoine de Saint-Exupéry, den wir vor allem durch sein Buch *Der kleine Prinz* kennen (ein typisch jovischer *puer aeternus*), war ebenfalls ein begeisterter Pionier der Fliegerei, und in seinen Schriften fliessen Reisen und philosophische Gedanken zusammen. Sein Jupiter steht in Konjunktion mit Uranus am IC, in Opposition zu Mars am MC, im Trigon zum Mond und dem über ihn herrschenden Merkur. Bei vielen Menschen dieser Beispielgruppe liegt eine starke Betonung auf innovativen Durchbrüchen – die uranische Qualität, der Zeit voraus zu sein. Das Sehnen nach neuen Horizonten hat etwas Kompromissloses, und dies geht in die Überzeugungen des Jupiter-Uranus-Betonten ein.

Das neunzehnte Jahrhundert erlebte die letzte grosse Woge kolonialer Expansion der europäischen Nationen. Für diese war es eine Zeit des Optimismus und des Opportunismus. Und Hand in Hand mit dem Wunsch nach mehr Wohlstand, grösserem Territorium und neuen Märkten ging der Wunsch, den neuen Völkern die «wahre Religion» zu bringen; Missionare waren oft zugleich Agenten des Imperialismus. Grossbritanniens hochgestecktes Ziel, im Namen Gottes die Sklaverei zu vernichten, konnte kaum über seinen Appetit hinwegtäuschen, Zugang zu neuen Handelsrouten und neuen Quellen des Wohlstandes zu finden; und der Gedanke, dass an solchen

Eroberungen etwas Falsches sein könnte, ist anscheinend keinem Beteiligten gekommen, wenn sich auch manch einer wegen der Methoden Gewissensbisse machte. Es war wahrhaft ein jovisches Zeitalter, das seine Parallele nur im Zeitalter Königin Elizabeth I. findet. Queen Victoria bestieg 1837 den Thron, und ihre Sonne-Mond-Konjunktion hatte ein genaues Sextil zum Jupiter des Vereinigten Königreichs; ihr Jupiter im Wassermann stand exakt in Konjunktion mit der Venus im Horoskop Grossbritanniens, die dieses Horoskop beherrscht – ein wundervolles Zusammentreffen. Man könnte sagen, dass Nation und Herrscher gegenseitig ihre Kapazität stimulierten, zu expan-

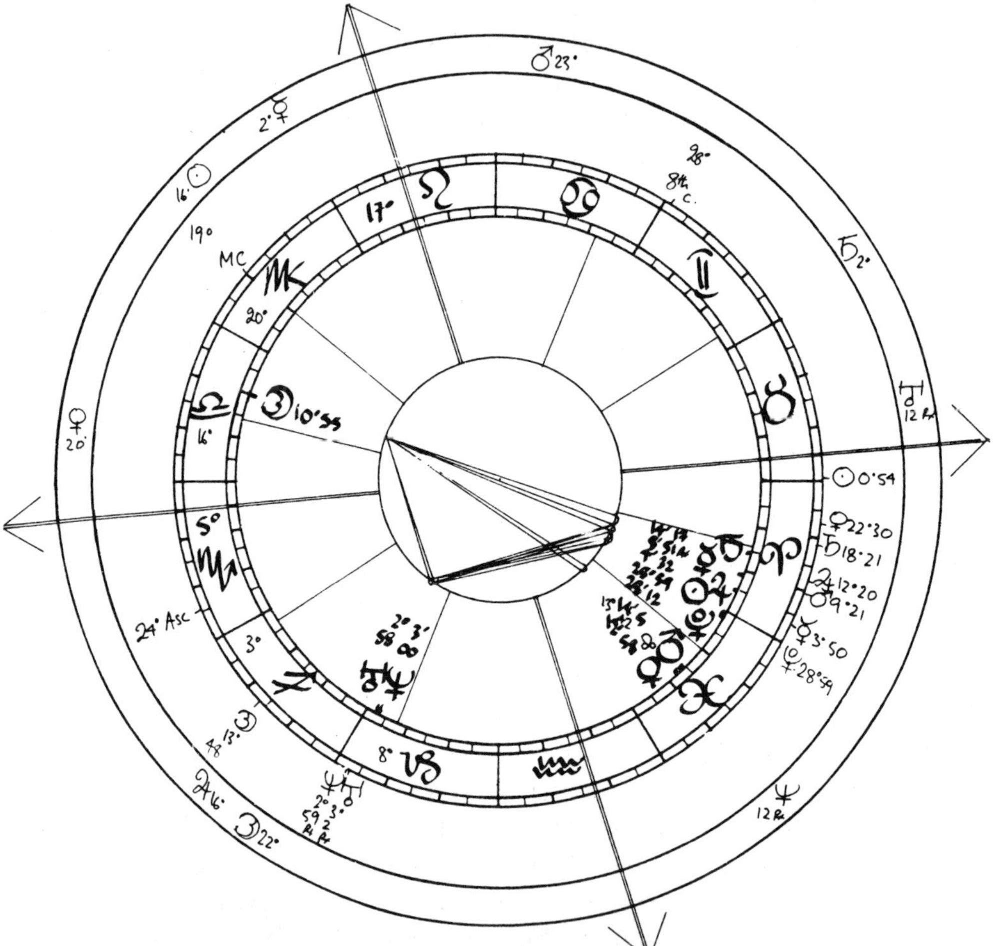

Sir Richard Burton, 19. März 1821, 21.30 LMT, Hertford (51° 48' N., 0° 04' W.).
Aussen eingezeichnet: Progressionen und Transite (äusserster Kreis) für den 10. September 1853, Ankunft in Mekka.

dieren, zu erforschen und neue Möglichkeiten aufzutun. In Victorias Horoskop stehen Jupiter und Uranus in gegenseitiger Rezeption in einem weiten (6 1/2°) Sextil. Die Bühne war bereitet, und die Forscher kamen – unter ihnen Sir Richard Burton.

Burton war eine so ungewöhnliche Figur, wie sein Horoskop vermuten lässt: ein rücksichtsloser, bärbeissiger Grössenwahnsinniger, mit einer Vorliebe für das Schockierende und einer Leidenschaft für Pornographie, und dennoch ein Romantiker. Er war ebenfalls ein brillanter, jedoch völlig undisziplinierter Gelehrter. Die zahlreichen Konjunktionen sprechen für grosse Komplexität: man könnte das Spannungsdreieck auf viele verschiedene Weisen beschreiben, je nachdem, mit welchem Planeten man beginnt. Er wurde vor dem Hintergrund eines Quadrats zwischen Uranus/Neptun und Pluto/Jupiter geboren. Seine Sonne schiebt sich dazwischen, so dass er stark die seltsam explosive Qualität seiner Generation verkörperte: Rebellion durch Desintegration und Zerstörung, die im Drang zum Ausdruck kam, frei von Beschränkungen zu expandieren und zu forschen. Burtons Sonne in den Fischen ist schwer zu fassen, lässt sich schwer festlegen und ist immer bereit, eine neue Identität anzunehmen – die Fische sind ein unter den Schauspielern besonders weit verbreitetes Zeichen, und Burton liebte die Verstellung sehr. Ich denke, Jupiter verstärkt diese Neigung zur Verkleidung, und die Sonne in Konjunktion mit Jupiter im fünften Haus spricht für eine prunkvolle Erscheinung; und da Jupiter im selbstbewussten Widder steht und die Sonne über den MC herrscht, war er gewiss sehr auf öffentliche Wirkung bedacht. Er vereinte eine Vorliebe für Showeffekte und Prahlerei mit dem skorpionischen (Sonne-Pluto) Hang zu Verstohlenheit und Ausflüchten. Er hatte die Kraft und das Standvermögen des skorpionischen Aszendenten und den kämpferischen Geist Plutos, nicht völlig frei von Paranoia, mit dem er sich zahlreiche Feinde machte, die er erbittert bekämpfte. Mit Sonne-Jupiter im Quadrat zu Uranus hasste er es, lange an einem Ort bleiben zu müssen; jede Behinderung, die ihm von der Konjunktion (10°) zwischen Jupiter und Saturn auferlegt wurde, war ein Zwang, dem er sich kämpferisch entziehen musste. Die Konjunktion zwischen Jupiter und Merkur zeigte sich als erstaunliche Sprachbegabung; er soll achtundzwanzig Sprachen und dazu einige Dialekte beherrscht haben – eine Art, die kommunikativen Kräfte zu expandieren oder den Blick durch die Sprache zu erweitern -, und er veröffentlichte eine Flut von Schriften und Briefen. Insgesamt schrieb er mehr als achtzig Bücher. Die Konjunktion von Jupiter und Pluto sorgt dafür, dass der suchende Geist auf versteckten Pfaden wandelt oder Dunkelheit und Zerstörung begegnet.

Viele seiner Missionen unternahm er in einer Verkleidung; am bekanntesten ist die Geschichte, wonach er als syrischer Pilger verkleidet in Mekka eindrang – und mit dem Quadrat zu Uranus freute er sich am anschliessenden Aufruhr. Sonne in Konjunktion zu Jupiter und Pluto weist ihn als einen Menschen aus, der in unverschämter Weise damit beschäftigt war, seine Macht auszuüben und sich in den Vordergrund zu spielen, was besonders erbittert zum Ausdruck kam, wenn er herausgefordert wurde (wie etwa durch seinen Rivalen, den Forscher Speke, der ihm bei der Entdeckung der Nilquelle zuvorkam). Doch hinter all diesem spürte er vielleicht eine Fische-Ungewissheit über seine eigene Identität – über den wirklichen Richard Burton hinter den Geheimnissen und den prächtigen Kleidern.

Seine Frau berichtet, er habe so starke religiöse Gefühle gehabt, dass er in den seltenen Fällen, da er mit ihr zusammen eine Messe besuchte, in Tränen ausbrach. Ob dies ihre romantischen Ergänzungen zur Legende Burton sind oder ein echter Ausdruck des Sonne-Jupiter-Quadrats zu Neptun, ist schwer zu sagen. Gewiss führte das Neptun-Quadrat zur Degeneration durch Alkoholismus. Sein Glaube konnte wegen der Jupiteraspekte zu Pluto, Uranus und Saturn nicht einfach und ohne Konflikte sein; der Mond, Herrscher des neunten Hauses, ist natürlich ebenfalls in das Spannungsdreieck eingebunden. Er war Rebell und Nonkonformist in der Religion wie in anderen Bereichen. Welch seltsame Mischung von religiösen Leidenschaften war wohl an seiner Entscheidung beteiligt, diese perverse Pilgerfahrt nach Mekka zu unternehmen? Er behauptet, wie ein freches Kind lästernde Worte an Allahs Schrein geschrien zu haben; doch er tat dies kaum als erzürnter, überzeugter Christ, denn er hielt sich deutlich von der Kirche fern, bis ihn seine Frau auf dem Sterbebett siegreich zum Katholizismus bekehrte, wenngleich später das boshafte Gerücht umging, dass er in diesem Augenblick bereits tot gewesen sei.

Die im Horoskop eingezeichneten Transite und Progressionen gelten ungefähr für die Zeit, als er in Mekka eintraf. Der progressive Pluto steht *exakt* in Konjunktion mit der Sonne, was gut zu der Geheimmission passte, die ihm Ruhm bringen sollte (Sonne als Herrscherin des MC). Merkur wirkte in Progressionen immer wieder auf sein Leben ein, er lief rückläufig über Jupiter, Sonne und Pluto, bevor er zurückkehrte, und nun stand er wieder in Konjunktion mit Jupiter; Burtons arabische Sprachkenntnisse waren bei dieser Expedition ein grosser Vorteil. Neptun- und Uranustransite und der progressive Mond stellen seine Venus-Mars-Konjunktion heraus: Seine Fähigkeit, die Gefährten zu verlocken, spielte bei diesem Unternehmen eine wichtigere

Rolle denn je. Und sowohl Pluto als auch Saturn haben Aspekte zur Neptun-Uranus-Konjunktion und ausserdem zum Jupiter des Vereinigten Königreichs. Seine empörende Täuschung brachte ihm nicht nur persönlichen Ruhm ein, sondern schmeichelte in dieser Zeit kolonialer Expansion auch dem nationalen Ego.

Während Burton ein gewisses Ausmass an Waage-Charme gezeigt haben mag, scheint seine Frau hauptsächlich seinen Waage-Mond im elften Haus an seiner Statt ausgelebt zu haben, denn sie schmierte für ihn die gesellschaftlichen Räder, behinderte (Opposition zu Saturn) und schwärmte (Opposition zu Jupiter) zugleich. Die Venus-Mars-Konjunktion in den Fischen ist romantisch, idealistisch und sehr verführerisch. Mit Saturn in Opposition zum Mond und dem Halbsextil zur Venus hielt er seine Frauen unter Kontrolle.

Lady Isabel Burton sollte zweifellos seinen Stier an der Spitze des siebten Hauses verkörpern – ein Gegengewicht zu seinen Abenteuern. Er erlaubte ihr nur selten, mit ihm zu reisen. Sie musste daheim bleiben und für ihn die sesshafte Lebensweise repräsentieren, solange er noch reisen konnte; sie gab ihm die Grundlage, die er brauchte, sorgte für die Organisation und Finanzierung seiner Reisen und bot ihm in gewisser Weise ein Heim, in dem er seine Reisebücher schreiben konnte. Sie musste gebunden bleiben, damit er frei sein konnte. Vielleicht repräsentierte sogar sie das, wovon er frei sein wollte.

Ein Mensch, der immer auf Trab sein muss, hat oft kein sehr rosiges Bild vom Leben am heimischen Herd, wie es durch eine zufriedene und emotional ausgeglichene Kindheit entstehen könnte. Burtons Mond-Saturn-Verbindung spricht für einen diesbezüglichen Mangel, und der Wassermann am IC reflektiert die zahlreichen plötzlichen Veränderungen, die sein frühes Leben charakterisierten und ihm jedes Zugehörigkeitsgefühl raubten. Bezeichnenderweise liess seine Frau seinen letzten Ruheplatz in Form der provisorischsten aller Behausungen anlegen: als Nomadenzelt.

Wäre Isabel Arundell als Mann geboren worden, erklärte sie einmal, dann wäre sie Richard Burton *gewesen*; doch da sie eine Frau war, fand sie keinen besseren Weg, als Richard Burtons Gattin zu werden. Die exakte Jupiter-Uranus-Konjunktion in ihrem zehnten Haus zeigt diese Neigung, sich öffentlich mit der Figur des ungehinderten Reisenden zu identifizieren. Die Konjunktion steht im Halbquadrat zu ihrer Sonne, im Trigon zum Aszendenten und in einem weiten Trigon zum Mond: auf jeder Ebene ihres Seins war der freiheitssuchende, maskuline Drang zu spüren. Da Jupiter das siebte Haus regiert, war es für sie naheliegend, diese Qualitäten im Partner zu suchen, und seit ihrer Jugend hatte sie darauf gewartet, dass eine solche Figur in ihr Leben

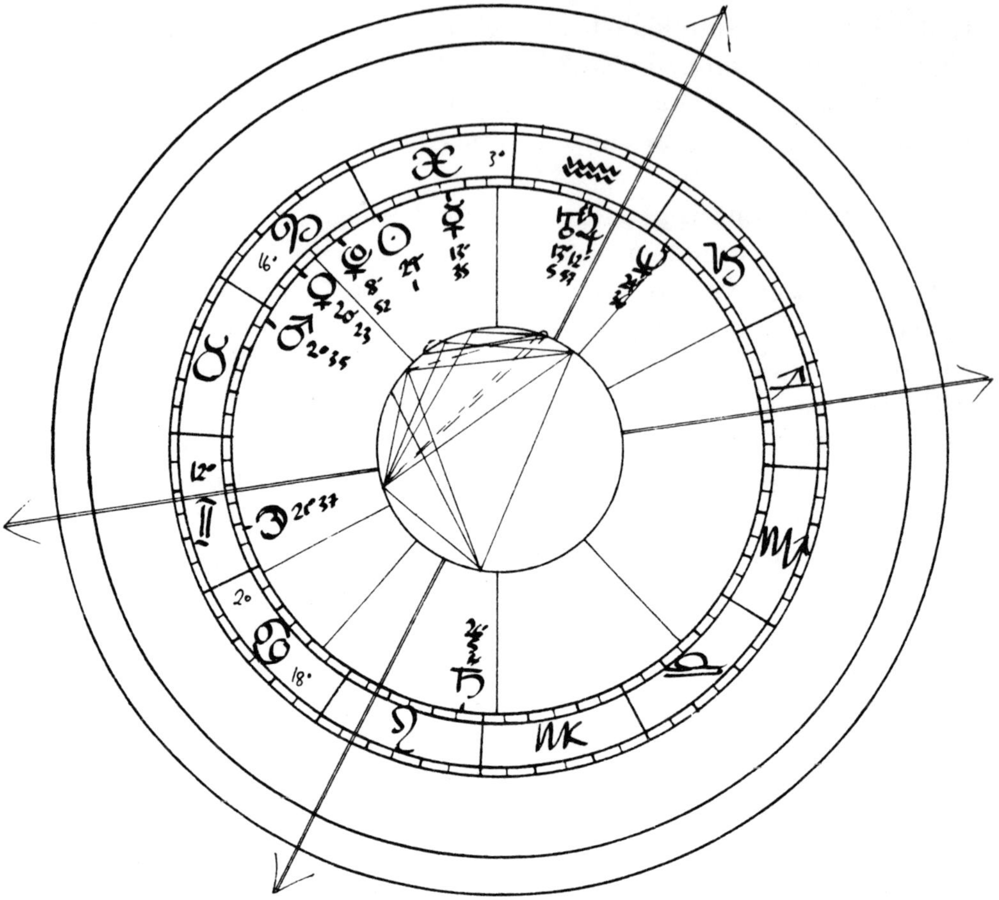

Lady Isabel Burton, 20. März 1831, 8.50 Uhr LMT, London (51° 32’ N., 0° 07’ W.)

trat; doch sie tat ihr äusserstes, um diese Antriebe auch selbst auszuleben, denn sie brannte darauf, ihren Mann, soweit er es erlaubte, auf seinen Reisen zu begleiten. Als ihr diese Möglichkeit genommen wurde, verlegte sie sich darauf, sich klaglos nur noch in seinem Glanz zu sonnen.

Ein ausgesprochen romantisches Erlebnis (Sonne in den Fischen im Sextil zu Neptun, Mond im Quinkunx mit Neptun) war die Weissagung einer Zigeunerin, dass es ihre Bestimmung sei, einen Mann namens Burton zu heiraten und ihr Leben damit zu verbringen, mit ihm zu wandern, sich zu verändern und Abenteuer zu erleben. Sie waren «eine Seele in zwei Körpern». Die Konjunktion ihrer Sonnen, nur zwei Bogenminuten voneinander entfernt, spiegelt dieses Gefühl der Identifikation. Merkur, der Herrscher im Horoskop dieser von Natur aus mitteilsamen Dame (Aszendent und Mond in den Zwillingen) fällt mit Burtons Venus-Mars-Konjunktion zusammen, und tatsächlich machte sie es sich in ihren eigenen und den gemeinsamen Veröffentlichungen zur Aufgabe, Burtons romantischer Seite, die unter seinem groben Verhalten und seinen sexuellen Leidenschaften verborgen blieb, eine Stimme zu verleihen. Trotz aller Belege für das Gegenteil sprach sie immer wieder über seine sanfte, sogar empfindsame Seite und gestand ihm Tugenden zu wie Tierliebe – eine Eigenschaft, die sie gewiss höher schätzte als er selbst.

Ihre Venus im Widder weist darauf hin, dass sie mit Beziehungen erheblich direkter umging, als es sich für eine Dame geziemte, und die unfreundlicheren unter ihren Kritikern deuteten an, dass der Heiratsantrag eher von ihr kam als von ihm; doch die Venus im zwölften Haus spricht für ihre selbstlose Hingabe an den Partner, und man könnte in diese Stellung auch die Tatsache hineinlesen, dass die Ehe heimlich geschlossen wurde. Sie heiratete gegen den Willen ihrer Eltern, als die progressive Venus im Quadrat zu Saturn stand, ein Hinweis auf eine Bindung der Gefühle und die Manifestation der treuen Ergebenheit, die in ihrem Geburtshoroskop im Trigon zwischen den beiden Planeten angelegt ist.

Neptun im neunten Haus, zur Zeit der Eheschliessung durch kleinere Transite von Jupiter und Uranus betont, weist hin auf romantische Vorstellungen vom Reisen und auf eine mystische, ergebene Haltung der Religion gegenüber, und in ihrem Falle auf ein Interesse an Spiritualismus und psychischen Dingen; das Sextil zur Sonne und das Quadrat zum Mars verstärken das Sehnen nach einer aussergewöhnlichen Bestimmung und einem aussergewöhnlichen Mann. Der Transit-Neptun näherte sich der Konjunktion mit der Sonne, als ihr Traum sich erfüllte. Der progressive Aszendent/Deszendent bildete ein Quadrat zu Pluto, ein Hinweis darauf, dass sie eine völlig neue Beziehung zwischen sich und dem Partner finden musste; eine Periode drastischer Umstellungen in ihrem Leben, eine Wiedergeburt – zweifellos von äusserst intensiven Gefühlen begleitet – in einer neuen Rolle.

Saturn im vierten Haus deutet darauf hin, dass eines ihrer Motive, als sie mit diesem wilden Abenteurer durchbrannte und ein neues Leben voller Aufregung und Bewegung suchte, die Rebellion gegen väterliche Autorität und ein restriktives Elternhaus war. Ist es denkbar, dass die Konjunktion von Jupiter und Uranus in ihrem zehnten Haus einen ungelebten Drang nach Aufregung ihrer Mutter widerspiegelt, welcher in Gegensatz stand zum beschränkenden Einfluss eines saturnischen Vaters? Als sie heiratete, stand Isabels progressiver, herrschender Merkur im Quadrat zu dieser aufsässigen

Konjunktion, die zweifellos in Burtons Nähe durch das Trigon zu seinem Mond aufgestachelt wurde. Zu dieser Zeit wurde die Konjunktion auch durch den Transit-Mars stimuliert, der im Sextil dazu stand. Die Ehe, die unter der Herrschaft Jupiters stand, war gewiss eher unkonventionell.

Burton wird durch ihren Schütze-Deszendenten besser beschrieben als sie durch seinen Stier-Deszendenten; diese Rolle spielte sie nur widerstrebend, während sie bereitwillig das Schicksal der Ehefrau eines Streuners mit langen Trennungen annahm, bis sie nach Jahren wieder zusammenkamen, um gemeinsam an der Niederschrift seiner Abenteuer zu arbeiten. Immer bereit, Burton dorthin zu bringen, wo sie ihn haben wollte (ihre Sonne-Pluto-Konjunktion spielte dabei zweifellos eine gewisse Rolle), verbrannte sie nach seinem Tod alle seine Manuskripte und bewahrte, so gut sie es vermochte, der Nachwelt das Bild, an dem sie hing.

Es ist kein Zufall, dass das neunte Haus eine Verbindung zwischen Reisen und Religion herstellt, denn es ist schwer, über das spirituelle Leben eines Menschen zu sprechen, ohne Metaphern des Reisens zu verwenden: der *Pfad*, der *Weg* oder das Tao, eine spirituelle *Reise*. Christen *treten in die Fussstapfen Christi*; buddhistische Schriften sprechen vom *Übersetzen auf das andere Ufer*, und die buddhistischen Lehren werden oft als *Vehikel* betrachtet. Eine Pilgerschaft ist die Umsetzung eines inneren Prozesses mit allen Ungewissheiten und Gefahren. Selbst Burtons seltsame Pilgerschaft widerspiegelt ein spirituelles Interesse, wenn auch ein recht verzerrtes.

Im Leben von Burtons Zeitgenossen David Livingstone waren Reisen und Religion untrennbar verbunden. Leider ist seine Geburtszeit nicht bekannt, doch sein aussergewöhnlich exaktes grosses Trigon zwischen Sonne, Jupiter und Uranus spricht für sich. Nachdem er als Missionar nach Afrika gegangen war, fand Livingstone es nicht befriedigend, auf einem etablierten Posten zu arbeiten oder dem Beispiel anderer zu folgen, wie etwa dem seines als Missionar tätigen Schwiegervaters Moffat. Er sagte, er sei «nicht nach Afrika gekommen, um an irgend jemandes Rockschössen zu hängen».[4] Als tief religiösem Mann war es ihm wichtig, in der Überzeugung zu handeln, dass er trotz seines unabhängigen Weges (Sonne-Uranus) Gottes Werke vollbrachte, und er sah sich selbst als Pfadfinder und Wegbereiter für künftige Missionen. Interessant dabei ist, dass seine Sonne auf dem gleichen Grad der Fische steht wie Burtons Sonne, und ganz ähnlich wie bei ihm finden wir eine, wenn auch weite, Konjunktion mit Pluto.

Er besass die Fische-Qualität der Sorge um das Leiden anderer und die Fähigkeit, sich mit anderen auf viel einfühlendere Weise als Burton zu identifi-

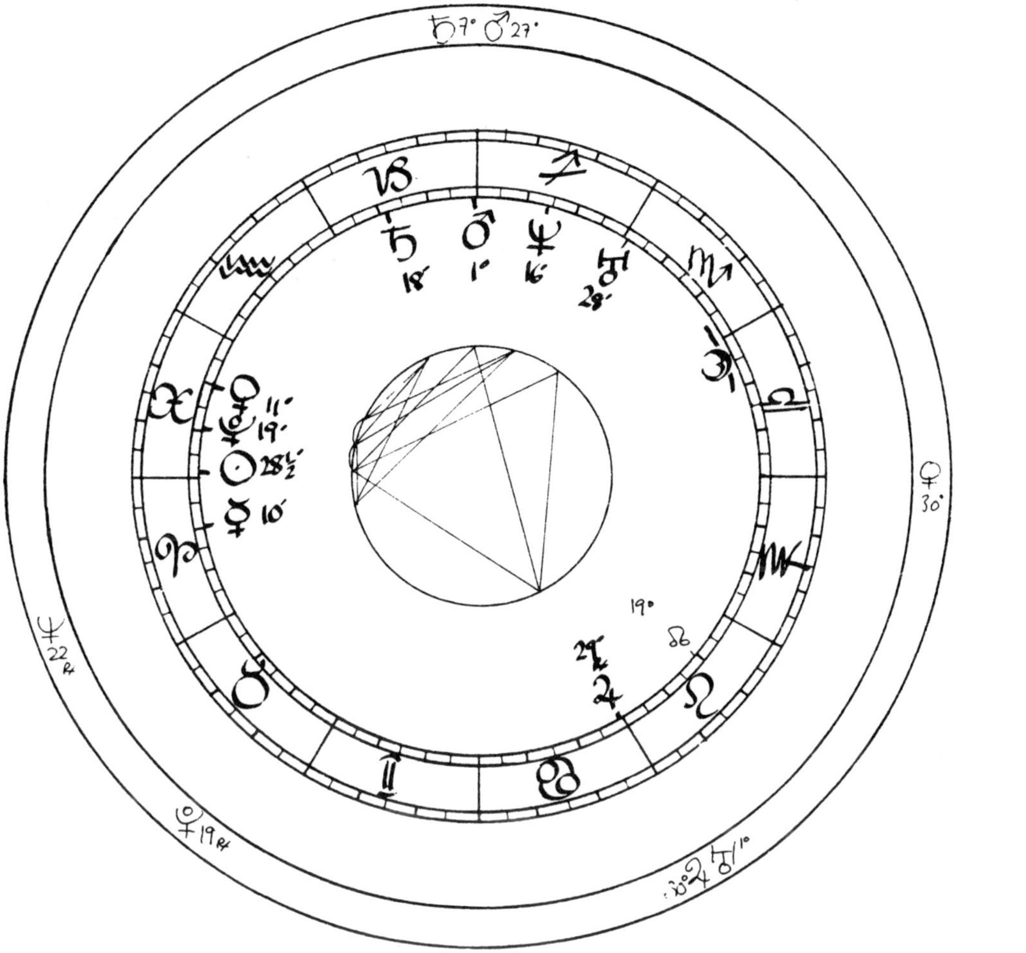

David Livingstone, 19. März 1813, Geburtszeit unbekannt, Horoskop auf 12.00 Uhr GMT ausgestellt, Blantyre bei Glasgow.
Aussen eingezeichnet: Transite für den 3. November 1871, Begegnung mit Stanley.

zieren, doch er hatte auch die Schlüpfrigkeit dieses Zeichens, denn er konnte Geldgeber für seine Missionen finden, indem er viel stärker an ihre Gier appellierte denn an ihr Gewissen, und er verheimlichte der «London Missionary Society» seine Absicht, die Organisation zu verlassen, bis er andere Geldgeber aufgetrieben hatte. Die Konjunktion von Sonne und Pluto und das Quadrat zum Mars gaben ihm die Kraft und den Mut, die er für seine Forschungsvorhaben brauchte, und als Feind war er so schlimm wie Burton, denn auch er besass eine ähnliche plutonische Paranoia, die viele seiner Arbeitsbeziehungen zerstörte. Obwohl meist sanft im Umgang mit Menschen, war er grausam und jähzornig und fähig, ungehorsame Diener mit jedem greifbaren Gegenstand zu prügeln. Seine Aggressivität wurde in kultureller und religiöser Expansion (Sonne-Mars-Jupiter) kanalisiert.

Anscheinend schwankten seine Stimmungen zwischen Depressionen (vielleicht ein Saturnaspekt zu einer Hauptachse? Er war auf jeden Fall für seine reservierte Art bekannt) und dem ewigen Optimismus des Trigons zwischen Sonne und Jupiter. Einer seiner Biographen erwähnt seine «unverbrüchliche Fähigkeit, in jedem Hindernis, auf das er stiess, etwas Gutes zu entdecken»[5]; sogar den Verlust eines wertvollen Medizinkastens im malariaverseuchten Dschungel konnte er als versteckten Segen sehen. Doch hier begegnen wir Jupiters problematischer Seite. Livingstones Glaube an Gott wurde immer mehr zum Glauben an sich selbst als Gottes erwähltes Werkzeug, das besonderen Schutz geniesse, und in der Tat hatte er mehrmals bemerkenswertes Glück und entging häufig knapp dem sicheren Tod. So entkam er zum Beispiel anscheinend einmal feindlichen Buren, weil sein Wagen zusammenbrach. Er bemerkte einmal: «Offenbar sind wir unsterblich, bis unsere Arbeit getan ist.»[6] In dieser zuversichtlichen Feststellung scheint etwas von Firmicus Maternus' überheblicher Behauptung widerzuhallen, dass die Menschen unsterblich wären, wenn «die günstigen Einflüsse Jupiters in ihren Horoskopen nicht übertrumpft» würden[7]. Als Livingstone von Stanley (am 3. November 1871 kurz nach Mittag in Ujiji am Tanganjika-See) gerettet wurde, war der Transit-Jupiter gerade eben zur Geburtsposition in Livingstones grossem Trigon zurückgekehrt. Venus stand in der Jungfrau im Sextil dazu und in Opposition zu seiner Sonne, so dass eine Drachenfigur entstand. Dies ist ein wundervoller Beleg für Jupiters schützende Einflüsse. Doch der Forscher las in derartige Ereignisse lieber eine Bestätigung seiner eigenen, makellosen Rechtschaffenheit hinein; er hielt sich für kaum eines Irrtums fähig und war folglich den Fehlern anderer gegenüber äusserst intolerant. Jene Kollegen, die ihn schnitten oder seine Vision nicht teilten, wurden zu Widersachern Gottes erklärt. So kann ein Mensch im Glauben an eine göttliche Mission eine hybrishafte Überhöhung seiner Selbst erfahren und sich anmassende Freiheiten gestatten. Mit einem starken Jupiter fällt es schwer, demütig zu sein. Livingstones Reisen waren zweifellos ebenso Reisen der Seele wie des Körpers, doch die spirituelle Suche geht einher mit der Gefahr des spirituellen Stolzes, und es scheint nicht so, als wäre er dieser Gefahr völlig entgangen.

Livingstones Jupiter ist drei Grad vom Jupiter des Vereinigten Königreiches entfernt, und in der Progression war die Distanz auf ein Grad geschrumpft, als seine Heldentaten die Phantasie der britischen Öffentlichkeit fesselten und den Nationalstolz stärkten. Jupiter und Uranus standen in Konjunktion mit dem Jupiter Grossbritanniens, als die Neuigkeit von Livingstones Rettung in Ujiji eintraf.

Der Name Livingstone wird immer wieder mit jenem von Henry M. Stanley in Verbindung gebracht, der sich auf die Suche nach dem lange vermissten Forscher machte, ihm wahrscheinlich das Leben rettete und die Nachricht der begierig wartenden Öffentlichkeit übermittelte. Stanley soll zwischen 5.00 und 6.00 Uhr morgens geboren sein, und ich habe eine mutmassliche Zeit von 5.45 Uhr angenommen, denn die Achsen für diesen Zeitpunkt passen zu einigen wichtigen Entwicklungen in seinem Leben.

Henry M. Stanley (geboren unter dem Namen John Rowland) war ein seltsamer Charakter, der sich aus einem äusserst unvorteilhaften Hintergrund nach vorne kämpfte. Er wurde im dritten Jahr von Königin Victorias Regentschaft als uneheliches Kind in Nordwales geboren, der Vater wurde um die Zeit seiner Geburt getötet (angeblich bei einer Wirtshausschlägerei), und die Mutter verliess ihn. Die ersten Lebensjahre verbrachte er bei seinem Grossvater, einem Metzger, der starb, als das Kind fünf Jahre alt war. Nachdem er neun Monate bei Nachbarn gelebt hatte, wurde Stanley ins Armenhaus gegeben, eine Einrichtung, die genauso schlimm war, wie Dickens sie beschrieb.

Menschen mit Saturn am Aszendenten neigen zu dem Gefühl, dass sie in eine recht unfreundliche Welt gesetzt wurden, vor der sie sich schützen müssen, und allgemein sind sie vor allem in der Jugend gehemmt und schüchtern. Stanleys Venus, die Herrscherin des vierten Hauses, steht im Quadrat zu Saturn am Aszendenten, und weist damit auf eine trostlose häusliche Umgebung in der Kindheit hin, und ihre Konjunktion mit Uranus zeugt von Unbeständigkeit und plötzlichen Veränderungen im gleichen Bereich. Jupiter in seinem Zeichen und seinem Haus, im Sextil zur Sonne und im Trigon zum Mond, dazu der Aszendent im Schützen, tragen jedoch viel zur Kompensation dieser Not bei und weisen auch schliesslich einen Weg, der aus der Misere hinausführt. Saturn direkt am Aszendenten im Schützezeichen könnte verzweifelt versuchen, zuversichtlich zu sein oder wenigstens so zu erscheinen, während er zugleich den natürlicherweise positiven, leichtlebigen Stil des Schütze-Aszendenten behindert, den dieser ansonsten geniessen würde. Ich neige dazu, auch dem starken Jupiter im zwölften Haus (nach Placidus; Planeten an den Häuserspitzen scheinen mir in Bezug zum folgenden Haus be-

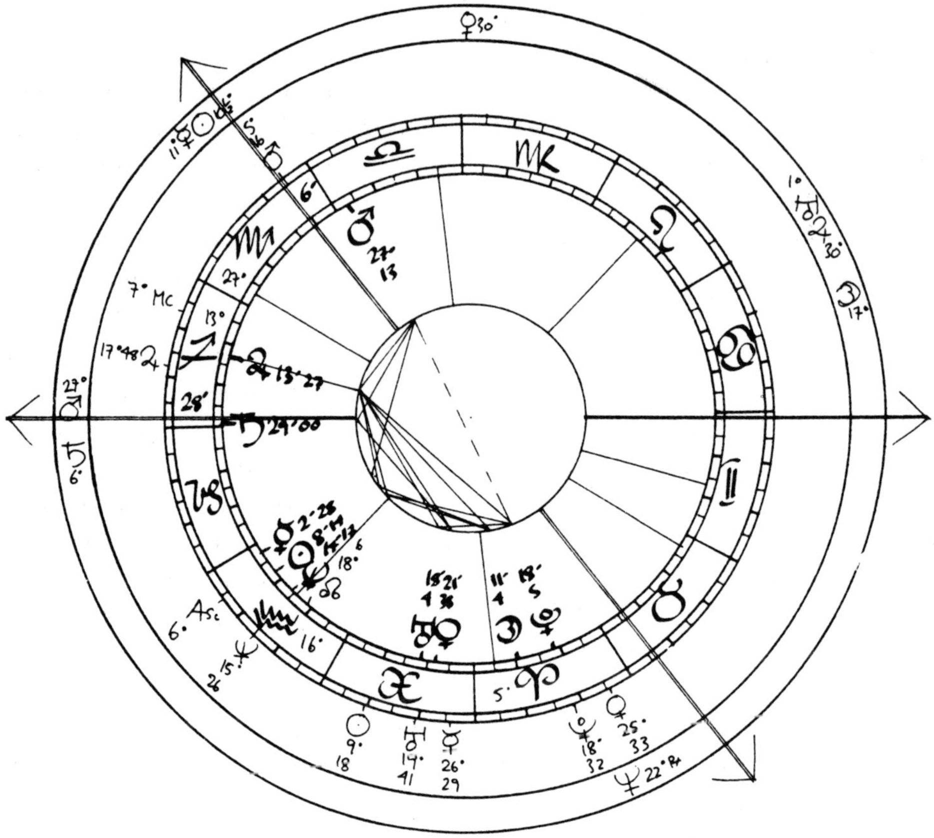

Henry M. Stanley, 28. Januar 1841, 5.45 Uhr LMT (korrigiert),
Denbigh (53° 11' N., 3° 25' W.)
Aussen eingezeichnet: Progressionen und Transite (äusserster Kreis) für den
3. November 1871 (Mittag, LMT Ujiji), Begegnung mit Livingstone.

sonders wirksam, wenn sie sich auch im vorhergehenden bemerkbar machen mögen) das aussergewöhnliche Talent zuzuschreiben, im richtigen Augenblick an der richtigen Stelle zu sein, was für seine Journalistenkarriere ein grosser Vorzug war. Seine Begegnung mit Livingstone ist ein hervorragendes Beispiel dafür. Wie Livingstone hatte auch er im Dschungel unverdientes Glück.

Das Sextil von Mars zu Saturn und Aszendent – und die weite Konjunktion mit dem MC, den er regiert – betonen die Notwendigkeit, hart zu arbeiten, um Hindernisse zu überwinden und als ganzer Mann dazustehen. Diese Konstellation trägt neben der weiten Mars-Pluto-Opposition und der Mond-Pluto-Konjunktion zusätzlich zu Stanleys gewalttätiger Ader bei. Die Konjunktion spricht weiterhin für den starken Überlebensinstinkt, den er im Dschungel brauchte.

Die Sonne im Wassermann weist ihn als Mann mit viel Eigensinn aus, und ihre Konjunktion mit Neptun symbolisiert den fehlenden, idealisierten Vater, den er flüchtig in dem Mann erblickte, der ihn als achtzehnjährigen Einwanderer in New Orleans adoptierte. Dieser Mann gab ihm den Namen Henry Morton Stanley und starb kurz darauf. Und natürlich erkannte er den Vater später in Livingstone wieder. Mir fällt auf, dass Livingstones Chiron exakt mit Stanleys Neptun in Konjunktion steht; obwohl ich mir über die Bedeutung Chirons in diesem Zusammenhang nicht ganz sicher bin, weiss ich doch, dass starke Kontakte zum Neptun im Horoskop eines anderen Menschen eine Art von Sehnsucht nach ihm erzeugen können, die nie ganz erfüllt werden kann. Stanleys glückliche Monate in Livingstones Gesellschaft vergingen schnell, und abermals verlor er eine vermeintliche Vaterfigur. Sein Grossvater war gestorben, als die progressive Sonne ein Grad vor Neptun stand.

Als Stanley sich die Überfahrt nach Amerika verdiente, seinem Heimatland, zu dem er sich später nur noch widerwillig bekannte, den Rücken kehrte und abermals für kurze Zeit in eine Familie aufgenommen wurde, ging der Transit-Pluto über seinen IC. Zehn Jahre später, inzwischen ein erfolgreicher Journalist, wurde er von Gordon Bennet, dem Herausgeber des «New York Herald», ausgeschickt, den in Afrika verschollenen Livingstone zu suchen. Er bereiste Ägypten, die Türkei, Persien und Indien, um noch einigen anderen Stories nachzugehen. Bei solchen Unternehmen war Stanley in seinem Element: Jupiter im Quadrat zu Uranus, Saturn am Aszendenten im Schützen im Aspekt zum Mars. Seit er das Armenhaus verlassen hatte, war er fast ständig unterwegs gewesen und hatte oft mit Schwierigkeiten zu kämpfen. Diesmal stand der progressive Jupiter ein halbes Grad vor dem exakten Quadrat zu Uranus (und im Trigon zu Pluto). Als er den Aufrag zur Suche erhielt, bildete der Mond ein Trigon zu seinem Geburtsjupiter.

Abermals manifestierte sich das starke Jupiter-Schütze-Element in Stanley ebenso als Glaube wie als Forscherdrang. Doch der schlichte Glaube, den er aus der Bibel im Armenhaus erworben hatte, wurde einige Male schwer erschüttert, als er mit der Brutalität und der Ungerechtigkeit der Welt konfrontiert wurde (Saturn am Aszendenten im Schützen, Jupiter Trigon Pluto, Mars im neunten Haus). Stanleys progressiver Jupiter näherte sich Aspekten zu Jupiter und Pluto und stand im Halbquadrat zu Merkur, dem Herrscher des siebten Hauses, als er Livingstone in Ujiji traf. Die zu diesem Zeitpunkt bestehende Jupiter-Uranus-Konjunktion stand im siebten Haus und näherte sich der Opposition zum herrschenden Merkur. Der einzige andere Aspekt, den der Transit-Jupiter bildete, war ein Quinkunx zum Saturn am Schütze-Aszendenten, so dass zusammen mit dem progressiven Mond am Ende des Stiers vorübergehend ein «Finger Gottes» entstand, der auf die ursprüngliche Quelle der Vollendung seines Werkes deutet. Der progressive Mars stand in genauer Konjunktion mit dem MC im Skorpion, im Quadrat zum progressiven Aszendenten und im Sextil zum Transit-Saturn. Es war der Höhepunkt seines Ruhms als zäher Abenteurer, doch bald wurde er in eine öffentliche Schlacht mit der Londoner «Geographical Society» verwickelt, die seinen Triumph zerstörte. Natürlich bilden diese Planeten auch Aspekte zum IC: das schmerzhafte Muster vom Vater, der nie da war, tauchte wieder auf.

Über das Leben unseres letzten Reisenden weiss ich fast nichts, doch sein Horoskop wird hier gezeigt, um die Beziehung zu seiner berühmtesten Reise zu erhellen. Thor Heyerdahl war der Leiter der Expeditionen mit der Kon-Tiki und der Ra. Beide Unternehmungen waren Rekonstruktionen früherer Schiffsreisen mit einem Bootstyp, der lange vor dem Kielschiff benutzt wurde. Die Transite und Progressionen gelten für die Zeit der Abfahrt der Kon-Tiki-Expedition von der Pazifikküste Südamerikas nach Polynesien. Auch hier ist die genaue Geburtszeit unklar; als Alternative wird 16.40 Uhr angenommen.

Die zweite Zeit würde bedeuten, dass der Aszendent im Wassermann liegt und die Jupiter-Uranus-Konjunktion im zwölften Haus. In beiden Fällen beherrscht Jupiter jedoch den MC im Schützen und steht in Konjunktion mit Uranus im Wassermann, nahe der gleichen Konjunktion in Isabel Burtons Horoskop. Auch hier wird, wie bei Stanley, der Aspekt zwischen den beiden Planeten durch eine gewisse Betonung der Zeichen, die sie regieren, verstärkt. Von den beiden Planeten ist nur Uranus voll in das grosse Quadrat in den fixen Zeichen integriert, doch beide Planeten stehen im Trigon zu der sanfteren Sonne in der Waage, Jupiter sogar ganz exakt. Als die Expedition begann, bildete der progressive Mond ein grosses Trigon mit Sonne und Jupiter und machte ihm den Anfang leicht; die progressive Venus stand auf dem Halbsummenpunkt von Sonne und Jupiter und im exakten Sextil zu beiden. Der progressive Merkur bildete etwas ungenauere Aspekte zu ihnen und ein Quadrat zum progressiven Jupiter. Die Sonne wurde auch durch ein Halbquadrat mit dem progressiven Mars belebt, und die progressive Sonne löste sich gerade aus einem Quadrat mit dem progressiven Jupiter. Das Sonne-Jupiter-Trigon im Geburtshoroskop wird ausserdem durch Transite von Pluto und Mars einbezogen, während in der Version des hier abgedruckten Horo-

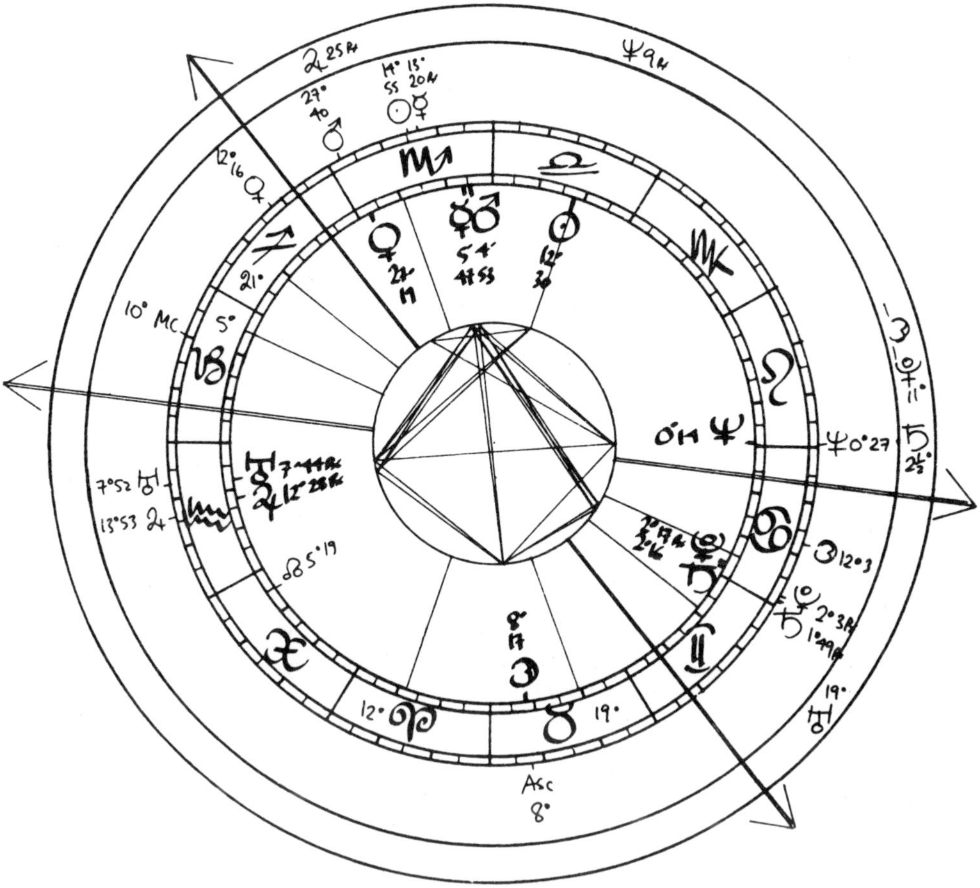

Thor Heyerdahl, 6. Oktober 1914, 15.45 Uhr (umstritten), Larvik (59° 05' N., 10° 02' O.)
Aussen Progressionen und Transite für den 28. April 1947, Kon-Tiki-Expedition.

Horoskops Jupiter das neunte Haus transitiert und der progressive Mars in Konjunktion mit der Venus im neunten Haus steht. Wenn ein Astrologe den besten Augenblick für eine so wichtige Reise hätte bestimmen sollen, dann hätte er bestimmt diesen gewählt.

Anmerkungen

1 J.E. Cirlot, *A Dictionary of Symbols*, engl. Übers. v. Jack Sage, Routledge & Kegan Paul 1971 (1962).

2 Lao Tzu, *Tao Te Ching*, 2, XLVII, engl. Übers. v. D.C. Lau, Penguin 1963, S. 47.

3 Constantine Cavafy, *Ithaka*, übersetzt aus dem Griechischen von der Autorin.

4 Oliver Ransford, David Livingstone, *The Dark Interior*, John Murray, London 1978, S. 26.

[5] ebd. S. 111.

[6] ebd. S. 109.

[7] Firmicus Maternus, *Matheseos libri*, engl. Übers. v. Jean Rhys Bram, Noyes Press, Park Ridge, New Jersey, S. 43.

Daten

Bob Dylan	Lois Rodden, *American Book of Charts*
Charles Baudelaire	*American Book of Charts*
Constantine Cavafy	Bibliographische Anmerkung von G.P. Savvides in *Poems (1896-1918)*, Ikaros, Athen, 1963, der den 17.-29. April 1863 in Alexandria angibt.
Isabelle Eberhardt	Astrological Association Data Section: 17. Februar 1877, 18.00 Uhr LMT, Genf.
Thomas Cook	*Encyclopaedia Britanica*: 22. November 1808, Melbourne, Derbyshire.
Mondlandung	*Encyclopaedia Britanica*: 20. Juli 1969, 20.17 Uhr GMT.
Orville Wright	*Encyclopaedia Britanica*: 19. August 1871, Dayton, Ohio.
Wilbur Wright	*Encyclopaedia Britanica*: 16. April 1867, in der Nähe von Millville, Indiana.
Kitty Hawk	Charles Harvey in *Mundane Astrology*, Aquarian, 1984: 17. Dezember 1903, 10.35 Uhr EST, 36° 02' N., 75° 42'W.
A. de Ste-Exupéry	Astrological Association Data Section: 29. Juni 1900, Lyon, Frankreich, 9.00 Uhr.
Königin Victoria	Lois Rodden, *Profiles of Women*: 24. Mai 1819, 4.15 Uhr LMT, London.
Vereinigtes Königreich Grossbritannien	Charles Carter, *An Introduction to Mundane Astrology*, Fowler, London, 1951: 1. Januar 1801, 0.00 Uhr, Westminster.
Sir Richard Burton	*American Book of Charts*
Lady Isabel Burton	Lady Isabel Burton & W.H. Wilkins, *The Romance of Isabel Lady Burton: The Story of Her Life*, Hutchinson, London 1897, S. 14.
David Livingstone	*Encyclopaedia Britanica.*
Henry M. Stanley	Jadwiga M. Harrison: Fowler's Compendium of Nativities, Fowler, London 1980, Zeit nach Angaben der Herausgeber nicht korrigiert.
Thor Heyerdahl	*American Book of Charts*, DD Section.
Isabelle Eberhardt	Astrological Association Data Section.

Die wichtigsten Quellen

Michael Hastings, Sir Richard Burton: A Biography, Hodder & Stoughton 1978.

Oliver Ransford, *David Livingstone: The Dark Interior*, John Murray, London 1978.

H.M. Stanley, *Autobiography*, Sampson Low, Marston, London1909.

Ian Anstruther, *I Presume: H.M. Stanley's Triumph and Disaster*, Geoffrey Bles, London 1956.

Lesley Blanch, *The Wilder Shores of Love*, John Murray, London1954. (Kapitel über Lady Isabel Burton und Isabelle Eberhardt.)

Glaube

«Es war einmal eine fromme alte tibetische Frau. Sie hatte einen Sohn, der Händler war und ab und zu die gefährliche Reise nach Indien unternahm. Jedesmal, wenn er aufbrach, bat sie ihn, eine Reliquie Buddhas mitzubringen, um ihren Glauben zu stärken. Doch der Sohn, obgleich wohlmeinend, vergass immer wieder den Wunsch seiner Mutter, denn er war viel zu sehr mit den Geschäften und den Gefahren der Reise beschäftigt. Schliesslich verzweifelte die alte Frau und drohte, sich zu töten, wenn der Sohn abermals ohne den gewünschten Gegenstand zurückkehrte. Als er nach der nächsten Reise in die Nähe seines Heims kam, fiel ihm ein, dass er wiederum den Wunsch seiner Mutter vergessen hatte. Als er einen toten Hund am Wegrand liegen sah, nahm er einen seiner Zähne an sich und wickelte ihn in ein Tuch, und dies gab er bei der Rückkehr der Mutter und erklärte, es sei ein Zahn Buddhas. Die alte Frau nahm dankbar den Zahn und wurde augenblicklich erleuchtet.»

Tibetische Geschichte

«Wer suchet, der findet» sagt das Evangelium und verspricht uns, dass eine ernsthafte Suche nicht vergebens sei. Der Glaube hält uns auf dem Weg, doch was geschieht, wenn wir *gefunden* haben, was wir suchen? Wenn wir voller Inbrunst sagen: Dies ist es, dies ist es, ich brauche nicht weiter zu suchen? Auch das ist das Reich Jupiters. Zu glauben bedeutet, überzeugt zu sein, und diesen Gedankengang können wir zumindest bis zum alten griechischen *peithesthai* (glauben) zurückverfolgen, entstanden aus *peithein*, überzeugen. Wer an etwas Bestimmtes glaubt, hat sich davon überzeugen lassen, dass Zweifel nicht mehr am Platz sind. Unter dem Beharren im Glauben verstehen wir eine Haltung unerschütterlicher Loyalität. Gläubig (oder treu) zu sein bedeutet, keinem anderen Mann, keiner anderen Frau und keinem anderen Gott hinterherzulaufen.

Und doch besteht hier ein Paradoxon. Wenn überhaupt ein Planet mit dem Glauben zu tun hat, dann ist es Jupiter, nach Lilly «der natürliche Repräsentant des Glaubens»[1] – aber treu? Wir kennen alle jene Menschen, die voller Begeisterung Versprechen geben, die sie am nächsten Tag vergessen haben. Im Augenblick ist die Überzeugung so stark, dass man die Erinnerung an frühere Fälle, als die Begeisterung schwand und das Interesse verlorenging, aus dem Bewusstsein verdrängt.

Auch der Glaube ist manchmal ein wankelmütiger Freund. Über dieses Thema wurden viele Bücher geschrieben, und unzählige Methoden wurden entwickelt, um den Glauben zu stärken und zu erhalten, und doch bleibt er ein Geschenk der Gnade und lässt sich durch keinen Willensakt zwingen, sein Gesicht zu zeigen. Er taucht ungebeten auf, wann und wo es ihm gefällt – manchmal sogar aus den Tiefen von Leiden und Verzweiflung.

Ich erwähnte bereits Jupiters Beinamen «Guru» in der hinduistischen Astrologie.[2] Der Guru ist ein spiritueller Lehrer, dem wir uns anvertrauen, damit er uns führe, und oft wird gesagt, dass der wahre Guru im Innern sei; doch zunächst begegnen wir dieser Figur gewöhnlich in der Aussenwelt und projizieren unsere eigene potentielle Spiritualität auf sie. Es wird auch gesagt, dass der Lehrer erscheint, wenn der Schüler bereit ist. Es bleibt ein Geheimnis, ob dies bedeutet, dass der Lehrer immer da ist und wir nur die Augen öffnen müssen, oder ob er oder sie durch die Bereitschaft in unsere Nähe gezogen wird; doch an einem gewissen Punkt begegnet der innere Zustand der äusseren Gestalt, und das Gefühl der Stimmigkeit dieses Augenblicks der Begegnung wurde von unzähligen Wanderern auf dem spirituellen Weg beschrieben.

Ma Prem Tao, deren Horoskop auf Seite 73 abgebildet ist – Mond und Aszendent im Schützen, Sonne im Sextil zu Jupiter -, ist sowohl eine Frau mit beachtlichem Optimismus als auch eine unermüdliche Sucherin. Anfang der siebziger Jahre war sie begeisterte Teilnehmerin jenes jovischsten aller Phänomene, der «Wachstumsbewegung», die versprach, durch die Techniken der humanistischen Psychologie eine endlose Erweiterung des Bewusstseins und einen Wandel zum Besseren zu bewirken. Nachdem sie sich aus ganzem Herzen nacheinander auf die verschiedensten Arten des Wachstums gestürzt hatte, kam sie schliesslich wie viele andere dazu, etwas zu suchen, was das Ego transzendierte, und in diesem Augenblick begegnete sie dem Guru.

In Taos Horoskop steht Jupiter im siebten Haus, und da er der Herrscherplanet ist, erhält dieses Haus eine besondere Betonung. Ausserdem steht er im Quadrat zur Venus im neunten Haus. Der Träger des Glaubens und Versprechens findet sich also im Du-Haus, dem Haus der Partnerschaft, und der Planet der Anziehung und Beziehung im Haus des Weges; und beide sind einander verbunden zum Bild des spirituellen Freundes oder Geliebten. Der Grosse Wohltäter schenkt uns im siebten Haus selten die Gnade, die wir erwarten: einen Partner, der uns immer wieder mit guten Dingen überschüttet.

Taos Ehe dauerte nicht lange – die Dauer ist nicht gerade eine Stärke Jupiters –, und nachdem sie sich aus dieser Bindung befreit hatte, richtete sie ihre feurige Energie auf eine Reihe wichtiger, doch relativ kurzer Beziehungen, immer wieder verleitet, die flüchtige göttliche Qualität in einem anderen Menschen zu suchen und selten lange betrübt, wenn die Wege auseinandergingen.

Als Jupiter seinen dritten Umlauf vollendete, kündigten eine ganze Reihe von Progressions- und Transitaspekten das Kommen des spirituellen Freundes an. Die progressive Sonne hatte das Sextil zu Jupiter im siebten Haus verlassen und stand nun im Quadrat dazu; der Transit-Neptun stand in Opposition zu Jupiter und brachte eine gewisse spirituelle Sehnsucht ins Spiel. Die Venus im neunten Haus, Freundin im Reich des Geistes, erfuhr einen Ura-

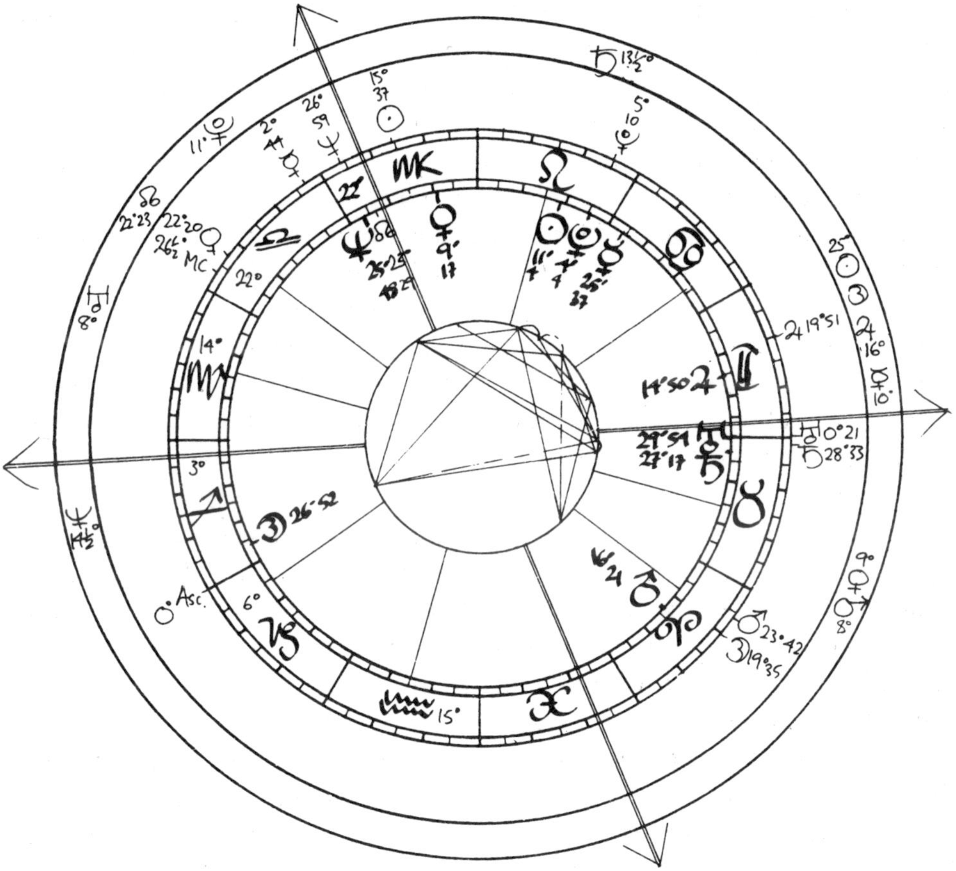

Ma Prem Tao, 3. August 1941, 16.00 Uhr, Toronto (43° 42' N., 79° 25' W.)
Progressionen und Transite für den 16. Juni 1977.

nus-Transit, welcher eine plötzliche Entwicklung in Beziehungen ankündigte, und der aufsteigende Mondknoten im Transit war in exakter Konjunktion mit der progressiven Venus. Der Transit-Pluto im Sextil zu ihrer Sonne sprach für das Ende eines Lebensabschnittes, es wurde Raum für neue Entwicklungen geschaffen. Am 16. Juni 1977 war die Transit-Sonne im Quadrataspekt zu Neptun; Venus und Mars, die im Haus der Liebesaffären in Konjunktion waren, standen im Trigon zur Venus, und Sonne, Mond und Merkur waren in ihrem siebten Haus. An diesem Tag, kurz nachdem sie in seinem Ashram in Indien eingetroffen war, wurde sie in aller Form eine Schülerin von Bhagwan Shree Rajneesh. Obwohl sie kaum persönlichen Kontakt zu ihm hatte, war er in gewisser Weise ihr absoluter Partner, von dem sie voller Liebe und Innigkeit sprach. Die Mondknoten in Bhagwans Horoskop bilden ein Spannungsdreieck mit Sonne, Merkur, Mars und Neptun, und dieses stellt eine Verbindung zu Taos Jupiter-Venus-Quadrat her. Bhagwans Jupiter ist in Konjunktion mit Taos schicksalbestimmendem nördlichen Mondknoten und ihrem Neptun, der ihr Verlangen stimuliert, sich im Göttlichen zu verlieren. Sein Merkur im Schützen (in Konjunktion mit ihrem Aszendenten) macht ihn zu einem begnadeten Redner, der Geschichten aus einer Vielfalt spiritueller Bereiche zu erzählen wusste und ihren Jupiter in den Zwillingen mit Stoff versorgte. Jupiter ist natürlich in diesem eher skeptischen Zeichen im Exil, und wenn seine Stellung betont ist, spricht dies für zahlreiche innere Kämpfe und Unsicherheiten in Glaubensangelegenheiten. Tao betont selbst, dass ihr Lehrer sogar Zweifel weckte, und sie ist ihm dankbar, dass er vieles in ihr in Frage stellte. Sie spürte deutlich die Gefahr, in blinden Glauben zu verfallen und zieht das Wort «Vertrauen» vor, um ihre Gefühle für ihn zu beschreiben.

Mancher Leser mag Zweifel an den Qualifikationen dieses Gurus haben, doch das ist nicht unser Thema. Menschen können an Dinge glauben, die für andere vorgetäuscht scheinen, und doch ungeheuer bereichert werden, und sie können an Dinge glauben, die andere allgemein für bewundernswert halten und sich dennoch abscheulich verhalten – man denke nur an die Inquisition. Glaube ist keine Garantie, eine Art objektive Wahrheit gefunden zu haben; er ist nicht notgedrungen mit der Vernunft in Einklang, ist nicht unbedingt moralisch, doch er ist in sich eine mächtige Kraft. In Taos Fall kann es keinen Zweifel über die Echtheit und die transformierende Qualität ihrer Erfahrungen geben; und dafür ist das Horoskop ein Beleg.

Bevor wir Taos Horoskop verlassen, möchte ich noch auf einen Punkt hinweisen. Der Transit-Saturn hat gerade sein bleiernes Gewicht von ihrer Son-

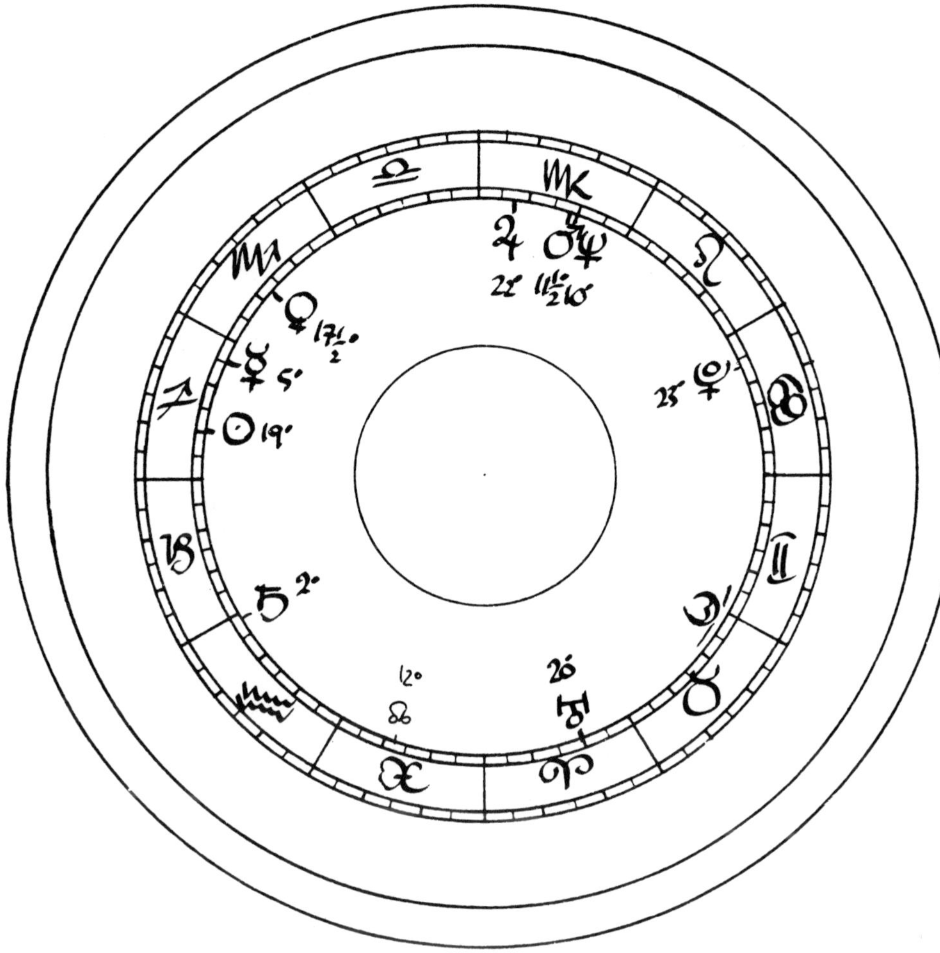

Bhagwan Shree Rajneesh, Sonnenstandshoroskop, 11. Dezember 1932, Jabapur, Indien.

ne genommen und steht kurz vor dem Eintritt ins neunte Haus. Ich konnte immer wieder beobachten, dass Saturn-Transite durch das neunte Haus mit der Festlegung auf den einen oder anderen spirituellen Weg zusammenfallen, was keine grosse Überraschung ist. Hier drängt er uns, die flüchtige Substanz unserer Spiritualität zu fixieren, an unserem Glauben festzuhalten, ihm eine Art Struktur zu geben und ihn in unser Leben einzubauen. Unglücklicherweise ist es kaum möglich, unseren Glauben dauerhaft auf diese Weise zu verankern, doch auf der anderen Seite sind Verpflichtung und Disziplin für jede spirituelle Entwicklung notwendig.

Das Zeichen des Schützen gehört zum Reisenden, zum Sucher (der im Endeffekt nie ankommt), doch traditionell auch zur Kirche, zu jenen, die die Nähe Gottes gefunden haben und deshalb geehrt werden – Jupiters Farbe ist das bischöfliche Purpur. Gewöhnlich wenden wir uns in derlei Angelegenheiten an einen Menschen, der anerkannterweise diese Kraft in sich trägt. Paul Huson[3] verbindet Jupiter mit der Tarotkarte des Hierophanten, dem «Offenbarer der Heiligen Dinge», dem spirituellen Vater und Priester, und die Tradition zeigt uns, dass Jupiter zu religiösen Berufen geneigt macht. Doch die jovischen Qualitäten der Toleranz und Offenheit für Neues sind schwer aufrecht zu erhalten, wenn man sich auf eine Lehre verpflichtet hat oder sogar ihr Repräsentant ist. Jupiter ist zugleich der Jugendliche, der sich von allen Bindungen befreien will, und Vater Zeus, dessen Wort Gesetz ist. Er ist zugleich unzuverlässig und tyrannisch, Playboy und Autoritätsfigur, Sucher und Verkünder der Doktrin, und sogar in den Verkündungen der neuesten Begeisterung kann das jovische Individuum äusserst dogmatisch erscheinen.

Die Rolle des religiösen Lehrers ist schwierig, denn ein solcher Mensch muss die Projektionen jener ertragen, die ihn oder sie als Verkörperung der Spiritualität sehen, und das ist eine ganz ansehnliche Bürde. Die Gemeinde versammelt sich nicht im Namen des Herrn, um die Zweifel des Priesters zu vernehmen. Sie wollen erhöht werden und ihren Glauben erneuern, und seine Aufgabe ist es, sie dabei zu ermutigen und unterstützen und ihren Geistern etwas Positives, oder noch besser, Inspirierendes einzugeben, das ihnen über die Woche hilft. Aus diesem Grunde muss er überzeugend sprechen. Doch wie jeder andere Mensch hat auch ein Priester seine Augenblicke oder Phasen des Zweifels. Wie tritt er in einer solchen Zeit vor seine Gemeinde? Wahrscheinlich wird er alle dunklen Gedanken verbannen und mit etwas mehr Nachdruck sprechen, da er versucht, neben seinen Zuhörern auch sich selbst zu überzeugen. Hier liegen die Wurzeln des jovischen Makels der Heuchelei, die ja Schauspielerei bedeutet – und der Grund ist die Verdrängung des Unglaubens. «So bleibt dem Priester oft keine Alternative, als immer wieder ein Heuchler zu sein, der seine eigenen Zweifel verbirgt und eine vorübergehende innere Leere mit hochgestochenen Worten vertuscht. Wenn sein Charakter schwach ist, kann dies zu einer Gewohnheit werden.»[4]

Der Mensch, der berufen ist, andere in ihrem Glauben zu bestärken, hat kein Monopol auf Heuchelei, wenn er auch im Krieg gegen den Zweifel an vorderster Front steht. Ich glaube, dass wir alle einmal einen Menschen erlebt haben, der uns um jeden Preis davon überzeugen muss, dass er oder sie die letzte Antwort kennt; ob es nun der Missionar ist, der einen Fuss zwischen die

Türe schiebt, oder der bekehrte Freund. Der Gedanke, der uns in einem solchen Trommelfeuer der Überzeugung kommen könnte, mag etwa dieser sein: «Mich deucht, die Dame widerspricht zu heftig», oder «Wen versuchst du eigentlich zu überzeugen?» Des Pudels Kern ist, dass wir nie grimmiger die Ungläubigen um uns herausfordern, als in einer Situation, in der wir nicht bereit sind, unsere eigenen Zweifel zu sehen. Ein Vertreter mag seine Waren gekonnt anbieten und anscheinend völlig überzeugt an sie glauben und kann trotzdem in der folgenden Woche für die Konkurrenz arbeiten. Er muss überzeugend sein, weil sein Einkommen davon abhängt, während der Vertreter eines Glaubens ein weniger offensichtliches Ziel verfolgt, wenn er andere überzeugt – er sucht weitere Beweise für die Gültigkeit seines eigenen Glaubens. Einem Forschungsbericht der «Church of Light»[5] zufolge hatten 92 von 100 Vertretern einen stark betonten Jupiter; und dieser Planet wird eben auch mit religiösen Berufen assoziiert. Meine Erfahrung sagt mir, dass die dogmatischsten Menschen gewöhnlich jene sind, deren Jupiter nicht nur stark gestellt, sondern auch unter Spannung steht, und dies häufig in veränderlichen Zeichen, woraus man auf beträchtliche innere Kämpfe und eine Instabilität in Glaubensdingen schliessen kann. Dies soll natürlich nicht heissen, dass ein Jupiter mit schwierigen Aspekten immer dogmatisch ist; doch Dogmatismus ist eine Art, solchen Unsicherheiten Paroli zu bieten.

Wir begegnen hier wieder der schlüpfrigen Seite Jupiters, dem Herrscher der Fische. Das Fische-Haus, das zwölfte, wird zwar mit der Hingabe an religiöse Einsiedelei assoziiert, doch die Fische sind auch das Zeichen der Täuschung. Es ist nicht Neptun allein, der uns in die angenehmen Illusionen des Wunschdenkens führt, sondern auch der leichtgläubige Jupiter, der das Gesicht zum Licht wendet und es nicht für nötig hält, über die Schulter zu blikken. Charles Carter, der sehr scharfsinnig die weniger attraktive Seite Jupiters beleuchtete – ein grosses Verdienst, da er selbst einen starken Jupiter hat –, formuliert es folgermassen:[6]

> «A.J. Pearce, der im viktorianischen Zeitalter schrieb, übrigens ein Schütze-Geborener, übernimmt die meisten von Lillys lobenden Worten über Jupiters Eigenschaften, doch er unterschlägt jede Andeutung eines 'ungünstigen' Jupiters, da er anscheinend sich selbst und andere zu überzeugen sucht, dass ein solcher Umstand nicht existiere!
>
> Hier zeigt Mr. Pearce deutlich eine der Schwächen Jupiters, nämlich die Scheu, sich unangenehmen Dingen zu stellen und sie anzuerkennen – besonders bei einem selbst! Wer kennt nicht die Menschen, die alles glauben,

solange es angenehm klingt; dies aber ist das Wirken eines unkontrollierten Jupiter.»

Die Leichtgläubigkeit der Menschen in religiösen Dingen wird wahrscheinlich schon seit undenklichen Zeiten ausgenutzt, und eine bevorzugte Methode ist es, ein jovisches Füllhorn mit späteren Belohnungen anzubieten. Dies bringt die Kultanhänger dazu, ihren letzten Energiefunken herauszuquetschen, um Geld für ihren Führer einzubringen, der ihnen bald den Himmel auf Erden schaffen soll; es erinnert an die Templer und die heutigen jungen Krieger des Iran, die sich in die Schlacht und den fast sicheren Tod stürzen, um Eingang ins Paradies zu finden. Ich will damit nicht sagen, dass es kein Paradies gebe; doch im Reiche Jupiters existieren keine Beweise, und wir öffnen uns der Täuschung – innerlich wie äusserlich -, wenn wir nicht auf der Hut sind und die Möglichkeit bedenken, dass wir es mit Bluff, leerer Rhetorik und Verführung zu tun haben.

«‹Legitimer› Glaube», sagt Jung[7], «muss stets auf Erfahrung beruhen», und das bedeutet, dass Glaube, der sich nur auf eine äussere Autorität stützt, uns höchstwahrscheinlich trügt. Die Rituale, die uns bei der Entwicklung des Glaubens helfen sollen, können mit der Zeit zur Gewohnheit werden und ihre Bedeutung verlieren. Blinder Glaube kann uns zu allen Arten unheiliger Handlungen verleiten, doch selbst dies ist leichter, als sich einsam dem inneren Kampf zu stellen. Ein Mensch, der sehr mit seinen Zweifeln rang, war Martin Luther, der auch die Autorität der religiösen Tradition, in der er aufgewachsen war, in Frage stellte und vor allem die Ausbeutung der menschlichen Leichtgläubigkeit attackierte, wie sie etwa im Ablasshandel zum Ausdruck kam.

In Luthers Horoskop finden wir die Sonne und drei weitere Planeten im Skorpion und den Mond im anderen Marszeichen, was auf jemanden schliessen lässt, der Auseinandersetzungen nicht scheut. Sein Löwe-Aszendent steht in exaktem Quadrat zur Sonne im vierten Haus, zu Jupiter im dritten in exaktem Sextil, und Jupiter selbst im Halbsextil zur Sonne. Das Halbsextil ist an sich kein sehr starker Aspekt, doch wenn es derart exakt ist wie in Luthers Horoskop, dann wird jeder Transit beide Planeten gleichzeitig aspektieren, und in diesem Falle auch den Aszendenten. Einer Schule zufolge zeigt der Planet, der den genauesten Aspekt zur Sonne hat, den Beruf des Geborenen an, und das ist hier Jupiter; die Sonne hat zu keinem anderen Planeten wichtige Aspekte. Als Luther sich für ein religiöses Leben entschied, stand der laufende Uranus erstmals im Quadrat zum Radix-Uranus, und der Transit-Nep-

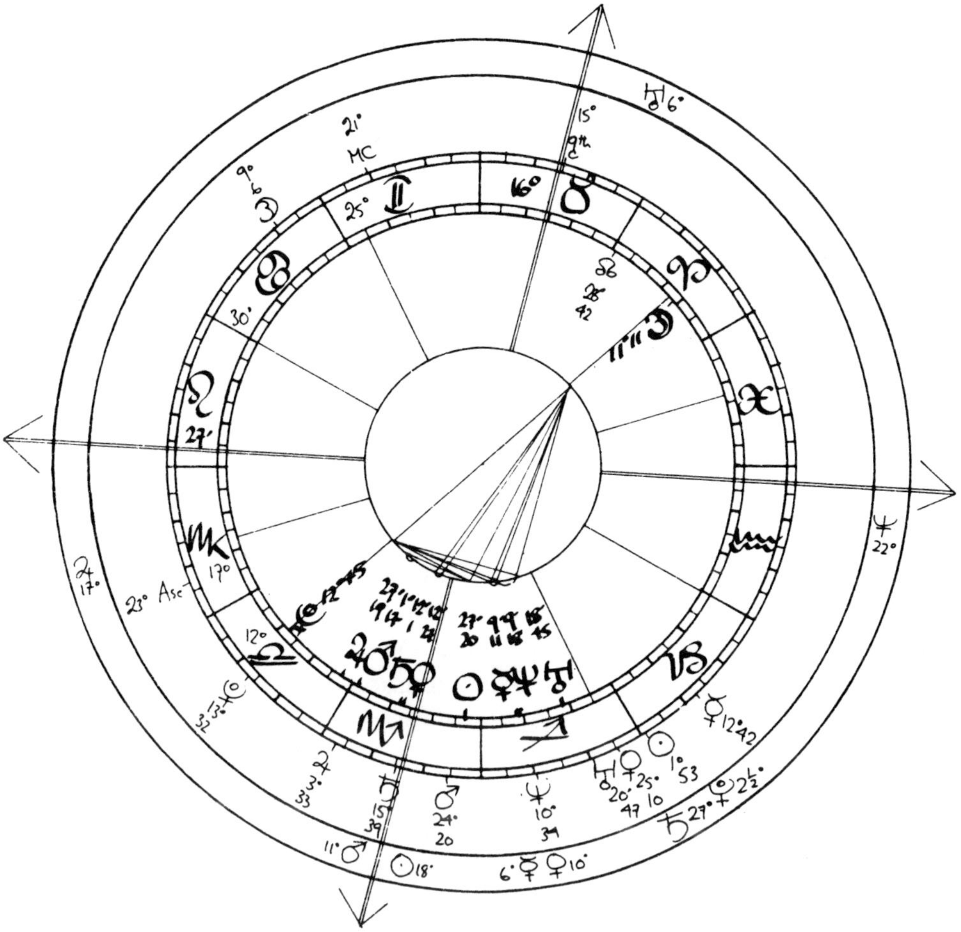

Martin Luther, 10. November 1483, 23.00 Uhr LMT (Julianischer Kalender), Eisleben (51° 32' N., 11° 32' O.). Progressionen und Transite für den 31. Oktober 1517.

tun auf 27° Steinbock aspektierte Jupiter, Saturn und den Aszendenten. Neptun-Transite eröffnen uns häufig spirituelle Dimensionen, doch hier ging auch anderes vor. Vom Uranus-Quadrat abgesehen, stand die progressive Sonne in Konjunktion mit Uranus, und die Transit-Sonne bildete am Tage der Entscheidung (2.Juli 1505)[8] einen Quinkunx-Aspekt mit Uranus. Es war in der Tat eine plötzliche Entscheidung. Von schrecklicher Angst gepackt, versprach er bei einem Unwetter der heiligen Anna, Mönch zu werden, wenn sie ihn beschützte, und nur Tage später löste er das Versprechen ein. Wie es allgemein für Uranus-Transite gilt, lässt sich dieses Versprechen nicht eigentlich auf den momentanen Impuls zurückführen. Der Gedanke hatte vermutlich schon eine ganze Weile in ihm gearbeitet, und die Todesangst liess ihn schliesslich sein Gelöbnis formulieren; und da in seinem Horoskop das fixe Kreuz betont ist, gab es kein Herauswinden. Später sagte er: «Nicht freiwillig und aus eigenem Wunsche wurde ich Mönch, sondern ich irrte verschreckt und voller Angst umher, und angesichts des Todes schwor ich einen erzwungenen und notwendigen Eid.» Sein progressiver Jupiter stand zu dieser Zeit in exakter Konjunktion mit Mars im Skorpion, und Religion wurde in Begriffen von Leben und Tod erfahren. Der progressive Mars stand am IC: offenbar stand ein Wohnungwechsel bevor, und ich frage mich, ob ihn auch Zorn auf seinen Vater oder ein Gefühl der Konkurrenz zwischen den beiden dazu inspirierte (man beachte das stark besetzte vierte Haus), mit seiner Vergangenheit zu brechen und lieber einem spirituellen Vater nachzufolgen. Auf jeden Fall schwor er seinen Eid auf der Rückreise von einem Besuch bei seinen Eltern.

Ich erwähnte bereits, dass Saturn-Transite durch das neunte Haus bewirken können, dass jemand einen spirituellen Weg einschlägt. Wir sollten nicht vergessen, dass Transite im neunten Haus auf solche im achten folgen, wo sie oft mit emotionalen Krisen, dem Zerbrechen von Beziehungen und Erfahrungen der dunkleren Seite des Lebens einhergehen. Nie ist das Bedürfnis grösser, im Leben einen Sinn zu finden, als wenn man in tiefer Verzweiflung steckt, und die Begegnung mit dem eigenen Tod kann oft der Katalysator sein, der uns befähigt, den Durchbruch zu wagen. Es ist sicher auch bedeutsam, dass Uranus gerade in Luthers achtes Haus kam, als er in Todesgefahr war.

Luthers Entscheidung mag etwas willkürlich anmuten, doch er war zweifellos ein tief religiöser Mensch. Dennoch litt er an schweren Schuldgefühlen und Zweifeln, die wahrscheinlich der Verbindung des Skorpion mit den grausameren Seiten der menschlichen Natur zuzuschreiben waren – und der Konjunktion von Jupiter und Mars. Mars herrscht über Sonne und Mond und steht selbst im Skorpion; Jupiter wird daher mit allem, was er symbolisiert – Glaube, Hoffnung, spirituelle Freiheit – ins Bedürfnis eingebunden, in die Schlacht zu ziehen – und im dritten Haus verwundert es nicht, dass daraus eine Redeschlacht wurde.

Ein Wendepunkt in Luthers Leben trat ein, als er desperat eine Antwort auf seine Zweifel suchte und im Neuen Testament die Worte fand, dass «der Gerechte durch seinen Glauben leben soll». Dies löste sein Problem, und er fühlte sich wie neugeboren. Leider ist der genaue Zeitpunkt dieser Glaubenserfahrung nicht bekannt, dafür aber der Tag, an dem er seine fünfundneunzig Thesen an die Schlosskirche in Wittenberg nagelte: Es war der 31. Oktober, der Tag vor Allerheiligen des Jahres 1517. Zweifellos wollte die Kirche das Allerheiligenfest mit einem älteren, heidnischen Fest zusammenfallen lassen, um dieses Fest zu absorbieren; dieses Nebeneinander der Nacht der Schatten und Hexen und des Tages alles Himmlischen und Heiligen kam mir immer recht reizvoll vor, und mir scheint, dass die Wahl dieses dramatischen Augenblicks etwas Fundamentales in Luthers Charakter reflektiert, das einerseits von der Sonne im Skorpion ausgedrückt wird und andererseits vom Aszendenten im Löwen und von Jupiter in der Waage. Diese Konfiguration besitzt gewiss eine dramatische Note – sie steht für einen Kampf zwischen Schattenreich und Licht. Wir verbinden den Skorpion mit Bereichen, die in unserer Kultur tabu sind, mit Dingen, die im Licht des Tages nicht akzeptiert werden, und in dreissig Jahren kontinuierlicher Transite der geistigen Planeten durch dieses Zeichen haben wir eine ganze Menge dieser Dinge an die Oberfläche gebracht. Doch für Luther im sechzehnten Jahrhundert, für einen zölibatären Mann Gottes mit einem Löwen-Gespür für Vornehmheit und jovischen Sehnsüchten, muss das Reich der brodelnden menschlichen Leidenschaften wie der Abgrund des Teufels erschienen sein.

An diesem Allerheiligentag im Jahre 1517 (das Horoskop zeigt die Transite und Progressionen für diesen Tag) stand Saturn auf 27° Schütze im Aspekt zur Sonne, zu Jupiter und dem Aszendenten. Saturn-Transite sind Prüfungszeiten – Augenblicke, in denen, wie wir sahen, Verpflichtungen eingegangen werden, in denen wir uns dem stellen, was zu tun ist; und in diesem Augenblick stand Luther öffentlich zu seinem Glauben und repräsentierte den Glauben eines einzelnen gegen die Autorität der Kirche. Seine progressive Sonne und der Transit-Pluto standen im Sextil zu Mars (der, wir werden uns erinnern, im dritten Haus mit Jupiter in Konjunktion ist), und er erklärte den Krieg. Ich vermute, dass das komplexe Zusammenwirken der Planeten im vierten Haus (der Vater) etwas mit seiner Haltung Autoritäten gegenüber zu tun hat, und ebenso die Saturn-Venus-Konjunktion, die, obwohl im dritten Haus, in Konjunktion zum IC steht. Der progressive Saturn am IC steht vielleicht für eine mehrjährige Auseinandersetzung mit der väterlichen Autorität des Papstes und Luthers spirituellen, traditionellen Wurzeln. Sein progressiver Merkur im Sextil zur Venus half ihm zweifellos, die richtigen Worte zu finden. Mit der energischen und überzeugenden Konjunktion von Mars und Jupiter im dritten Haus und der inspirierenden Konjunktion von Merkur und Neptun im Schützen muss er ein überzeugender Redner gewesen sein; letztere Konjunktion wurde durch ein Sextil zu Pluto an der Spitze des dritten Hauses noch weiter aktiviert. Er war ein fleissiger und polemischer Schreiber.

Luthers restliches Leben war ein Kampf gegen die katholische Kirche, die ihn drei Jahre nach seinem widerspenstigen Akt exkommunizierte, und am 18. April 1521 soll er beim Wormser Edikt trotzig gesagt haben: «Hier stehe ich, ich kann nicht anders.» (Die Worte mögen anzweifelbar sein). Sein progressiver Mars stand auf 27° Skorpion in Konjunktion mit der Sonne, im Halbsextil zu Jupiter und im Quadrat zum Aszendenten. Die Genauigkeit der Achsen im Horoskop ist etwas zweifelhaft, doch wenn die Zeit nicht korrekt ist, dann betonen diese Transite und Progressionen um so mehr die Bedeutung des Halbsextils zwischen Sonne und Jupiter. Mit jedem Schritt seiner Karriere als Mann Gottes fallen einige Aspekte zu diesen Punkten zusammen. Neptun stand auf 27° Schütze, als er Mönch wurde, Uranus auf 27° Fische, als er zum Priester geweiht wurde und 1507 seine erste Messe hielt; die progressive Sonne auf 27° Schütze, als er die fünfundneunzig Thesen anschlug, die den Beginn der Reformation darstellen, und der progressive Mars stand bei seiner öffentlichen Verhandlung auf 27° Skorpion.

Für den Sonne-Jupiter-Betonten ist persönlicher Glaube ein wichtiger Bestandteil des Lebens, und ebenso der Wunsch, über das hinauszugehen, was als beschränkend erlebt wird – restriktive Gesetze, allgemein angenommene Grenzen des Verstandes und das Gefangensein im fleischlichen Körper oder in weltlichen Dingen. Der Glaube ruft in sich schon ein Gefühl der Befreiung aus solchen Fesseln hervor, denn bei Gott ist alles möglich. Der Wunsch, an solcher Freiheit teilzuhaben und sie auf andere zu ergiessen, ist für Jupiter charakteristisch. Jupiters Grosszügigkeit – oder seine Verschwendungssucht – entsteht aus einem Gefühl des überbordenden Überflusses, und Luthers Eifer, seine Einsichten zu verbreiten, entspricht Jupiters Konjunktion mit dem kriegerischen Mars im Skorpion. Wo Mars im Horoskop eines Mannes eine Rolle spielt, steht die Männlichkeit selbst auf dem Spiel, und da Luther zu dieser Zeit noch im Zölibat lebte (er heiratete erst später), kann man sich vorstellen, dass seine beachtliche sexuelle Energie in dieser Mission kanalisiert wurde. Die militärisch organisierten Ritterorden wie die Templer, der Deutschritterorden und der Johanniterorden, die das zwölfte und dreizehnte Jahrhundert mit Blut befleckten, taten mit roher Gewalt etwas Vergleichbares; Luther aber lebte zu einer Zeit, als Nordeuropa bereit war für eine neue Art von spirituellem Feldzug.

Die Kombination von spiritueller Sehnsucht und kämpferischem Geist ist, zumindest im Christentum, nicht ungewöhnlich. Natürlich liegen die Ursprünge des «Vorwärts, ihr Soldaten Christi» nicht im Christentum selbst, sondern im Bedürfnis der Kirche, sich vor der Brutalität einer militärischen

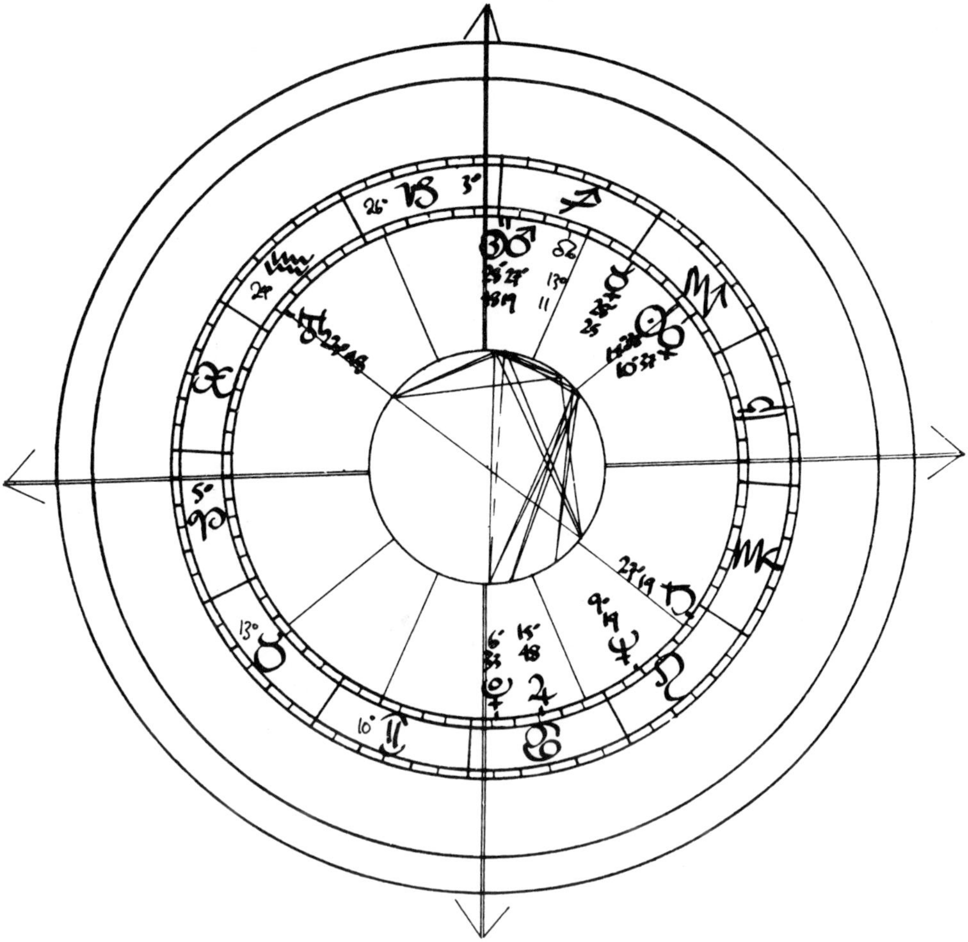

Billy Graham, 7. November 1918, 15.30 Uhr EST, Charlotte, NC (35° 13' N., 80° 51' W.)

Aristokratie zu schützen, die noch tief im kriegslüsternen Wotan-Kult verfangen war, und wo die Krieger eher auf ein ewiges Leben im Walhall als im Himmel hofften. Auf jeden Fall wirkt diese Kombination noch heute, und der Krieg gegen die Sünde ist immer noch ein populäres Thema der Evangelisten.

Auch das Horoskop Billy Grahams, eines alten Kriegers im Namen Christi, wird von Mars und seinen Zeichen dominiert. General William Booth, Gründer der Heilsarmee, hat die Sonne und zwei weitere Planeten im Widder, die Sonne steht im Trigon zu Jupiter im Schützen. Im Horoskop eines anderen Evangelisten aus dem neunzehnten Jahrhundert, Billy Sunday, taucht wieder eine exakte Konjunktion von Mars und Jupiter auf, beide im Skorpion und vom zwölften Haus aus in Konjunktion mit dem Aszendenten; Sonne und Merkur stehen ebenfalls im Skorpion. Dieses Horoskop ruft förmlich zum Kampf für die gute Sache, doch da die Geburtszeit nicht ganz sicher ist, will ich es nicht weiter analysieren, wenn ich auch das Gefühl habe, dass das Horoskop sehr passend ist.

Billy Graham hat Sonne, Merkur und Venus im Skorpion, den Aszendenten im Widder und Mars, den Horoskopherrscher, im neunten Haus im Schützen in Konjunktion mit Mond und MC – abermals das Horoskop eines Kämpfers. Die Sonne hat ein exaktes Trigon zu Jupiter im vierten Haus, der wiederum unter dem schwachen Einfluss einer Konjunktion mit Pluto steht.

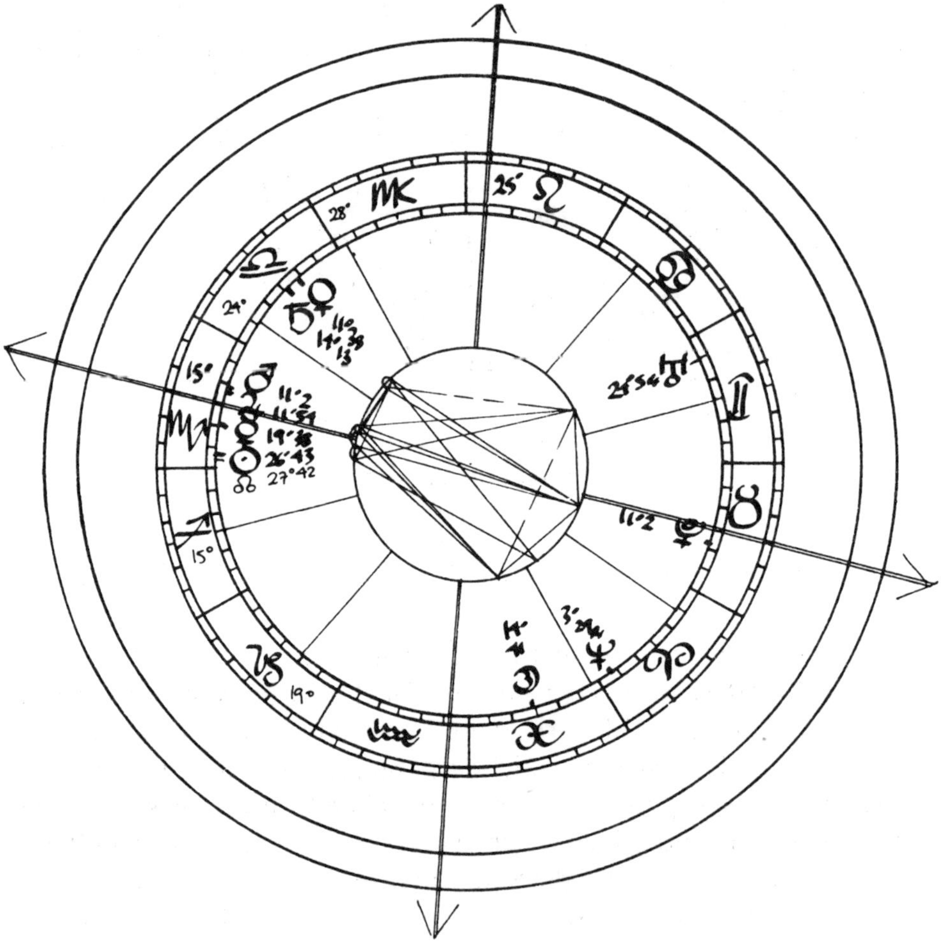

Billy Sunday, 19. November 1863, 6.00 Uhr LMT (Zeit umstritten), Amers, Iowa (42° 02' N., 93° 37' W.)

Die Betonung des Skorpions in diesen drei Horoskopen, vereint mit Hoffnung und Versprechen, die von Jupiter beigesteuert werden, reflektiert eine tiefe Sorge um die Erlösung von Sünde und Zweifel durch die Erfahrung der spirituellen Wiedergeburt. Obwohl Graham wirkte, bevor die «Wiedergeburt» zum heutigen Modewort wurde, ist dies eines der wichtigen Themen seiner Arbeit, und wie wir sahen, hatte auch Luther eine solche Erfahrung. Grahams Sonne steht nicht nur im Skorpion, sondern auch im achten Haus und drängt ihn, durch Konfrontation mit dem Dunkel die Erfüllung zu suchen. Der Ursprung jeder Sünde ist der Sündenfall, und der Grund für den Sündenfall, sagt Graham, indem er das Evangeliums des Johannes zitiert, war «die Fleischeslust und die Lust der Augen (. . .)«[9] Das Trigon zwischen Sonne und Jupiter gemahnt an einen starken, tragfähigen Glauben, der half, solche Konfrontationen zu überstehen und andere Menschen zu inspirieren. «Der Mensch ist widersprüchlich. Einerseits sehen wir Hass, Verderbtheit und Sünde; andererseits Freundlichkeit, Mitgefühl und Liebe», sagt Graham[10], zweifellos im Bewusstsein dieser gegensätzlichen Kräfte in sich selbst.

Jupiter steht im vierten Haus im Krebs – der fürsorgliche spirituelle Vater. Ich weiss nicht, wie Grahams Beziehung zu seinem Vater war, doch Pluto, der ebenfalls im vierten Haus nahe am IC steht, deutet darauf hin, dass es in diesem Bereich einige dunkle Erfahrungen gibt oder das Bedürfnis, etwas Inakzeptables in Grahams frühkindlichen Erfahrungen oder seiner Herkunft zu verdrängen, vielleicht durch eine Verlagerung vom destruktiven Vater zum Vater im Himmel. Jupiter-Pluto-Kontakte finden sich immer wieder in den Horoskopen spiritueller Führer, doch die Bedeutung der beiden Planeten ist diametral entgegengesetzt – Zeus stieg nie in Hades' Reich hinab -, und diese Kombination spricht für eine starke Spannung zwischen den beiden Bereichen und dafür, dass der Glaube durch eine Begegnung mit Tod und Verzweiflung geweckt wird – hier haben wir wieder das Thema der Transite vom achten ins neunte Haus. Dieses Nebeneinander von Hell und Dunkel ist eine schwierige Kombination, und wie bei Jim Jones, der seine Anhänger durch den Glauben in den Tod führte, sogar eine gefährliche. Er hatte die Konjunktion im siebten Haus im Krebs.

Merkur im Skorpion in einem Spannungsdreieck mit Saturn und Uranus deutet auf eine kraftvolle, eindringliche Ausdrucksweise hin oder sogar (im Fall einer Kompensation) auf einen ungewöhnlich flüssigen Stil. Merkur steht aber auch in weitem Trigon zum Aszendenten, und das erleichtert die Formulierung. Das Halbsextil zu Mond und Mars im Schützen bringt einige Vehemenz ins Spiel.

Mit dem Instrument der Sprache versucht der Missionar, die gute Botschaft zu übermitteln und die Ungläubigen aus der Dunkelheit ans Licht zu führen; aber auch der «Kreuzzug», der ursprünglich die Vernichtung der Ungläubigen mit dem Schwert bedeutete, hat hier immer noch seinen Platz. Es ist der Versuch, den kollektiven Schatten zu bezwingen und, wie diese Horoskope zeigen, auch den eigenen Schatten.

Wo Licht ist, ist auch Schatten, und eine Eigenschaft Jupiters, die wir als wohltuend erfahren, ist seine Fähigkeit, uns durch seinen reinen Glanz über diese Tatsache hinwegzutäuschen; er versetzt uns in einen Zustand blinden Glaubens, der alles Übel und jeden möglichen Irrtum ausschliesst - und gewöhnlich auf jene projiziert, die etwas anderes glauben. Dies ist ein Zustand, der sich bei vielen religiösen Organisationen oder spirituellen Gemeinschaften findet, wo «Negativität» bei Mitgliedern mit scheelen Augen betrachtet wird; sie werden aufgefordert, kritische Leute zu meiden, um sich nicht von ihnen anstecken zu lassen. Für die Gemeinschaft werden Bilder gebraucht wie etwa jenes einer «Stadt im Lichterglanz» inmitten einer dunklen Welt. Eine solche Identifizierung schmeichelt dem Ego, denn wer möchte nicht einer der Erwählten sein, einer der wenigen, die auf dem rechten Weg sind? Die Grenze zwischen positivem Denken und Überheblichkeit ist schwer zu definieren, und gerade auf diesem Gebiet kann uns Jupiter mit seiner überzeugenden Verkaufstüchtigkeit in die Irre führen.

Religion kann, um das Kapitel mit einem Zitat Nicholas Culpepers abzuschliessen, sogar die Gesundheit gefährden: «Wenn ‹die Krankheitsursache› in Jupiter liegt, dann kommt sie durch die Religion, hat doch ein unnützer Pfaffe die arme Kreatur um ihren Verstand gebracht.»[11]

Anmerkungen

1 William Lilly, *Christian Astrology*, Regulus 1985, S. 612 (Originalausgabe 1647).

2 s. Seite 35

3 Paul Huson, *The Devil's Picture Book*, Abacus 1972, S. 154ff.

4 Adolph Guggenbuehl-Craig. *Power in the Helping Professions*, Analytical Psychology Club of New York 1971, S. 23.

5 Doris Chase Doane, *Astrology: Thirty Years of Research*, Professional Astrologers Incorporated, Hollywood 1956.

6 Charles Carter, «Jupiter the Planet of Progress», *Astrology*, Vierteljahresschrift der Astrological Lodge of the Theosophical Society, Bd. 18 Nr. 2, London 1944.

7 C.G. Jung, *Symbols of Transformation*, ges. Werke Bd. V, Routledge & Kegan Paul 1956, Par. 345. (Deutsch: Symbole der Wandlung, Walter-Verlag, Olten).

[8] Die Daten über Luthers Leben sind der *Encyclopaedia Britannica*, Ausgabe 1974, entnommen.

[9] Billy Graham, *How to be Born Again*, Hodder & Stoughton 1977, S. 53.

[10] ebd., S. 51

[11] Nicholas Culpeper, *Semeiotica Uranica*, Ausgabe 1655, London, S. 107.

Daten

Bhagwan Shree Rajneesh	Nur Datum, von einem Schüler.
Martin Luther	Lois Rodden, *The American Book of Charts*, Astro Computing Services, San Diego 1980.
Billy Sunday	ebd., Dirty Data Section
General William Booth	10. April 1829, Nottingham, England, ebd., Dirty Data
Billy Graham	Michel und Francoise Gauquelin, *The Gauquelin Book of American Charts*, Astro Computing Services, San Diego 1982.
Jim Jones	13. Mai 1931, 22.00 Uhr CST, Lynn, Indiana, *American Book of Charts.*

Vision

Wenn wir sagen, dass jemand ein Visionär ist, dann meinen wir, dass er oder sie Dinge sehen kann, die andere nicht sehen. Wir meinen damit ein inneres Sehen, das nicht an Sinne gebunden ist. Von einem Unternehmer, der einen potentiellen Markt für ein noch nicht hergestelltes Produkt sieht, könnte man sagen, dass er eine Vision hatte. Auch dies ist das Reich Jupiters: die Fähigkeit, über das Gegebene hinauszugehen und den ausgetretenen Pfad zu verlassen – ein Prozess, der mit manchen Risiken verbunden ist. Natürlich braucht man fürs Geschäft auch einen starken Wirklichkeitssinn, also reichlich Unterstützung durch das Element Erde; doch ein starker Jupiter oder Schütze ist eine grosse Hilfe, wenn man den Weg nach vorn zu Grösserem und Besserem finden will. Transite und Progressionen, von denen der Geburtsjupiter berührt wird, markieren oft den Punkt, an dem eine solche Vision aufgeht. Conrad Hilton zum Beispiel investierte in eine Hotelkette, die zur Grundlage eines Firmenimperiums werden sollte zu der Zeit, als der Transit-Jupiter in Konjunktion mit dem aufsteigenden Mondknoten stand, im Quadrat zu Uranus und Saturn und im Trigon zum Geburtsjupiter.

Unter einer Vision versteht man allerdings im allgemeinen etwas weniger Materialistisches und Beweisbares als die Fähigkeit zu freiem Unternehmertum. Wer Visionen hat, wird von etwas Numinosem ergriffen, das weit mächtiger ist als das Ego; doch wie können wir es beurteilen? Der Schütze könnte beteiligt sein – der visionäre Dichter William Blake hatte die Sonne in Konjunktion mit Jupiter im Schützen –, doch die Vision ist auch das Reich der Fische, und gewöhnlich ist auch Neptun im Spiel. In dieser anderen Welt lässt sich nichts messen, und man kann aus ihr nichts mitbringen, was den Skeptiker zufriedenstellen würde.

Kirchen pflegen Berichte über göttliche Visionen vorsichtig zu prüfen. Wie kann man wissen, woher sie kommen? Von Gott? Vom Teufel? Aus einem kranken Geist oder einer überstarken Einbildung? Aus einer körperlichen Veränderung? Eine Kirche lässt solche Heimsuchungen nur gelten, wenn sie im Lichte der etablierten Doktrin interpretiert werden können, und auch dann nur, wenn der Visionär die angemessene demütige und gehorsame Haltung zeigt. Doch wer könnte in diesem geheimnisvollen Reich wirklich urteilen? Die schritlich festgehaltenen Visionen sind gewöhnlich solche, die die

Aufmerksamkeit der Öffentlichkeit fesseln und durch die Bedeutung, die sie für den Seher haben, in der Gemeinschaft Wellen schlagen.

Das Horoskop der heiligen Bernadette zeigt uns einerseits die Bedeutung Jupiters in solchen Fällen und andererseits den Einfluss der Verbindung zwischen Jupiter und Neptun. Hier stehen die Planeten in einer (wenn auch weiten) Konjunktion im zehnten Haus. Es ist die visionäre Kombination par excellence. Carter[1] erwähnt jemand mit dieser Konjunktion, der «Elfen sah». Ob wir an Gott oder Elfen glauben, soll uns hier nicht kümmern. Es gibt reichlich Hinweise darauf, dass Menschen mit Jupiter-Neptun-Kontakten stark empfänglich für Erfahrungen sind, die für sie aus «anderen Welten» zu kommen scheinen; doch es bleibt zweifelhaft, ob wir solche Erfahrungen durch die Astrologie erklären oder bewerten können.

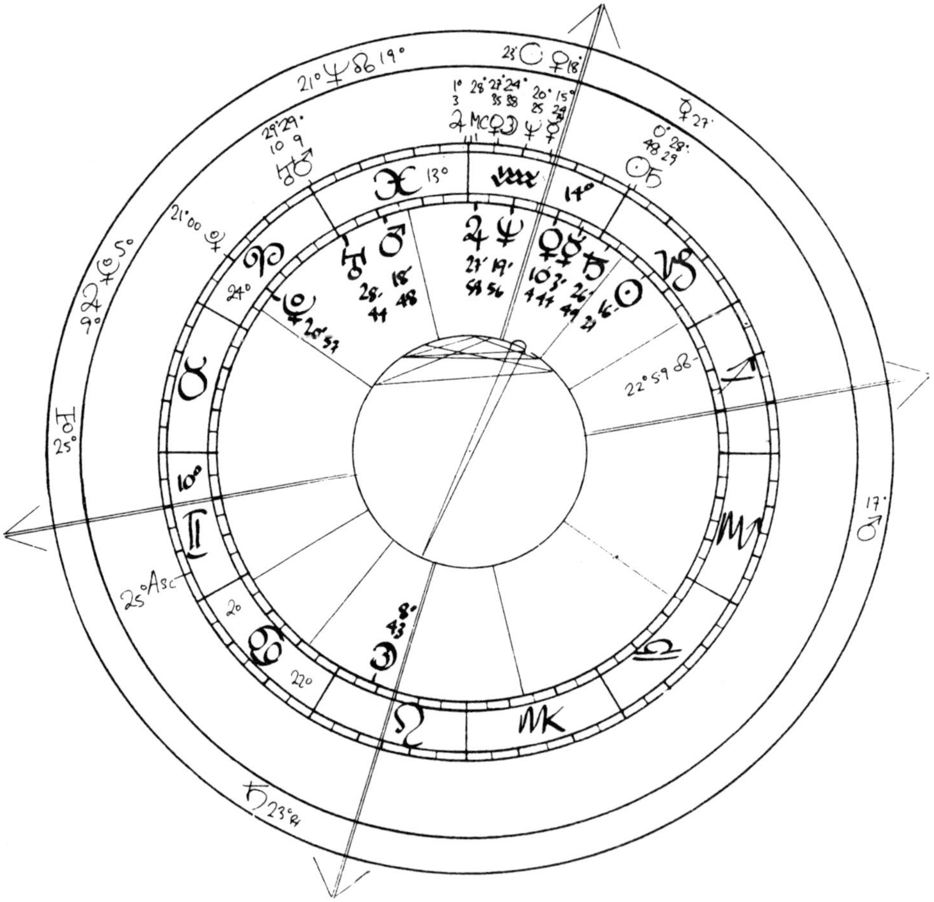

Bernadette von Lourdes, 7. Januar 1844 LMT, Lourdes (43° 07' N., 0° 03' W.)
Progressionen und Transite für den 11. Februar 1858 – erste Vision.

Mit der Sonne im Steinbock, etwas mehr als 10 Grad von Saturn entfernt, war Bernadette wahrscheinlich ein recht ernstes Mädchen. Und tatsächlich wird sie als einfach und nüchtern beschrieben, was bei den Befragungen über die Visionen deutlich wurde. Sie zeigte die Festigkeit und Klarheit der beiden saturnischen Zeichen (Wassermann ist stark besetzt; hier steht auch der Horoskopherrscher Merkur), übertrieb nie und bestand immer darauf, exakt zu berichten. Sie behielt trotz vieler Versuche, sie zu verwirren und falsch zu zitieren, einen klaren Kopf. Sie konnte sich gut ausdrücken (Aszendent Zwillinge) und wog ihre Worte sorgfältig ab (Merkur Konjunktion Saturn). Steinböckisch war auch die Art, in der sie ohne Klagen ihre chronischen Krankheiten, Schmerzen und Entbehrungen ertrug. Der Zwillingsaszendent kam am stärksten zum Ausdruck, wenn sie andere Menschen an der Nase herumführte, in ihrem entwaffnenden Humor und ihrer Gesprächigkeit (Mond Opposition Merkur), die sie zügeln lernen musste, als sie sich schliesslich zur Nonne berufen fühlte. Die schwierige, explosive Planetenkombination im elften Haus spiegelte sich in den Problemen, die sie hatte, als sie sich in ein Kloster einfügen wollte; es gab immer wieder Ausbrüche, und schliesslich kam sie in den Ruf, empfindlich zu sein und vor allem auch stur (abermals Wassermann sowie Mond im Löwen).

Mit vierzehn Jahren erlebte sie einen Augenblick, der ihr Leben veränderte. Sie sammelte am 11. Februar 1858 mit zwei Freundinnen im Wald Holz, als sie die Vision einer Dame in Weiss hatte. Darauf folgten verschiedene andere Visionen, und die Erscheinung soll sich als «Unbefleckte Empfängnis» zu erkennen gegeben haben. Die Transite und Progressionen sind für den Tag der ersten Vision eingezeichnet. Die Geburtszeit ist zweifelhaft, doch die exakte Konjunktion der progressiven Himmelsmitte mit dem Geburtsjupiter ist verblüffend; ich halte es für wahrscheinlich, dass die progressiven Achsen an einem so wichtigen Wendepunkt beteiligt waren. Doch selbst wenn wir die progressive Himmelsmitte ignorieren, bleibt die progressive Venus in Konjunktion mit Jupiter. Wenn wir die religiöse Erklärung für einen Augenblick beiseite lassen, dann könnten wir in diesem Zusammentreffen die Enthüllung oder Offenbarung von Bernadettes weiblicher Seite sehen und gewiss die Erfahrung, dass sie mit etwas Überpersönlichem konfrontiert war: die Offenbarung einer kühlen, reinen, wassermännischen Weiblichkeit, einer sanften, doch distanzierten Vision des höchsten Bildes der Weiblichkeit ihrer Kultur. Der progressive Mond, ebenfalls ein betont weiblicher Planet, steht nur wenige Grade entfernt auf dem Halbsummenpunkt von Jupiter und Neptun, während die Transit-Sonne zwischen Geburtsneptun und progressivem Mond steht. Der Transit-Jupiter in exaktem Quadrat zum Geburtsmond wiederholt das Thema. Die Tatsache, dass ein grosser Teil dieser Bewegungen im zehnten Haus erfolgte, sorgte dafür, dass es eine öffentliche Angelegenheit wurde. Mit Jupiter und Neptun im zehnten Haus des Geburtshoroskops mussten ihr Glaube und ihre Vision notwendigerweise in jenem Bereich zum Ausdruck kommen, der der Welt zugewandt war. Als (nach meinem Dafürhalten) die progressive Himmelsmitte mit Jupiter in Kontakt kam, galt die Heranwachsende allgemein als Visionärin, und zur gleichen Zeit wuchs ihr Ruf weit über das hinaus, was man aufgrund ihrer Jugend und ihrer bescheidenen Herkunft hätte erwarten können. Der Durchgang des progressiven Mondes durch das zehnte Haus weist für sich schon darauf hin, dass sie mit der Öffentlichkeit zu tun hatte. Wenn ihr auch die Visionen selbst Freude bereiteten, so bildeten doch die Bekanntheit, die sie dadurch erlangte, und der unter Umständen zur Überheblichkeit verleitende Ruhm eine Gefahr, der sie ihr Leben lang ausgesetzt war. Ihr progressiver Merkur war, in Konjunktion mit der Himmelsmitte, in diesem Jahr rückläufig geworden. Sie wurde eine Sprecherin, eine Botschafterin. Sie brachte den Katholiken und der katholischen Kirche die Botschaft, dass die Doktrin von Marias unbefleckter Empfängnis göttliche Billigung fände; diese Worte bedeuteten der armen, ungebildeten Vierzehnjährigen zunächst nichts – sie musste sie wiederholen, um sie nicht zu vergessen –, doch sie bedeuteten dem Klerus eine ganze Menge; die Reinheit der jungfräulichen Empfängnis war drei Jahre zuvor zum Dogma erklärt worden. Saturn im Steinbock im neunten Haus gibt uns einen weiteren Hinweis auf die Bedeutung der etablierten Kirche in ihrem Leben; die Kirche nahm ihre Visionen dankbar auf und sprach sie später heilig.

Die progressive Sonne im Wassermann (Geburtssonne im Steinbock) bildete ein Halbsextil zum progressiven Jupiter, als sich ihr ein neues Verständnis für den göttlichen Willen in ihrem Leben eröffnete. Zufällig stand die Sonne auch in exaktem Quinkunx zum Radixchiron im vierten Haus, und das entspricht gewiss der beträchtlichen Aufregung in ihrem Heim. Der Transit-Neptun hatte gerade das Halbsextil zu seiner Geburtsposition verlassen und deutete auf eine Zeit hin, in der sie für übersinnliche Einflüsse besonders offen war; das Halbsextil zu Pluto im elften Haus spricht für den Einfluss, den die Visionen auf ihr Leben als Angehörige einer kleinen Gemeinde hatte; ihre Kinderfreundschaften veränderten sich gewiss drastisch.

Die heilige Teresa von Avila, deren Horoskop ein Trigon zwischen Jupiter und Neptun aufweist – mit der Sonne im Sextil zu beiden –, wandte sich als junge Frau dem religiösen Leben zu, doch zunächst war sie nur eine Nonne unter vielen, bis sie mit 40 Jahren ein machtvolles Bekehrungserlebnis hatte, als sie ein Bild der Leidensgeschichte betrachtete. Dies scheint ihr inneres Auge geöffnet zu haben, und danach hatte sie zahlreiche Visionen. Die vielen Transite und Progressionen in ihrem Horoskop, die etwa für diese Zeit gelten, will ich nicht weiter erörtern, doch sie sprechen für einen wichtigen Wendepunkt.

Im Kontext dieses Buches besonders interessant sind das in der Progression exakte Trigon zwischen Jupiter und Neptun und die Tatsache, dass der

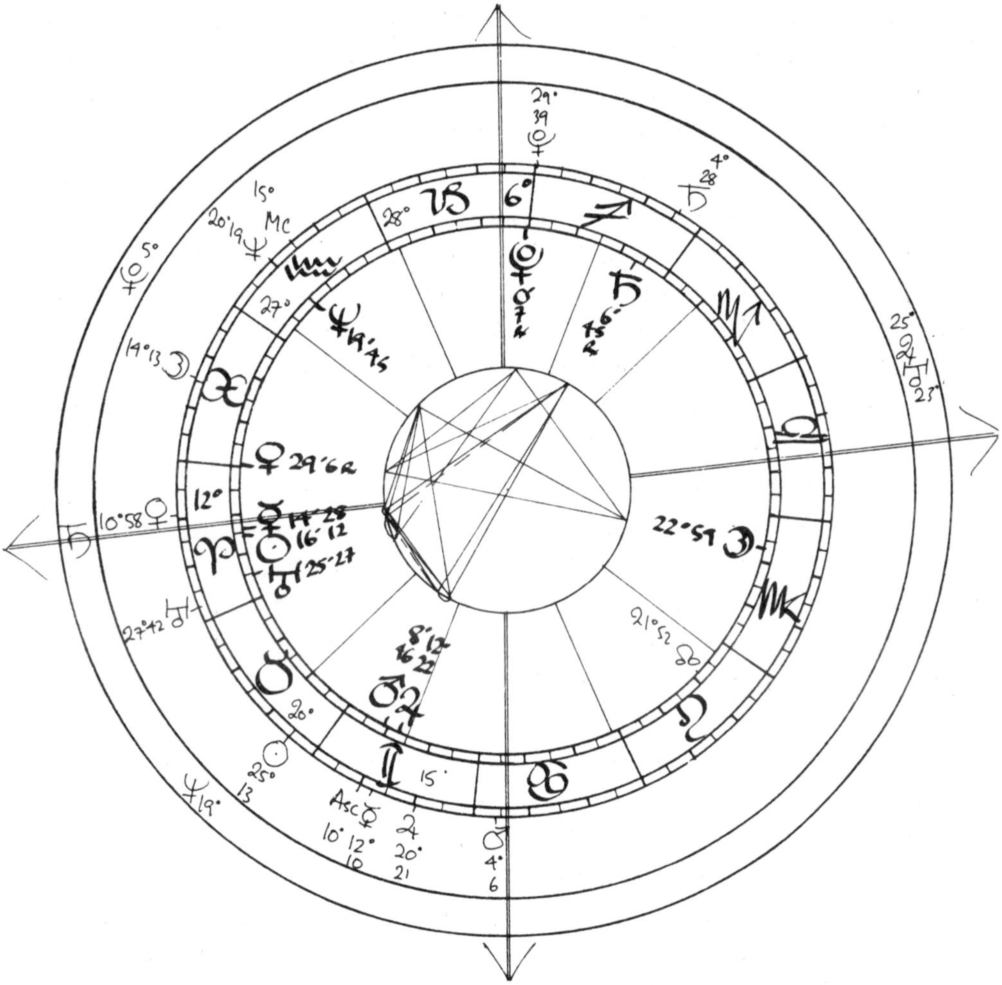

Teresa von Avila, 7. April 1515 (Gregorianischer Kalender), 5.30 Uhr LMT, Avila (40° 39' N., 4° 42' W.)
Transite und Progressionen für den 1. Juli 1555, Jahr des Bekehrungserlebnisses.

progressive Merkur, nachdem er fast die exakte Konjunktion mit dem Geburtsjupiter erreichte, in diesem Jahr stationär wurde, bevor er eine rückläufige Bewegung einnahm. Es ist auch möglich, dass der Aszendent an dieser Konjunktion beteiligt war. Der Geburtsmerkur steht in Konjunktion mit dem Aszendenten und im Sextil zum Jupiter in den Zwillingen. Wie Bernadette war auch Teresa in gewisser Weise eine Botschafterin, und dies war das Jahr, als ihr anscheinend dieser göttliche Kommunikationskanal eröffnet wurde. Als Frau der Tat (Sonne und Aszendent im Widder) und neuerdings glühende Gläubige (der herrschende Mars in Konjunktion mit Jupiter) ging sie mit ihren frischen Einsichten daran, einen neuen Orden zu gründen. Bernadette hat Saturn im neunten Haus, Teresa Jupiter in Opposition zu Saturn; beides weist hin auf religiöses Wirken, doch Teresa war auch eine Widder-Pionierin mit Uranus am Aszendenten, und sie inszenierte eine kleine Revolution.

Die Vision, der sie folgen sollte, war die eines Klosters, das einfacher und strenger war als die existierenden, in denen die Disziplin schlecht war und die Insassen im Luxus schwelgten. Zweifellos spielte hier die Saturn-Opposition zu Jupiter und dem herrschenden Mars eine Rolle; die Konjunktion dieser beiden Planeten fällt ins zweite Haus. Armut war im neuen Orden eine strenge Regel. Vielleicht wurde sie teilweise vom Bewusstsein und der Verurteilung (Saturn) ihres eigenen Hanges zu Extravaganzen getrieben. Vielleicht glaubte sie, das Feuer des Glaubens böte genug Sicherheit.

In Emanuel Swedenborg finden wir einen Menschen, der in den Augen der katholischen Kirche in zweifacher Hinsicht ein Häretiker gewesen wäre. Seine Visionen brachten ihn als Sohn eines protestantischen Bischofs von bescheidener Herkunft dazu, eine neue Kirche zu gründen. Seine Geburtszeit ist umstritten, und er könnte auch eine halbe Stunde später mit dem Aszendenten im Steinbock geboren sein, doch ich bin geneigt, das abgedruckte Horoskop in dieser Form zu akzeptieren.

Der Schütze-Aszendent mit Jupiter im ersten Haus weist ihn als weitgereisten Menschen und Sucher aus, doch seine wahre religiöse Identität fand er erst, als seine progressive Sonne im Quadrat zu Jupiter stand. In diesem Augenblick erhielt die durch Jupiter verkörperte Vision einen zutiefst persönlichen Charakter. Er war ein umfassend gebildeter Mensch und Wissenschaftler (Sonne im Wassermann, erdbetont), doch erblickte er in der Wissenschaft, in der Welt der physikalischen Naturgesetze, überall das Spirituelle. Dies ist die grosse potentielle Wohltat Jupiters, auch wenn er im pragmatischen Steinbock im Fall ist: der Geist durchdringt die Materie. Für Swedenborg war der

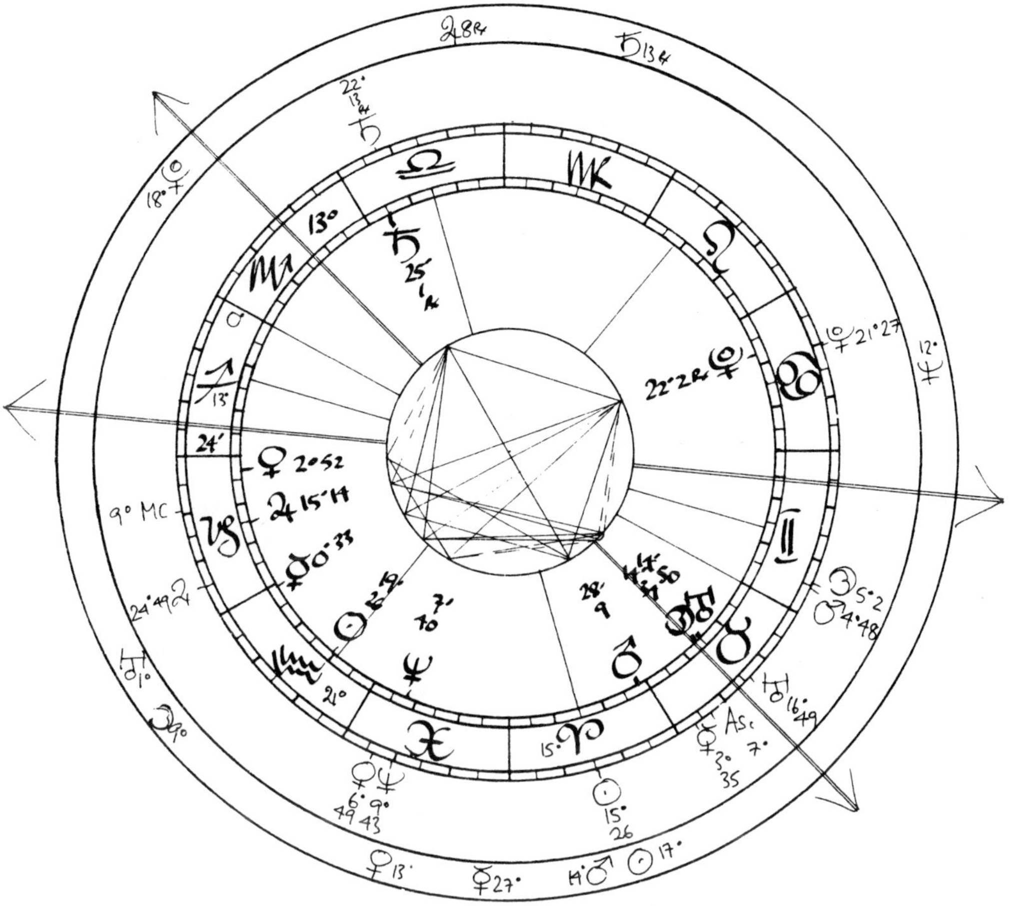

Emanuel Swedenborg, 8. Februar 1688 (Gregorianischer Kalender), 17.30 Uhr LMT,
Stockholm (59° 20' N., 18° 03' O.)
Progressionen und Transite für den 7. April 1744, 0.00 Uhr, Vision.

Körper das Königreich der Seele, und gemäss seiner Lehre von den Entsprechungen, die eine ganze Generation symbolistischer Dichter beeinflussen sollte, hatte alles aussen in der Natur Sichtbare einen inneren spirituellen Ursprung. Reine Materie gab es für ihn nicht.

Die Transite und Progressionen gelten für die Nacht seiner ersten Vision, die er in Holland erlebte. Christus erschien ihm und gab ihm den noch etwas unklaren Auftrag, seine derzeitige Arbeit aufzugeben und der Welt eine neue Offenbarung zu verkünden. Diese neue Lehre, die sich mit der Zeit entwickelte, war in ihrem Humanismus wahrhaft wassermännisch; sie lehnte die

Erbsünde, die stellvertretende Sühne und die ewige Verdammnis ab und bot dem Menschen eine neue Freiheit und Verantwortlichkeit an. Es spricht für Swedenborg, dass er sein Erlebnis zunächst in Frage stellte und die Vision einer Prüfung unterzog. Voraussetzung dafür war der wache Geist seiner Wassermann-Sonne und die gesunde Vorsicht Jupiters im Steinbock, der ein weites Quadrat zu Saturn hat. Doch es war vielleicht auch eine Erleichterung, der mächtigen Stimme gehorchen zu können (abermals Steinbock).

Die progressive Sonne steht nicht nur im Quadrat zu Jupiter, sondern auch im Sextil zur Mond-Uranus-Konjunktion am IC, die wiederum ein exaktes Trigon zum Geburtsjupiter und ein Quadrat zur Geburtssonne hat. Auch dies widerspiegelt die revolutionäre Seite seines Wesens und seiner Visionen, die vielleicht auch die Autorität seines leiblichen Vaters ersetzten, der sich dem Establishment gegenüber ebenfalls uranisch verhielt. Neptun wird durch die progressive Konjunktion mit der Venus betont und deutet möglicherweise an, dass er über die Öffnung für visionäre Erfahrungen hinaus eine Einheit mit dem Göttlichen und ein starkes Mitgefühl erlebte. Der progressive Aszendent steht im Sextil zu Neptun, und die progressive Himmelsmitte bildet den gleichen Aspekt zum progressiven Planeten. Der Transit-Pluto steht im Trigon zur Sonne und deutet das Ende seines bisherigen Identitätsverständnisses an. Auch hier ist wieder Merkur beteiligt; der Transit-Uranus steht mit ihm in Konjunktion, als die revolutionäre Botschaft eintritt. Jupiter steht im Quinkunx zu Neptun, und Neptun nähert sich der Opposition zu Jupiter.

Auch hier steht Saturn im neunten Haus und ist in ein Spannungsdreieck einbezogen. Die Wassermann- und Uranus-Elemente fördern den Bruch mit der etablierten Kirche, doch der Kampf um einen Neuaufbau unter neuer Autorität beginnt.

Aleister Crowleys Horoskop scheint auf den ersten Blick mit einigen Überraschungen aufzuwarten. Die Sonne in Konjunktion mit Venus in der Waage und der Mond in den Fischen passen schlecht zu einem Mann der schwarzen Magie. Doch wenn man das Horoskop näher betrachtet, findet man die entsprechenden Elemente. Der sanfte, passive Fische-Mond wird durch exakte Sextile von Mars und Pluto flankiert, während die Sonne Aspekten zu den harten Planeten Mars, Saturn und Uranus ausgesetzt ist und einen weiten Quinkunx zu Pluto hat. Pluto selbst ist stark aspektiert, wenn auch nicht ganz so stark, wie ich es erwartet hatte, und er steht im elften Haus. Diese Stellung lebte Crowley in zahlreichen Geheimgesellschaften aus, die immer wieder durch Machtkämpfe, an denen Crowley beteiligt war, erschüt-

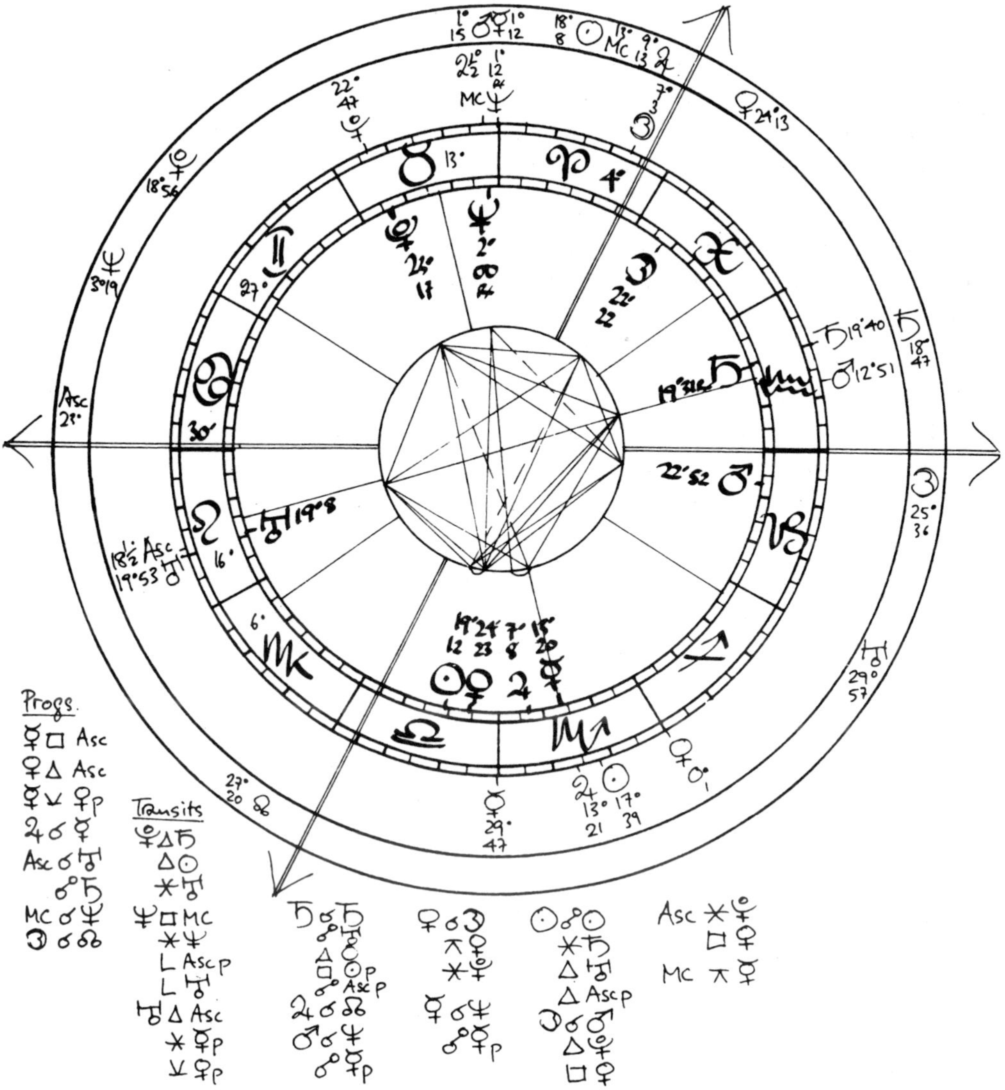

Aleister Crowley, 12. Oktober 1875, 22.50 Uhr LMT (Zeit umstritten), Leamington Spa (52° 15' N., 1° 40' W.)
Progressionen und Transite für den 8. April 1904, mittags in Kairo, Diktat des «Book of the Law».

tert wurden. Saturn steht im achten Haus, dem Haus des Okkultismus und der Sexualität, die später immer wieder in seine rituelle Magie einfloss. Es ist in der Tat sehr leicht, ein Element von sexueller Besessenheit in diese Riten hineinzulesen, die ihm häufig von «anderen Ebenen» diktiert wurden; und immer gab es in ihnen die Furcht vor und die Faszination durch die Sexualität, die zu Saturn in diesem Haus passen. Doch es ist die Merkur-Jupiter-Konjunktion im Skorpion, die mich veranlasste, auch dieses Horoskop einzubeziehen. Man könnte Jupiter im Skorpion als Element verstehen, das Licht in Geheimnisse bringen will. Wenn man Merkur die volle Beteiligung an der grossen Spannungsfigur zugesteht, dann ist er das einzige persönliche Ventil für die Kraft, die in den Quadraten zwischen Saturn, Uranus und Pluto entsteht, die für seine Generation charakteristisch sind. Jupiter-Merkur-Verbindungen neigen einerseits dazu, viele Worte zu machen, doch andererseits geben sie der Vision eine Stimme; diese Konstellation findet sich häufig in den Horoskopen von Dichtern.

Die Geburtszeit ist umstritten, und das hier gezeigte Horoskop ist eine von verschiedenen Versionen; meiner Ansicht nach ist sie höchstwahrscheinlich die korrekte, wenn man die sechs progressiven und Transit-Aspekte zu den Achsen in Betracht zieht, die für das entscheidende Datum gelten. Den Aszendenten würde ich eher im Löwen als im Krebs sehen, was auch zu Fotos und Beschreibungen passt, die sein gebieterisches Auftreten belegen. Nachdem er in verschiedene magische Praktiken eingeweiht worden war, hatte Crowley am 8. April 1904 um 12.00 Uhr eine Verabredung in Kairo, die ihm durch geisterhafte Botschaften aufgetragen worden war, und er begann das geheimnisvolle *Book of the Law* niederzuschreiben, das ihn selbst zum Propheten eines heraufdämmernden neuen Zeitalters erklärte. Die Worte trugen angeblich den Stempel des Gottes Horus. Die Anzahl der progressiven und Transit-Aspekte ist wirklich erstaunlich, bis hinunter zu unwichtigeren Transiten; es rasselte wie in einem Spielautomaten, wenn der Jackpot gewonnen wird. Ich habe sie aufgelistet und überlasse es dem interessierten Leser, sie selbst zu interpretieren. Im Kontext dieses Buches ist noch von Interesse, dass der progressive Jupiter eine exakte Konjunktion mit Merkur hat; sie ist bis auf eine Bogenminute genau. Die Merkur-Jupiter-Verbindung manifestiert sich also als *Buch* des *Gesetzes.* Es it das okkulte (Skorpion) Wort Gottes, gesprochen in einer für die Welt unhörbaren Stimme (Neptun-Opposition). Ich will nicht behaupten, dass ich eine Verehrerin Crowleys bin, doch astrologisch wirkt dieses Ereignis überzeugend wie die Erfüllung eines starken, eigenartigen Schicksals.

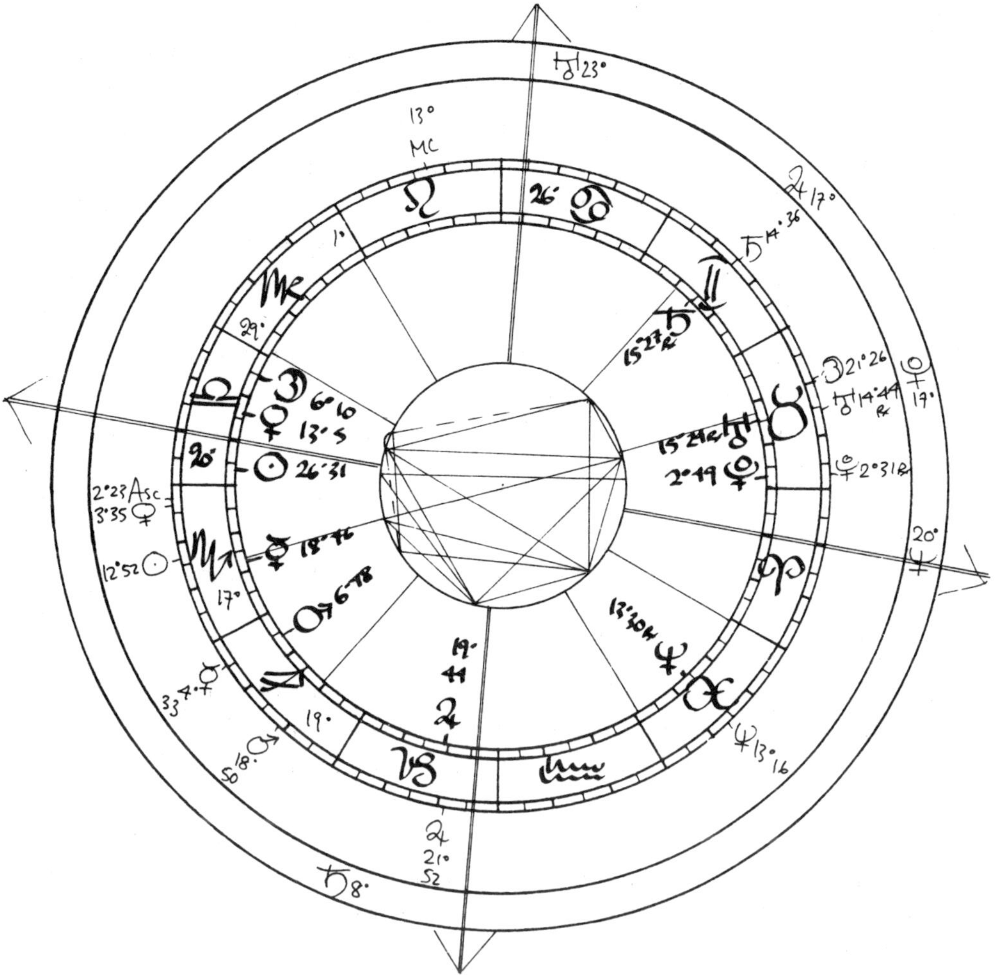

Arthur Rimbaud, 20. Oktober 1854, 6.00 LMT, Charleville (49° 47' N., 4° 45' O.). Progressionen und Transite für den 1. März 1871, ungefähres Datum der visionären Erfahrung.

Die Inspiration hinter der brillanten und schrecklichen Poesie des französischen Schriftstellers des neunzehnten Jahrhunderts Arthur Rimbaud kommt in seiner Überzeugung zum Ausdruck, dass der wahre Dichter notwendigerweise ein Visionär sei, ein *voyant.* Sein stark aspektierter Jupiter steht im Haus des Schreibens (im dritten) und im Sextil zum Merkur. Dieser widerspenstige Jugendliche, der eine ganze Generation surrealistischer Dichter tief beeinflusste, hatte mit 21, wahrscheinlich schon mit 19, seine schriftstellerische Karriere wieder aufgegeben.

Sonne, Mond, Aszendent und herrschende Venus stehen allesamt in der Waage – idealistisch, nach ästhetischer Erfüllung und nach dem «Guten, dem Wahren und dem Schönen»[2] dürstend. Doch diese Planeten wurden dramatisch mit Pluto konfrontiert, der im siebten Haus in Opposition zur Sonne steht und als Gewalttätigkeit, Ekel, Ausschweifung und Selbstzerstörung erfahren wurde. Seine erste Begegnung mit der dunklen Seite des Lebens hatte er im Alter von sechs Jahren, als der Vater die Familie im Stich liess. Die progressive Sonne stand in exakter Opposition zu Pluto, und Uranus transitierte über seinen Saturn im achten Haus, den Herrscher des vierten. Das Horoskop zeigt deutlich, dass er diesen Verlust als eine Art Tod erlebte. Er war ein frühreifer Schüler, und der Forscherdrang, der im Quadrat zwischen Sonne und Jupiter angedeutet wird, kommt nicht nur in den Aktivitäten seines dritten Hauses zum Ausdruck, sondern auch in frühen Ausbrüchen aus dem Zuhause und der Suche nach Abenteuern. In späteren Jahren reiste er als Abenteurer und Händler durch Afrika.

Als er 16 ½ Jahre alt und das dritte Mal von zu Hause fortgelaufen war, machte er eine Erfahrung, die ihn und seine Poesie radikal verändern sollte. Es ist nicht klar, welcher Art diese Erfahrung war – oft wird behauptet, er sei von Vagabunden in Paris in die Sexualität eingeweiht worden -, doch auf jeden Fall kehrte er Anfang März 1871 tief erschüttert nach Hause zurück. Er wütete, er fluchte, er war schmutzig und liess sich nicht bändigen, und bald darauf erklärte er sich davon überzeugt, eine dichterische Mission erfüllen zu müssen. Er begann, Gedichte mit mächtigen Bildern über den Kampf zwischen Gut und Böse zu schreiben. Etwa zwei Monate nach seiner Rückkehr schrieb er zwei Briefe, in denen er seine Theorie des Dichters als Seher formulierte und die Notwendigkeit betonte, eine neue dichterische Sprache zu konstruieren, die auf ebenso unveränderlichen Gesetzen beruhte wie die Mathematik. In dieser Sprache sollten alle Sinneserfahrungen ausgedrückt werden können. Der Weg, auf dem man ein Seher würde, sei verbunden mit «einer langen, gewaltigen, vorsätzlichen Verwirrung der Sinne». Später nahm er zu diesem Zweck Haschisch, doch es ist nicht sicher, ob seine erste Vision durch Drogen ausgelöst wurde.

Das Horoskop zeigt die Progressionen für die ungefähre Zeit seiner erleuchtenden und erschütternden Erfahrung. Da wir uns hier auf Jupiter konzentrieren, wollen wir vorerst die Geburtsaspekte dieses Planeten untersuchen. Zunächst einmal steht er im Quadrat zur Sonne, was auf den Drang hinweist, zu expandieren oder zu forschen, um Selbsterfüllung und eine Möglichkeit zur Selbstdarstellung zu finden; der Aspekt kennzeichnet ihn als Sucher, der nicht leicht zufriedenzustellen ist. Das Quadrat zum Aszendenten (die Zeit scheint exakt zu sein) ist sogar noch genauer; er konnte nicht anders, als die jovische Rolle ausleben. Das Quadrat zur Venus weist darauf hin, dass Beziehungen, Ästhetik und (wie später in seinem Leben klar wurde) der Wunsch nach materiellen Dingen in sein Ringen um Wachstum oder das Bedürfnis, alle gegebenen Grenzen zu überschreiten, einbezogen wurden. Das Sextil zu Merkur ist eine Wiederholung von Jupiter im dritten Haus; eine Kombination, die oft mit der Fähigkeit, Visionen durch Poesie wiederzugeben, zusammenfällt. William Blake und Robert Graves haben eine Konjunktion, Wordsworth ein Quadrat. Merkur im Skorpion weist auf Rimbauds mächtigen, manchmal rücksichtslos wilden Gebrauch von Worten und Bildern hin. Neptun in den Fischen ist über ein Sextil einbezogen; dieser Planet steht für den Egoverlust, für welchen Rimbaud eintritt, und für die Erfahrung anderer Realitäten; Uranus steht im Trigon. Der revolutionäre Ruf nach einer neuen dichterischen Sprache (Merkur-Jupiter-Uranus) prallt auf Jupiters Stellung im Fall im Steinbock – ein Hinweis darauf, dass seine Vision konkretisiert werden und eine Struktur bekommen muss (vergleiche Swedenborg), was in seinen berühmten *lettres du voyant* zum Ausdruck kommt.

Mit der progressiven Sonne im Halbsextil zur Venus und dem progressiven Deszendenten in Konjunktion mit Pluto lag zu dieser Zeit eine besondere Betonung auf Beziehungen. Eine intensive literarische Freundschaft Rimbauds mit seinem Lehrer Izambard, die entstanden war, als die progressive Venus in Opposition zu Pluto stand, zerbrach, und seine leidenschaftliche Beziehung mit dem Dichter Verlaine bahnte sich an; es spricht einiges für ein erstes (wahrscheinlich homosexuelles) Abenteuer. Alle anderen astrologischen Entwicklungen beziehen sich auf seine Visionen. Neptun ist genauso stark in die Transite und Progressionen einbezogen wie Jupiter. Die progressive Sonne steht im Trigon zu Neptun (Radixstellung und progressiv), während der progressive MC einen Quinkunx bildet. Es ist eine Zeit der Auflösung, der «Verwirrung» und der Sehnsucht. Der progressive Merkur bildet ein Halbquadrat mit Jupiter und drängt den Dichter, den Sinn in Worte zu fassen. Das zulaufende Halbsextil von Mars und Jupiter (54 Bogenminuten, doch Mars zeigt seine Wirkung häufig schon vorher) spricht für die gewalttätige Natur der Einsichten des Dichters. Der gewöhnlich vorsichtige Stil steinböckischer Visionen wird durchbrochen, als der Transit-Neptun im Quadrat zu Jupiter steht: allein dies, sollte man meinen, ist Anlass genug für eine visionäre Erfahrung. Uranus hat gerade die Opposition zum Geburtsjupiter hinter sich und steht nun in Opposition zu seiner progressiven Position, was das Element der

Revolution und plötzlicher Einsichten einbringt. Kurz darauf kreuzt er die Himmelsmitte, und der Dichter hat sein exzentrisches Debut in Paris. Der progressive Mond steht im Trigon zu Jupiter im Haus der dunklen Geheimnisse. Jupiter bewegt sich gerade aus der Konjunktion mit Saturn heraus und erzeugt ein Gefühl der Befreiung aus Bindungen. Der progressive Mars steht an der Spitze des dritten Hauses, und Pluto nähert sich der Opposition zu Merkur, als der Dichter seine Schreibweise radikal verändert. Saturns Transit durch dieses Haus machte für ihn das Schreiben eine Zeitlang zu einer ernsten Angelegenheit. Ausserdem ist es zweifellos von Bedeutung, dass Chiron in Konjunktion mit dem Geburtsjupiter auf 16° 25' Steinbock steht.

Die Macht dieser Enthüllung, dass er nicht nur Dichter, sondern auch Visionär war mit der Mission, eine neue dichterische Sprache zu schaffen, inspirierte Rimbaud drei Jahre, vielleicht etwas länger. Dann gab er seine literarischen Ambitionen auf und verbrachte den Rest seines Lebens mit Reisen, Abenteuern und dem Handel. Wir werden nie erfahren, ob es ihm gelang, eine neue Vision zu finden.

Wir wollen aus den Höhen und Tiefen der Poesie in die Geschäftswelt zurückkehren und das Horoskop eines Mannes betrachten, dessen geschäftliche Vision seinen persönlichen Phantasien entsprang. Hugh Hefners Unternehmen entwickelte sich zu einem riesigen Konzern, weil er ganz richtig vermutete, dass Millionen Männer ähnliche Phantasien hatten wie er, und weil er es wagte, sie zu propagieren.

Hefners Sonne im Widder, aspektiert von Pluto und durch einen weiten Winkel auch von Mars, ist herausfordernd, heroisch und nicht leicht einzuschüchtern; doch es ist die Verbindung zwischen Sonne, Jupiter und Neptun, die in diesem Zusammenhang wichtig ist. Wie erinnerlich, fanden wir die gleiche Kombination mit dem gleichen Sonnenzeichen im Horoskop der heiligen Teresa, doch ihr Kampf und ihr Unternehmen waren einer weniger weltlichen Vision verpflichtet. Diese höchst mystische Kombination lässt uns an Peter Pan denken, den *puer aeternus*, der die Verantwortung des Erwachsenen meidet; oder an Walter Mitty, den Wanderer im Traumland, den ewig flüchtenden Leugner der Realität. In der Schule galt Hefner als Träumer. Schon früh begann er zu schreiben: Merkur im Widder in Konjunktion mit Uranus spricht für eine Flut von Worten, während Saturn im dritten Haus im Trigon zu Merkur andeutet, dass er es für wichtig hielt, sich verbal zu beweisen. Die Welt der Zeitschriften faszinierte ihn, und schliesslich arbeitete er für den *Esquire*.

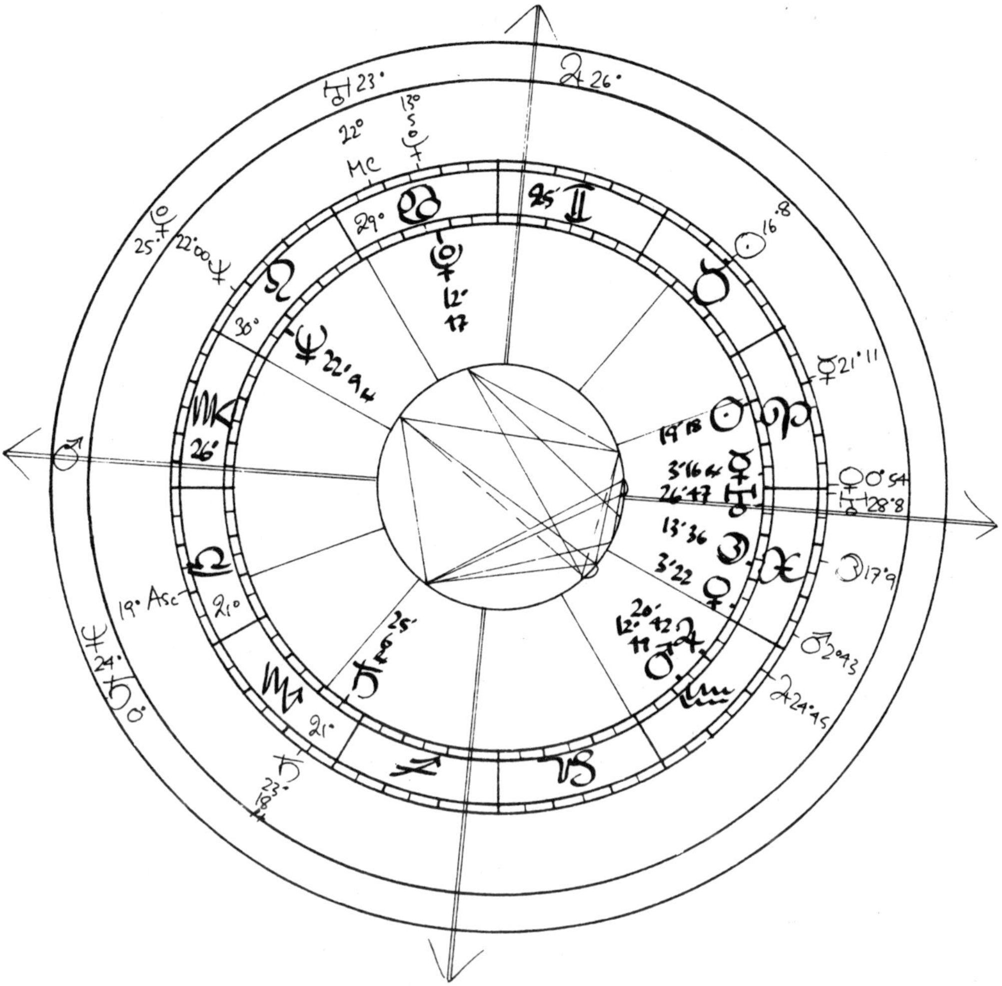

Hugh Hefner, 9. April 1926, 16.20 CST, Chicago (41° 52' N., 87° 39' W.). Progressionen und Transite für den 25. Oktober 1953, ungefähres Datum der Erstausgabe des «Playboy».

Arm doch optimistisch, wollte er 1953 im harten Geschäft der Verlage ein Zeichen setzen. Er lieh sich Geld, um ein eigenes Magazin aufzubauen. Der Erfolg des *Playboy*, der im Oktober dieses Jahres auf den Strassen verkauft wurde, ermöglichte ihm einen traumhaften Lebensstil, den seine Leser nur aus zweiter Hand erleben konnten. Es war eine Phantasie im Spiel, die dem männlichen Ego und der männlichen Sexualität schmeichelte. In Hefners Horoskop steht die Sonne an der Spitze des achten Hauses mit Kontakten zu Pluto und Mars. Er war besessen von der Sexualität. Wie viele andere Jungen hatte er mit seinen sexuellen Eroberungen angegeben, während er in Wirklichkeit noch schüchtern und unerfahren war. Die Pluto-Aspekte zu Sonne und Mond erlebte er als Repression in Gestalt seiner Eltern, und er sah sich selbst als Champion der Tabubrecher. Mars und Jupiter stehen im fünften Haus, in dem es um Spass geht. Arroyo sagt über Menschen mit Mars im Wassermann: «Ihre Haltung zum Sex ist oft ultramodern und experimentierfreudig»[3]. Jupiter, der in diesem Haus recht prunkvoll dasteht, machte die «Befreiung» der Sexualität nicht nur zu einer Prahlerei, sondern zu einer philosophischen Angelegenheit, sogar zu einem Glaubensbekenntnis, für das er kämpfen musste. Uranus am Deszendenten spricht ebenfalls dafür, dass er sich genötigt sah, als Revolutionär aufzutreten und zu schockieren. Die Stellung zeigt auch, warum eine gewöhnliche Mittelklasseehe (er hatte es mit einer versucht) ihn nicht befriedigte.

Trotz allem sprechen der starke Neptun und Mond und Venus in den Fischen dafür, dass er eher ein Romantiker als ein Zyniker war. Im Sommer 1962, als Uranus in sein zwölftes Haus kam, zog er sich in die Innenwelt seines Wohnparadieses zurück, in dem er den grössten Teil der sechziger Jahre verbrachte, und wagte sich kaum noch nach draussen. Von einem Stab von Angestellten vor der ungehobelten Aussenwelt geschützt, gab er sich mit Hilfe einer endlosen Folge hübscher Bettgefährtinnen seiner romantischen Ader hin; einige Affären mit den meist unter zwanzig Jahre alten Frauen dauerten mehrere Jahre. Er selbst suchte das «Playmate» für den Mittelteil seines Heftes aus, eine köstliche Verbindung von Beruf und Privatvergnügen. Es war eine Welt wie jene, in welcher der Vater des zukünftigen Buddha seinen Sohn alles vergessen lassen wollte – Alter, Tod und Armut waren ausgeschlossen. In Hefners Freudenpalast durfte niemand nein zu ihm sagen; er erfüllte sich damit den kindlichen Wunschtraum, dass alles erlaubt sein soll. Der Romantiker in Hefner war blind für die Ausbeutung der beteiligten Frauen; derartige Anschuldigungen verletzten ihn sogar. Mond und Venus stehen im passivsten Zeichen des Tierkreises und im sechsten Haus, wo sie zu dienen haben. Die als Häschen verkleideten «Bunnies», die an eines der weichsten und verletzlichsten Tierchen erinnern und die jedem Befehl gehorchten, passen perfekt ins Bild. Vielleicht deutet das Quadrat von Saturn und Venus das Bedürfnis an, Frauen unter Kontrolle zu halten, damit sie ihm nicht zu nahe kamen.

Die Idee, den *Playboy* zu gründen, nahm 1952 Gestalt an, nachdem Hefner beim *Esquire* gekündigt hatte. In diesem Jahr wurde die Sonne-Jupiter-Neptun-Konfiguration nacheinander vom transitierenden Neptun, Saturn und Jupiter und dem progressiven Merkur berührt. Der progressive Mond aspektierte die gleichen Planeten etwas früher, und Uranus war 1953 an der Reihe. Im Oktober 1953, als die erste Ausgabe des *Playboy* auf den Strassen für Unruhe sorgte, stimulierte der progressive Mars die Venus; eine Entwicklung, bei der man eine Liebesaffäre erwarten würde, und vielleicht war es in gewisser Weise auch eine. Doch Venus regiert auch das zweite (Einkommen) und das neunte Haus (Veröffentlichungen). Hefner wurde sehr schnell ein reicher Mann. Er hatte die Möglichkeit erkannt, die kollektive Phantasie auszubeuten und darauf aufzubauen. Auch hier ist Saturn beteiligt, der im Quadrat zu Jupiter und Neptun steht; Hefner machte aus seinem Traum eine Institution. Doch als diese Art von Phantasie aus der Mode kam, schrumpfte sein Imperium, und er war plötzlich ein alternder Mann mit einem veralteten Traum.

Jupiter öffnet uns Türen zu etwas Grösserem, Erfüllenderem, Wichtigerem, Lohnenderem. Unter Transiten und Progressionen, die Jupiter aspektieren, öffnet sich diese Tür so weit, dass wir sehen können, was hinter ihr liegt. Dies ist oft der Beginn neuer, wichtiger Entwicklungen, die, wie wir an den Beispielen sahen, eine mehr als persönliche Bedeutung haben.

Anmerkungen

[1] Charles E.O. Carter, *Astrological Aspects*, Fowler, Ausg. 1972, S. 147 (Originalveröffentlichung 1930).

[2] Aus Liz Greenes Beschreibung der Waage in *Star Signs for Lovers*, Arrow Books 1980.

[3] Stephen Arroyo, *Relationships and Life Cycles*, CRCS 1979, S. 75.

Daten

Bernadette	Aus Lois Roddens *Profiles of Women.*
Die heilige Teresa	*Profiles of Women.* Auf einem Errata-Zettel schreibt Rodden, dass das Horoskop besser auf Grundlage des Gregorianischen Kalenders statt des Julianischen neu berechnet werden sollte, doch das veröffentliche Horoskop ist bereits nach diesem Kalender berechnet.
Swedenborg	Lois Rodden, *The American Book of Charts*, Dirty Data Section. Die angenommenen Zeiten unterscheiden sich nicht sehr voneinander, und die hier unterstellte scheint stimmig.
Crowley	*American Book of Charts*, ebenfalls Dirty Data Section. Die Zeit wurde anscheinend in *Equinox* veröffentlicht. Andere angenommene Zeiten schwanken zwischen 22.30 Uhr und Mitternacht.
Rimbaud	*American Book of Charts.*

Hefner	Astrological Association Data Section. Das Horoskop wurde bereits in Gauquelins *Book of American Charts* veröffentlicht, doch es wurde irrtümlich für die falsche Zeitzone berechnet.

Die wichtigsten Quellen

René Laurentin, *Bernadette of Lourdes*, Darton, Longman & Todd, London 1979.
André Ravier, *Bernadette*, Collins 1979.
Signe Toksvig, *Emanuel Swedenborg*, Yale U.P. 1948.
Francis King, *The Magical World of Aleister Crowley*, Weidenfeld & Nicolson 1977.
Enid Starkie, *Arthur Rimbaud*, Faber & Faber 1973.
Frank Brady, *Hugh Hefner, an Unauthorized Biography*, Weidenfeld & Nicolson 1975.

Politik

Ich habe noch nie gehört, dass Jupiter ausdrücklich mit Führungseigenschaften assoziiert würde, doch er ist nach dem König der Götter benannt, in der Stundenastrologie regiert er die «hochgelegenen Orte», und zweifellos ist er hilfreich, wenn man eine herausgehobene Position erreichen will. Die Gründe sind nicht schwer zu finden. Der jovische Typ ist, obwohl manchmal eine Nervensäge, im grossen und ganzen beliebt. Selbst bei einem relativ introvertierten Menschen sorgt ein starker Jupiter gewöhnlich für eine soziale Orientierung, und es gibt sogar eine moderne Astrologin[1], die glaubt, Jupiters Funktion im Geburtshoroskop komme vor allem in Beziehungen zu anderen Menschen zum Ausdruck. Ich kann zwar dieser Ansicht über die Rolle des Planeten nicht vorbehaltlos zustimmen, doch ich halte sie auch nicht für völlig unbegründet. Es scheint, dass Jupiters Energie aus einem tatsächlich vorhandenen oder gut vorgetäuschten Gefühl des inneren Überflusses oder Selbstvertrauens nach aussen fliesst. Man erkennt sie in einer Offenheit für Begegnungen und der Bereitschaft, nach anderen die Hand auszustrecken. Eine Frau, die mitten in einer Reihe von Jupitertransiten zu mir kam, sagte mehrmals: «Ich habe das Gefühl, dass ich nach den Leuten greifen will.» Im Gegensatz zum saturnischen Typ, der sich bei Partys in eine Ecke verkriecht oder alles steif über sich ergehen lässt, neigen die Kinder Jupiters bei solchen Gelegenheiten dazu, einen warmen Glanz von Herzlichkeit zu versprühen, und normalerweise fällt es ihnen nicht schwer, Freunde zu gewinnen und Menschen zu beeinflussen.

Ich hörte einmal, wie Ingrid Lind bemerkte, dass Menschen mit dem Aszendenten im Schützen gute Interviewer seien, und dies kann ich voll und ganz bestätigen; ich möchte nur ergänzen, dass ein starker Jupiter in etwa das gleiche leistet. Natürlich kann eine ganze Menge Bluff dabei sein, doch ein Mensch, der derart zuversichtlich auftritt, hat gegenüber seinen Rivalen die Nase vorn. Ein starker Jupiter hilft ausserdem dabei, die Chancen zu sehen, die sich bieten, und das Vertrauen zu finden, sie auch zu ergreifen. «In der Politik ergreift man einfach die Chancen, die sich einstellen und macht das Beste daraus», sagte Margaret Thatcher (Sonne Quadrat Jupiter), «und das habe ich immer versucht.»[2]

Es sind zwar noch andere Faktoren nötig, um Verantwortungsbewusstsein und Organisationstalent beizusteuern, doch Jupiter kann uns eine Aura der

Autorität und Überzeugung verleihen. Besonders, wenn eine schwierige Aufgabe ansteht, die viel saturnische Anstrengung erfordert, sucht man nach einem visionären Führer, der den anderen das Gefühl gibt, auf ein Ziel zuzugehen, der Optimismus verbreitet und begeisterte Unterstützung für die Sache entfacht. Im letzten Kapitel erwähnte ich die Überzeugungskraft, die wir von einem Prediger erwarten, doch es gibt auch viele weltliche Situationen, in denen jemand auf positive Weise den Weg nach vorn zeigen muss. Ich vermute, dass auch in den Horoskopen erfolgreicher militärischer Führer Jupiter eine wichtige Stellung einnimmt – Napoleon, der Duke of Wellington und Montgomery von Alamein haben beispielsweise allesamt starke Jupiter-Sonne-Kontakte; die Fähigkeit, Menschen unter schwierigen Bedingungen zu inspirieren, ist bei einer solchen Gestalt eine ebenso wichtige Komponente wie der Einfluss des Mars und seiner Zeichen. Die letzten Worte in der Rede Heinrich V. vor der Schlacht von Honfleur zeigen beispielhaft, was hier gefragt ist. Hier mischt sich Jupiter mit Mars:

> «Und keiner unter euch ist so gering und unedel,dass er nicht den edlen Glanz im Auge hätte.
> Ich sehe euch wie Jagdhunde in den Reihen stehen,
> sehnsuchtsvoll den Beginn erwartend. Das Spiel geht los:
> Folgt eurem Geist und ruft bei diesem Angriff:
> 'Gott für Harry, England und St. George!'«[3]

Auch in der Politik, besonders in schlimmen Zeiten, ist die Fähigkeit, begeisterte Unterstützung zu wecken, von vitaler Bedeutung. Im Wahlkampf um die Präsidentschaft erklärte sich Ronald Reagan 1984 zum Kandidaten des «Vertrauens und Wachstums» (Sonne Quadrat Jupiter) im Gegensatz zu seinem Rivalen Walter Mondale, dem Kandidaten der «Furcht und Beschränkung» (Sonne im Steinbock mit exaktem Halbsextil zu Saturn). Wer würde sich, wenn er vor einer solchen Wahl steht – oder zu stehen glaubt -, für Saturn entscheiden? Es gibt Zeiten, da Vorsicht und Beschränkung klüger wären, aber eine solche Politik ist bei der Wählerschaft nie wirklich populär.

Sonne-Jupiter-Kontakte finden sich immer wieder in den Horoskopen politischer Führer. David Hamblin stellte bei seinen Forschungen über «Harmonic»-Horoskope fest, dass diese besonders in der vierten «Harmonic» auftauchen, und der Quadrataspekt scheint der häufigste zu sein. Im grossen und ganzen treten die Spannungsaspekte zwischen Jupiter und Sonne deutlicher zutage als Trigone. Während jemand mit einem Sonne-Jupiter-Trigon die Wohltaten Jupiters als gegeben hinnehmen kann, mag sich ein Mensch mit einem Quadrat ständig von Jupiter geplagt fühlen; er kann nicht er selbst sein, ohne dass ihn das Gefühl beschleicht, es gebe mehr zu tun, zu erreichen, zu entdecken, zu erwerben. In gewisser Weise kann ein Zwang zur Expansion herrschen, um mehr Bedeutung zu erlangen, und dies wiederum kann sich als Aufgeblasenheit und Arroganz manifestieren, die recht häufig ein Gefühl der Unzulänglichkeit maskieren. Doch es kann auch bedeuten, sich neue Reiche des Denkens zu erschliessen – Quadrate zwischen Sonne und Jupiter kommen anscheinend in den Horoskopen von Philosophen überdurchschnittlich häufig vor.[4] So oder so, die Sonne im Quadrat zum Jupiter kann sehr produktiv sein, in jedem Falle produktiver als das Trigon.

Wie der Prediger muss auch der Politiker in Zeiten des Zweifels manchmal überzeugend sein und Wahlsiege versprechen, wo keine zu erringen sind, und der Öffentlichkeit versichern, dass alles in Ordnung sei, während in Wirklichkeit hinter den Kulissen der Teufel los ist. Vielleicht ist es Ausdruck der höchsten Form dieser Fähigkeit, wenn zu einer Zeit, da das Fernsehen jedem Wähler die führenden Politiker zeigt, die Bürger der Vereinigten Staaten mit Ronald Reagan einen Schauspieler zum Präsidenten gewählt haben. Hat Jupiter etwas mit dem Beruf des Schauspielers zu tun? Es scheint gewiss einige Verbindungen zu geben: Die Fähigkeit, eine Pose einzunehmen und natürlich seine Herrschaft über die Fische, dieses chamäleonhafte Zeichen. Die Gauquelin-Forschung hat ergeben, dass Jupiter in Horoskopen von Schauspielern tendenziell in den «Gauquelin-Bereichen» steht, wobei der Schwerpunkt im zwölften, neunten, sechsten und dritten Haus liegt. Meine eigenen Forschungen haben für Schauspieler eine andere Präferenz zutage gefördert: Jupiter im zwölften oder *fünften* Haus. Bei Reagan steht der Jupiter im zwölften Haus, wenn man von einem Skorpion-Aszendenten ausgeht, und im fünften Haus, wenn man einen Krebs-Aszendenten annimmt. Ein «Hypokrit» – dieser Makel wird Jupiter immer wieder zugeschrieben – war ursprünglich ein Schauspieler, und Michel Gauquelin verbindet Jupiter ausserdem mit einer Neigung, «sich zu verkleiden».[5] Meine Beobachtungen stimmen damit überein. Sich zu kostümieren ist eine Art, verschiedene Möglichkeiten in sich selbst zu erforschen und spricht nicht unbedingt für Oberflächlichkeit; es kann der Wunsch sein, eine würdevolle und beeindruckende Figur zu machen, besonders in Uniform oder Robe. Auch die mythologische Gestalt Jupiters hatte eine Vorliebe für Verkleidungen. Bei Jupiter können wir nie ganz sicher sein, was hinter der Erscheinung steckt, ob wir es nun mit geradliniger Aufrichtigkeit zu tun haben, mit Wunschdenken oder einer guten Show. Dem

Politiker leistet er normalerweise gute Dienste, soll er doch überzeugend auftreten und das Vertrauen der Öffentlichkeit gewinnen (und das selbst in der Freizeit). Wer sich in der Öffentlichkeit schlecht darstellt, wird an den Rand geschoben, auch wenn er beachtliche administrative Fähigkeiten haben mag.

Das Horoskop der Vereinigten Staaten von Amerika ist umstritten, doch ich zweifle nicht, dass die korrekte Version jene mit dem Aszendenten im Schützen ist[6], die somit von Jupiter regiert wird. Das Gefühl unbegrenzter Ausdehnungsmöglichkeiten, welches das weite Land erzeugt, spiegelt sich wider in einer Wirtschaft, die auf kontinuierlicher Expansion und dem freien

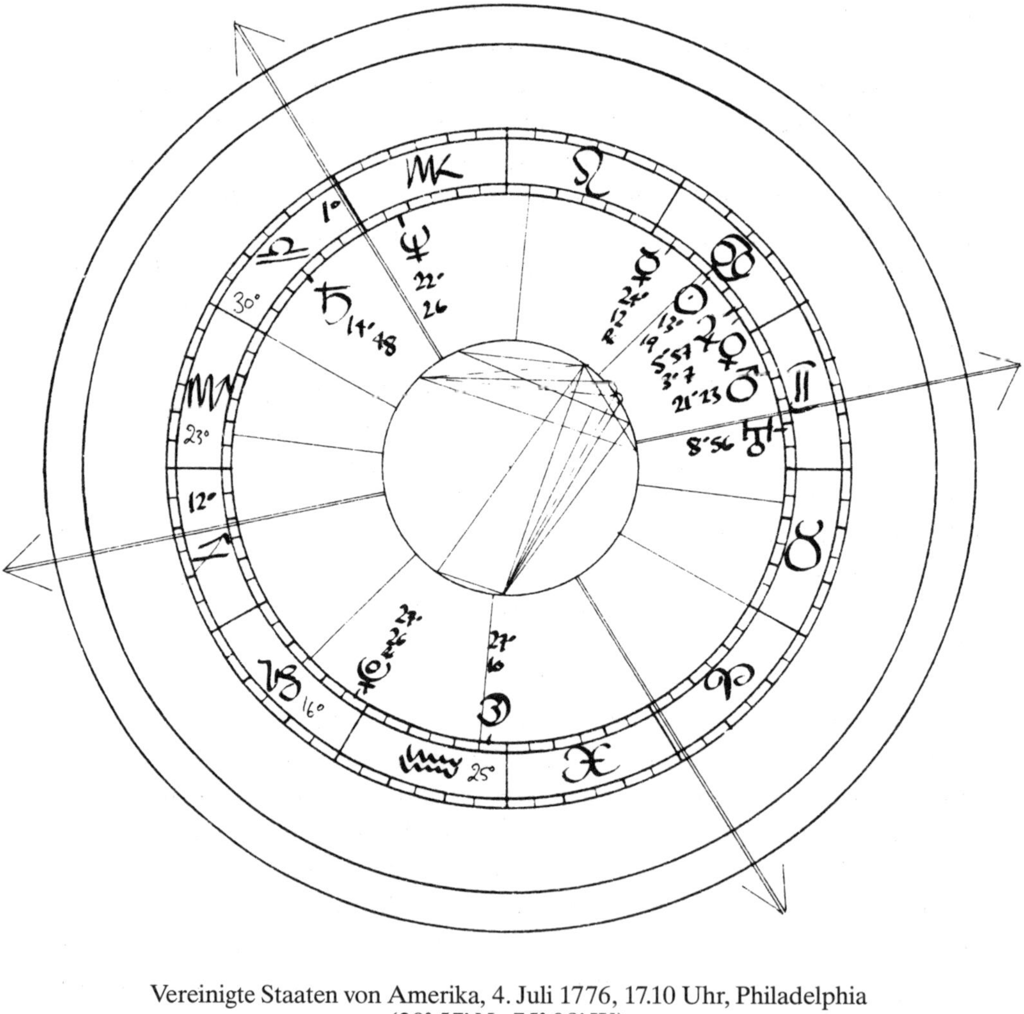

Vereinigte Staaten von Amerika, 4. Juli 1776, 17.10 Uhr, Philadelphia
(39° 57' N., 75° 08' W.)

Unternehmertum beruht – und in einem Volk, das nicht nur für sein «thinking big» (im grossen denken) bekannt ist, sondern auch für die körperliche Statur: Einwanderer aus Ländern mit gewöhnlich kleinwüchsigen Bewohnern bekommen in den USA häufig Kinder, die erheblich grösser und kräftiger sind als sie selbst. Es ist eine Gesellschaft, deren Held der Cowboy ist, der Schütze-Mann auf dem Pferderücken, und welche die Anerkennung von Grenzen mit Stirnrunzeln quittiert. Indem er seinen Gegner als «Mann der Beschränkung» abstempelte, griff Ronald Reagan eine landesweite Abneigung auf. Durch ihre Verfassung sind die Vereinigten Staaten auch ein Land,

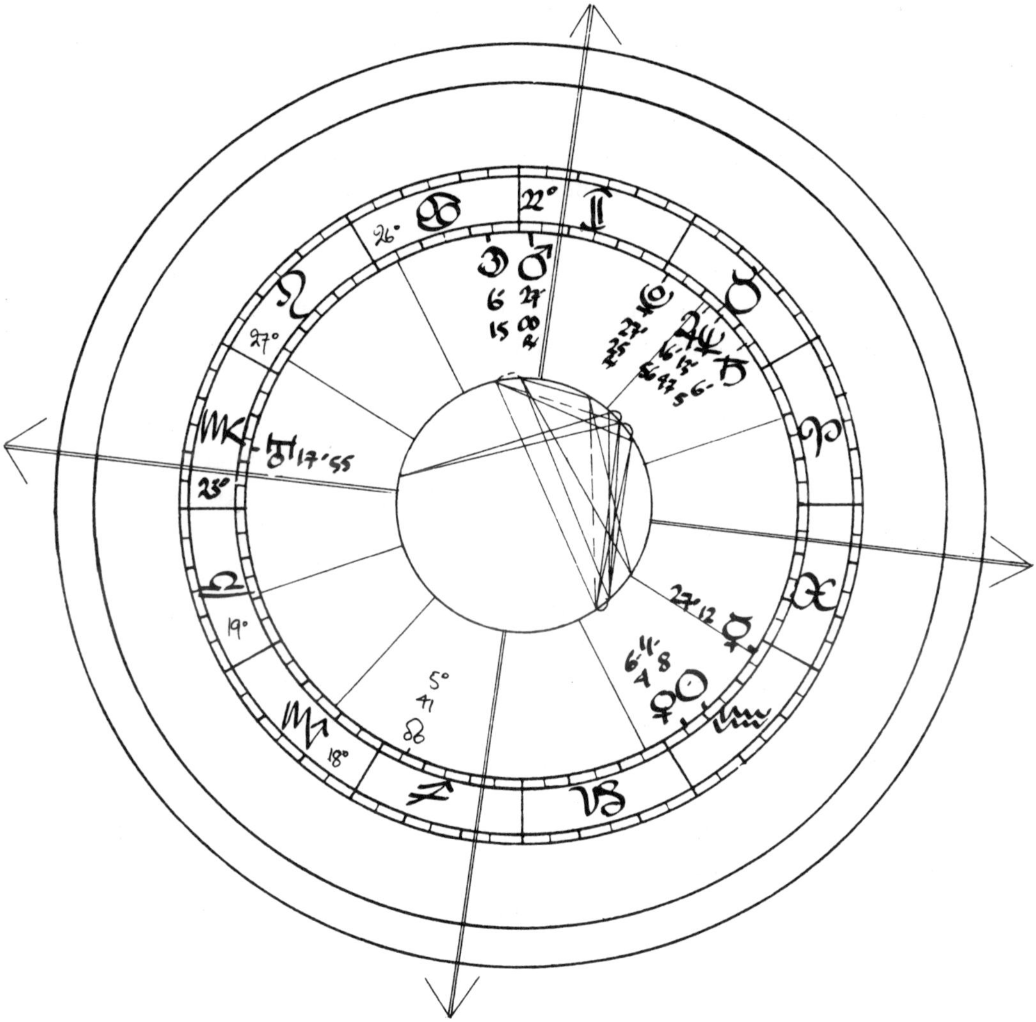

Franklin D. Roosevelt, 30. Januar 1882, 20.45 Uhr LMT, Hyde Park, (41° 48' N., 73° 54' W.)

das auf religiöser Toleranz beruht, doch in der Praxis wird Jupiters weniger flexible Haltung zur Religion nicht selten beklagt. Jupiter steht im Horoskop der USA im Krebs und im siebten Haus in enger Konjunktion mit Venus und weiter Konjunktion mit der Sonne. Die Venus-Jupiter-Verbindung ist gewöhnlich mit einer gewissen Genusssucht verbunden, wie Michel Baigent in Zusammenhang mit dem Horoskop der USA sagt[6], und ein starker Jupiter kann Rohstoffverschwendung und Konsumfreudigkeit bewirken.

Die Verschwendung entsteht aus einem Gefühl des Überflusses, und ich finde es verblüffend, dass das amerikanische Volk zur Zeit der Wirtschaftskrise Franklin D. Roosevelt zum Präsidenten wählte, der nicht nur die Sonne im Quadrat zu Jupiter hatte, sondern drei Planeten in exaktem Aspekt (bis auf 20 Bogenminuten genau) zum Jupiter der USA. In der Medizin und der Psychologie wurde die Einnahme von jovischen Medikamenten und die Kultivierung jovischer Aktivitäten immer wieder jenen als Gegenmittel empfohlen, die unter Saturns unheilvollem Einfluss standen.[7] Gerade wenn alles schwarz in schwarz scheint, suchen wir uns einen Führer, der in uns neuen Optimismus weckt, und wenn wir uns schon einschränken müssen, dann wenigstens unter der Führung eines Mannes, der uns den Weg nach vorn zu neuem Wachstum zeigt; und dies gilt sicher besonders für eine Nation, deren Herrscher Jupiter ist.

Ronald Reagan, ein grosser Bewunderer und ehemaliger Anhänger F.D. Roosevelts, wurde ebenfalls in einer Zeit nationaler Verunsicherung gewählt. Der verlorene Vietnamkrieg war noch nicht lange vorbei, und auf ihn folgte die wirtschaftliche Instabilität der Ölkrise. Nach dem Skandal und der Schmach, welche die von Gerald Ford beendete Präsidentschaft Richard Nixons brachte, verwundert es nicht, dass sich die Nation der anderen Partei zuwandte und für Jimmy Carter stimmte. Carter hatte Jupiter im Schützen in Konjunktion mit dem Aszendenten der USA und im weiten Sextil zu seiner eigenen Sonne, doch es gelang ihm nicht, das Vertrauen der Öffentlichkeit zu gewinnen. Sein Versagen beim Geiseldrama in Teheran torpedierte seine Chancen für eine Wiederwahl. Reagan, sein Nachfolger, hat ein Spannungsdreieck zwischen Sonne, Mond und Jupiter, in einer Version seines Horoskops sogar in Konjunktion mit dem Aszendenten; und wenn er auch von vielen hart bekämpft wurde, so gelang es ihm doch immer wieder, die öffentliche Moral zu heben. Die Expansionskraft der Sonne-Jupiter-Verbindung, kombiniert mit entwaffnender Offenheit und dem starken Ausdruck von Gefühlen (Mond-Jupiter) haben zweifellos viel zu seiner Popularität beigetragen. Er war fähig, seine Vision eines immer noch expansiven Landes zu vermitteln

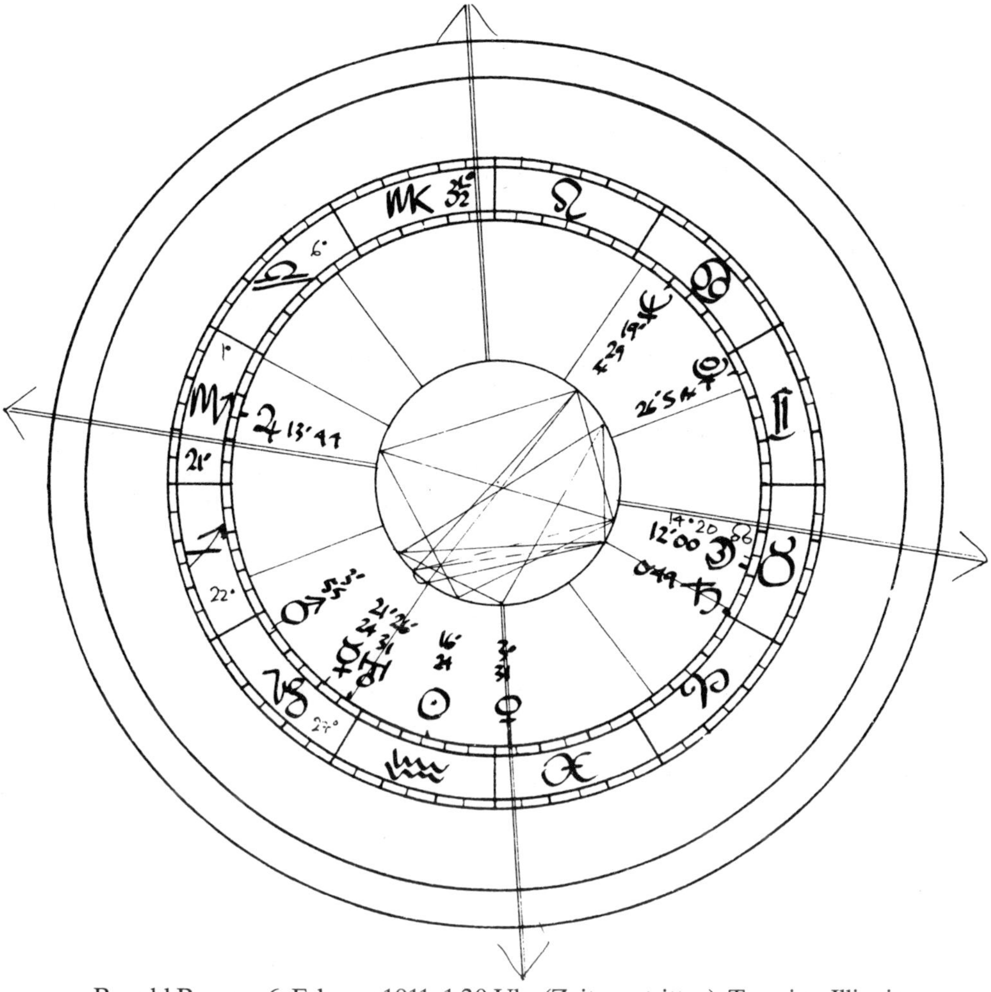

Ronald Reagan, 6. Februar 1911, 1.20 Uhr (Zeit umstritten), Tampico, Illinois
(41° 38' N., 89° 47' W.)

und die Mehrheit zu überzeugen, dass er das Land in diese Richtung führen werde. Er befürwortete vor allem die Freiheit des Individuums (Sonne im Wassermann, Quadrat zu Jupiter – genau wie Roosevelt, der diese Leidenschaft teilte) und ein Minimum von staatlichen Eingriffen.

Reagans Jupiter steht auf ein halbes Grad genau im Trigon zur Sonne der USA, und das zeigt gut, mit welchem Erfolg er das nationale Selbstbewusstsein stärkte: Wenn man sich selbst wenig schätzt, kann man kaum einen besseren Gefährten finden als jemanden, dessen Jupiter in so starkem Aspekt mit der eigenen Sonne steht. «Sie geben sich gegenseitig ein gutes Gefühl», sagt Stephen Arroyo[8], wenn er von Paaren mit Aspekten von Jupiter zur Sonne, zum Mond oder zum Aszendenten spricht; «es wirkt reziprok». Reagan fühlt sich als Bürger der USA offenbar wohl, und wahrscheinlich hat ihn die Tradition des Landes inspiriert, nach grossen Dingen zu streben. Er ist ausserdem ein Fürsprecher der Moral, eine Rolle, die Jupiter gern einnimmt – hier haben wir wieder den Prediger. Reagan hat damit ein grosses Gefolge um sich geschart, doch er wurde auch heftig angegriffen, weil er moralische mit politischen Angelegenheiten vermischte; bei einem Treffen der Christlichen Evangelisten soll er gesagt haben, der Kampf zwischen den USA und der Sowjetunion sei «der Kampf zwischen Richtig und Falsch, zwischen Gut und Böse»[8], und er brandmarkte die UdSSR als «Imperium des Bösen», ein Ausdruck extremer politischer und religiöser Überzeugtheit. Hier zeigt sich wieder Jupiters erschreckende Seite: der Eifer, sich ausschliesslich mit dem zu identifizieren, was recht und moralisch ist, möglicherweise unterstützt durch skorpionisches Misstrauen. Reagans Identifizierung mit der «rechten Seite» wirkte stark auf jene Bürger, die sich noch an seine Schauspielerkarriere erinnern konnten: in dreiundfünfzig Filmen hat er nur einmal einen Schurken gespielt, abermals ein Ausdruck des Trigons seines Jupiters zur Sonne der USA. Die USA-Sonne steht im Krebs, und Reagans Ansichten wurzelten in den althergebrachten Vorstellungen vom Familienleben, die dem traditionellen Amerika so teuer sind. Sein Stil wirkte gelegentlich etwas sentimental, und wie es scheint, blieb dies nicht ohne Wirkung. Reagans Jupiter steht im Skorpion, und selbst wenn der Aszendent nicht im gleichen Zeichen ist, so zeigt sich hier doch, dass er ein Kämpfer ist, der seine Ansichten und seinen Expansionsdrang mit einer gewissen Rauhbeinigkeit vertritt. Wenn das Horoskop mit dem Aszendenten im Krebs das richtige ist, dann steht Reagans Aszendent in genauer Konjunktion mit dem Jupiter der USA, doch die Progressionen haben für mich keine solchen Achsen erkennen lassen. Die hier veröffentlichte Version ist die mit dem Aszendenten im Skorpion.

Margaret Thatcher wurde Premierministerin Grossbritanniens, als die Wirtschaftskraft und der Einfluss des Landes in einem traurigen Niedergang waren. Auch ihr Jupiter steht im Quadrat zur Sonne, und ihr Mars, der ein Quadrat mit Pluto bildet, weist sie als Frau aus, die fähig ist, für ihre Überzeugungen zu kämpfen. Die martialische Seite wird weiter durch ihren Skorpion-Aszendenten verstärkt. Obwohl sie mit Saturn am Aszendenten eher einen strengen Führungsstil hat, vermochte sie vielen Wählern ihre Zuversicht und ihre visionäre Einstellung zu vermitteln. «Ich denke, dass es Zeiten gibt, in denen wir unsere Vision der Zukunft verlieren, und wir wissen, dass ein Volk

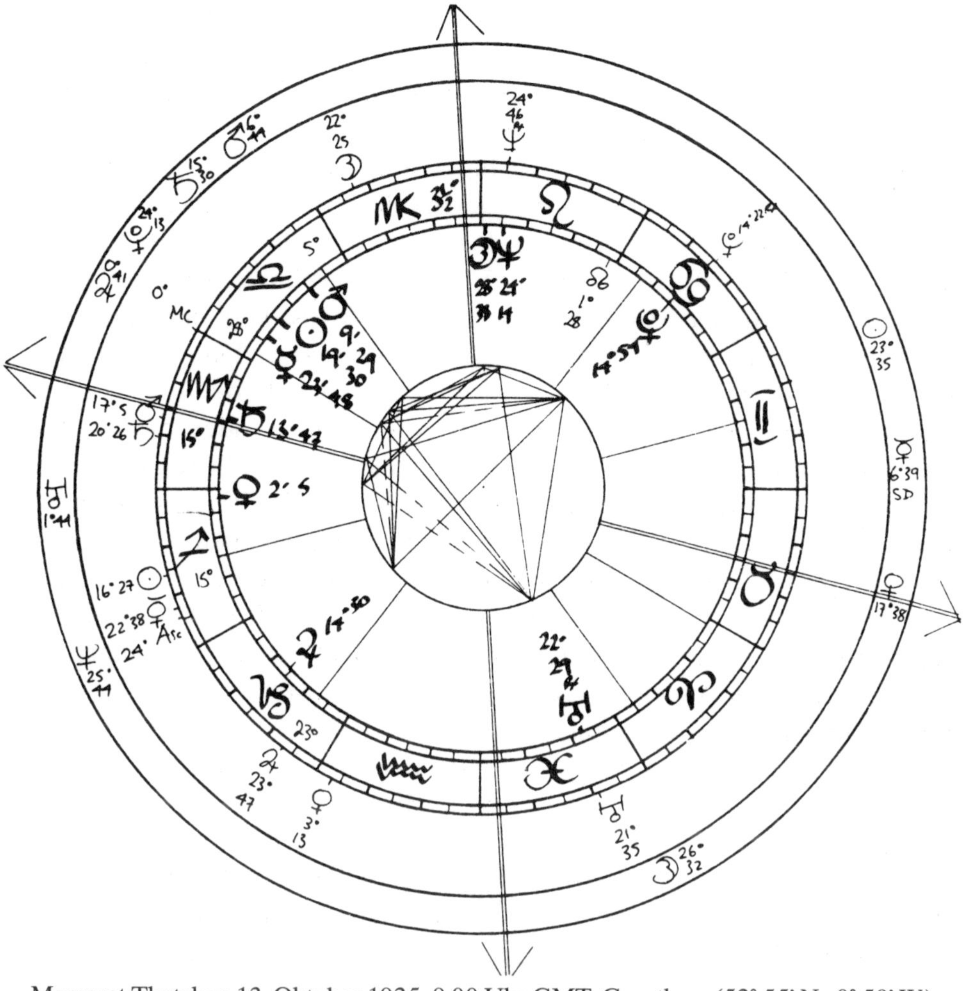

Margaret Thatcher, 13. Oktober 1925, 9.00 Uhr GMT, Grantham (52° 55' N., 0° 59' W.)
Progressionen und Transite für den 15. Juni 1982.

ohne Visionen untergehen muss», hatte sie einige Jahre zuvor gesagt.[9] Wie Reagan nahm auch sie eine streng moralische Haltung ein. Ihr ruhmreichster Augenblick kam 1982, als Argentinien die Falkland-Inseln besetzte und sie mit einer Demonstration hoheitlicher Macht reagierte. Wie auch immer man über ihre Entscheidung, eher den Sieg als die Aussöhnung zu suchen, denken mag – so hat sie ohne Zweifel damit ihre damals abgeschwächte Popularität stark erhöht. Sie selbst sagte: «Zweifel und Zögern wichen der Zuversicht und dem Stolz auf unsere jüngere Generation, die auch heute noch ein ruhmreiches Kapitel in der Geschichte der Freiheit schreiben kann.»[10] Während dieser Ereignisse gab es in ihrem Horoskop eine ganze Reihe interessanter Transite und Progressionen, doch für uns ist vor allem ein Transit relevant. Im Geburtshoroskop steht der aufsteigende Mondknoten (1° 28' Löwe) im neunten Haus (auswärtige Angelegenheiten) in Konjunktion mit dem Jupiter des Vereinigten Königreichs (2° 52' Löwe, zehntes Haus). Dies spricht für eine Neigung zu einem jovischen Führungsstil und für die Erwartung, dass Grossbritannien in der Welt eine hervorragende Rolle spielt. Für die Bedeutung der Mondknoten habe ich keine treffende Erklärung. Der humanistische Ansatz, der den aufsteigenden Mondknoten als Ausdruck dessen sieht, was wir entwickeln müssen und den absteigenden als Hinweis auf die Dinge, die wir uns bereits zu eigen gemacht haben, hat sicher eine grosse Bedeutung; doch als Punkte, an denen Sonne oder Mond eine Finsternis haben oder vom Drachen verschlungen werden, wurden die Knoten lange Zeit mit Scheu betrachtet und sogar gefürchtet. Ereignisse, die unter Transiten oder Progressionen eintreten, bei denen die Mondknoten aktiviert werden, scheinen etwas Schicksalhaftes zu haben – Todesfälle gehen oft mit einem solchen Transit einher. Als Mrs. Thatcher die Wahlen gewann, stand Jupiter in Konjunktion mit ihrem nördlichen Mondknoten und dem Jupiter des Vereinigten Königreichs: ein schicksalhafter Augenblick, denn sie wurde getragen von einer Woge des Optimismus für das Land, von neuen Hoffnungen für die Zukunft. Als die britische Einsatztruppe auf den Falkland-Inseln siegte, stand Uranus im Trigon zu diesem Punkt und Jupiter im Quadrat dazu. Da Grossbritanniens wirtschaftliche Bedeutung schrumpfte, war es für die Briten mit Jupiter im zehnten Haus um so wichtiger, der Welt ihren Stempel aufzudrücken. Weil Argentinien nicht nur eine Invasion versucht hatte, sondern ausserdem von einer Militärdiktatur beherrscht wurde, fühlten sich die Briten im Recht und sahen sich in der Rolle des Freiheitskämpfers, in der sie sich seit jeher besonders gerne sehen: Uranus war nicht nur durch den Transit beteiligt, sondern er steht auch im Horoskop Grossbritanniens in exaktem Sextil zu Jupiter und in Konjunktion mit dem Aszendenten.

Ich bin sicher nicht die erste, der auffällt, dass Jupiter in den Horoskopen vieler Naziführer eine starke Stellung hat; manchmal, wie bei Hitler und Himmler, ist er dazu ausgesprochen gut aspektiert, und manche bemerken dies mit einiger Verwirrung. Ich glaube, dies liegt daran, dass sich viele von uns äusserlich zwar zu Interpretationen bekennen, bei denen man Begriffe wie *leicht* und *schwierig* verwendet, während wir in Wirklichkeit aber keineswegs die alte Unterscheidung von *Gut* und *Böse* aufgegeben haben. Wurden diese Worte auch nicht immer als moralische Begriffe verstanden, so galten sie doch ursprünglich als Mass der Sittlichkeit.

Konsequenterweise gelangen wir leicht zu der Annahme, dass harmonische Aspekte mit wohltätigen Planeten nette Menschen hervorbringen. Jupiter ist kein besonders moralischer Planet; und wenn wir gern einen starken Jupiter im Horoskop haben möchten, so wünschen wir dies, weil wir uns mit ihm glücklicher oder erfolgreicher fühlen würden, und nicht, weil wir bessere Menschen sein wollen. Jupiter schüttet seine Wohltaten mit gleicher Grosszügigkeit über die Gerechten und Ungerechten aus.

Es ist unter Astrologen ein beliebter Zeitvertreib, Hitlers Horoskop zu untersuchen, um Erklärungen für die Schrecken des Dritten Reichs zu finden,

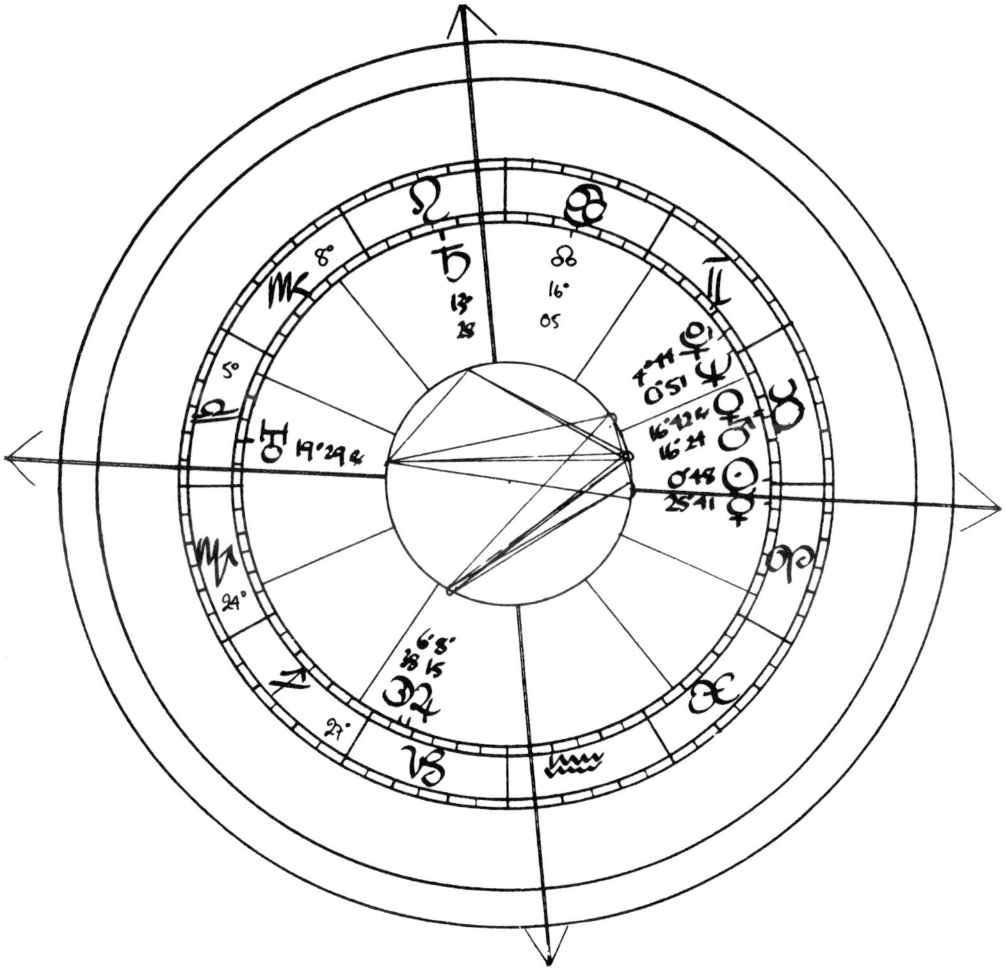

Adolf Hitler, 20. April, 18.30 Uhr LMT, Braunau, Österreich, (48° 15' N., 13° 03' O.)

und ich habe wenig Neues anzubieten, um die Brutalität des Mannes zu deuten – das Horoskop selbst ist nicht das Horoskop eines Monsters. Mars-Saturn-Kontakte haben natürlich einen schlechten Ruf; der Marquis de Sade hatte wie Hitler ein Quadrat, und in beiden Fällen ist Venus beteiligt – bei de Sade in Konjunktion mit Saturn und im Quadrat zu Mars, bei Hitler in Konjunktion mit Mars und im Quadrat zu Saturn. Spannungsaspekte zwischen Saturn und Mars können als ständige Bedrohung der eigenen Wirksamkeit empfunden werden, die immer wieder, manchmal brutal, bewiesen werden muss. Ein grosser Teil des maskulinen Selbstbewusstseins steht und fällt mit Mars. Venus-Saturn-Kontakte sprechen für eine Angst vor Nähe und eine Bevorzugung strukturierter Beziehungen, die auf Distanz oder unter Kontrolle gehalten werden können. Bei Hitler (und de Sade) könnte man also annehmen, dass ihre befriedigendsten Beziehungen solche waren, in denen sie anderen ihren Willen aufzwingen konnten. Obwohl Venus streng genommen in diesem Horoskop stärker ist als Mars (beide stehen im Stier, dem Zeichen der Venus und im Gegenzeichen von Mars), sollten wir nicht vergessen, dass Mars im Horoskop eines Mannes stärker nach Ausdruck drängt, und dass Hitler in einer Gesellschaft aufwuchs, die traditionell die Tugenden des Kriegers hoch schätzte und Frauen und weibliche Werte stärker unterdrückte als viele andere. Ausserdem hatte Hitler wahrscheinlich während seiner erfolglosen Karriere als Maler seine venusische Seite ausgelebt und festgestellt, dass sie ihm nichts brachte.

Es ist natürlich falsch, alles, was in der Nazizeit geschah, einem einzigen Mann anzulasten, und es ist gefährlich zu unterstellen, dass alles nur geschah, weil ein Irrer an die Macht kam. Hitler mag wohl paranoid und hysterisch gewesen sein, doch dies ist noch mehr ein Grund zu fragen, wie er an die Macht kommen konnte. Liz Greene[10] lenkt unsere Aufmerksamkeit auf die Neptun-Pluto-Konjunktion, die keine wichtigen Aspekte zu anderen Planeten im Geburtshoroskop hat und deshalb schlecht integriert ist. Sie zeigt uns Hitler als den Träger kollektiver Energien, der er zweifellos war. Im Lichte dieser Sichtweise ist es interessant, die Synastrie zwischen Hitlers Horoskop und dem für die Kaiserkrönung Wilhelms I. zu betrachten, in dem Charles Carter[11] das für die geeinte deutsche Nation in den beiden Weltkriegen gültige Horoskop sieht. Die einzig exakten und wichtigen Interaspekte sind die Konjunktion zwischen Hitlers Mars/Venus und dem Pluto im Horoskop Deutschlands und die Opposition zwischen Hitlers Uranus im zwölften Haus und dem deutschen Neptun; also könnten wir vermuten, dass das deutsche Volk ihn genau über diese beiden Planeten erlebte. Der deutsche Jupiter aspektiert diese Punkte ebenfalls (Halbsextil zu Hitlers Venus und Mars und Trigon zu seinem Uranus).

Jupiter steht in Hitlers Horoskop im dritten Haus im Steinbock in Konjunktion mit dem Mond, im Trigon zur Sonne und in einem weiten Trigon zu Venus und Mars.[12] Offenbar wirkt das Trigon zwischen Sonne und Jupiter entspannter als das bereits erwähnte Quadrat, doch Jupiter im Steinbock kämpft in gewisser Weise um seinen Selbstausdruck, denn die expansive Neigung muss in massvoller, konkreter und organisierter Weise umgesetzt werden. Hitler erklärte es zur Notwendigkeit, den «Lebensraum» zu vergrössern. Der Drang der Völker, physisch zu expandieren (Jupiter und die Planeten, mit denen er Beziehungen hat, stehen in *Erd*zeichen) sei eine der wichtigsten historischen Kräfte, und folglich war die territoriale Expansion ein Hauptelement der Nazipolitik, das sie systematisch umsetzte. Für Hitler bedeuteten diese imperialistischen Ambitionen zugleich persönliche Erhöhung.

Die Konjunktion von Mond und Jupiter ist besonders interessant. Dieses Kapitel enhält die Horoskope aller vier Naziführer, die von Anfang an bis zum Zusammenbruch des Regimes dabeiwaren, und sie haben alle wichtige Aspekte zwischen diesen beiden Planeten. Die Verbindung zwischen Mond und Jupiter ist sehr emotional, gewöhnlich gerade heraus, sehr ausdrucksvoll und leicht von Gefühlen überflutet – man denke nur an Hitlers Schwelgerei in Wagners Musik – und zweifellos sehr hilfreich, wenn man öffentliche Begeisterung und Hysterie schüren will. Die Stellung der Konjunktion von Mond und Jupiter in Hitlers drittem Haus scheint mir einer der Schlüssel zu seinem Erfolg zu sein. Die Neptun-Pluto-Konjunktion, die Liz Greene untersuchte, steht in den Zwillingen. Die Jahre, während derer diese Konjunktion gültig war, brachten mit der Einführung von Radio und Film bedeutsame Entwicklungen im Kommunikationsbereich. Ein grosser Teil von Hitlers Erfolg beruhte auf dem gekonnten Einsatz der neuen Medien. Abgesehen vom extensiven Gebrauch des Rundfunks für seine Propaganda liess er Schallplatten von seinen Reden vertreiben, die bei Versammlungen abgespielt wurden, und er liess Filme für Propagandazwecke und als Dokumente für die Nachwelt herstellen.

Schon das englische Wort für Rundfunk (*broadcasting*) lässt uns an Jupiter denken – die ursprüngliche Bedeutung des Verbums beschreibt die kreisende Handbewegung, mit der Samen ausgestreut werden, und die Präsidenten F.D. Roosevelt und Reagan zeigten eine beachtliche Vorliebe für Rundfunkdiskussionen. Samen auszusäen ist natürlich auch eine *Propagierung*, und unsere Vorstellung von Propaganda – das Verbreiten überzeugender «Informationen» – könnte astrologisch nicht besser ausgedrückt werden als durch Jupiter im dritten Haus.

Ohne seine rednerische Begabung, bei welcher der starke Merkur im Widder, in Konjunktion mit dem Deszendenten und elektrisiert durch Uranus in Opposition, eine bedeutende Rolle spielte, wäre Hitler ein Nichts gewesen. Der unbedeutend aussehende kleine Mann war völlig verwandelt, wenn er den Mund öffnete und zu einer Menschenmenge sprach. Filme von seinen Reden demonstrieren die Mond-Jupiter-Konjunktion – geballte Emotionen, die auf kontrollierte, mitunter sogar genau kalkulierte Weise formuliert werden. Hitler probte seine Reden sorgfältig und liess sich fotografieren, um seine verschiedenen Gesten an kritischen Punkten festzuhalten, so dass er die wirkungsvollsten herausfinden konnte – auch hier haben wir wieder den Schauspieler. Als diese Tatsache bekannt wurde, reagierte er äusserst zornig, denn es verdarb das Bild, das diese Techniken gerade erzeugen sollten. Er war äusserst empfindlich, was sein Bild in der Öffentlichkeit anging, was durch seinen Saturn an der Himmelsmitte im Löwen angedeutet wird – der Mann, der hart daran arbeitete, ein König zu werden, der unbedingt die öffentliche Anerkennung bekommen wollte, die ihm als Maler versagt geblieben war.

Wenn wir Hitlers starke Jupiter-Aspekte und ihre Wirkung auf die deutsche Öffentlichkeit betrachten, dann sollten wir vielleicht über unsere Vorstellungen von Begeisterung nachdenken, der wir meist eine eindeutig positive Bedeutung beimessen, und ohne die unser Leben langweiliger und weniger schöpferisch wäre. Begeisterung meinte ursprünglich «Besessenheit von einem Gott», und Besessenheit ist eine passende Beschreibung für Hitler selbst, wenn er redete, und für jene, die ihm zuhörten. Extreme Begeisterung ist ein Zustand, in dem man von etwas, das grösser ist als man selbst, gebannt wird, erfüllt von übermächtigen, positiven Gefühlen – ein wundervoller, göttlicher Zustand, ein Gefühl, in dem die Beschränkungen des sterblichen Körpers und seine Zerbrechlichkeit vergessen werden. Wie Firmicus – begeistert in seiner Bewunderung für Jupiters Qualitäten – meint[13], kann Jupiter uns das Gefühl geben, wie die Götter zu sein, keiner Beschränkung unterworfen und im Extremfall vielleicht ohne Menschlichkeit. Solche erhebenden Gefühle waren besonders verlockend für eine Nation, die nicht nur unter der Wirtschaftskrise litt, sondern sich durch den Vertrag von Versailles auch erniedrigt fühlte. Wie Hefner, der das Wort «Nein» aus seiner Gegenwart verbannte, umgab Hitler sich immer mehr mit Jasagern und blendete schliesslich alle deprimierenden Nachrichten aus seiner Welt aus; Kritiker und Überbringer schlechter Botschaften empfing er nicht oder liess sie sogar exekutieren, um sich überzeugen zu können, dass er unsterblich war.

Die Nazipartei brachte zwei grosse Redner hervor, und beide hatten Jupiter im Haus der Kommunikation. In gewisser Weise verdient Josef Goebbels, zunächst Reichspropagandaleiter, nach der Machtergreifung Reichsminister für Volksaufklärung und Propaganda, die grössere Schmähung als sein Herr, denn Hitler scheint wenigstens an seine Politik geglaubt zu haben. Für Goebbels (Aszendent Löwe, Konjunktion Sonne-Mars im Skorpion) waren Macht und Hingabe an den Führer die einzigen Motive. Er war kein Rassist, doch er war bereit, rassistische Politik der schrecklichsten Färbung zu verbreiten. Sei-

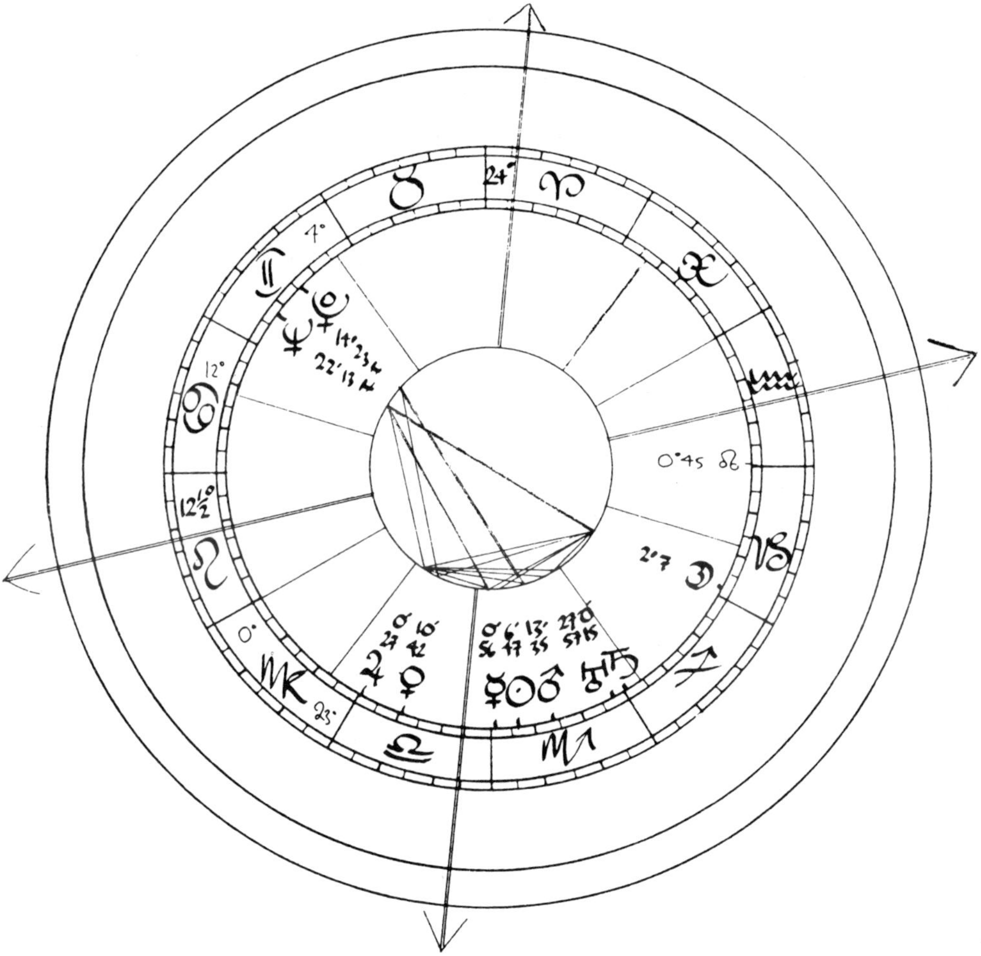

Josef Goebbels, 29. Oktober 1897, 23.30 Uhr MET, Rheydt, Deutschland
(51° 10' N., 6° 27' O.)

ne politischen Ansichten waren eindeutig links, doch er unterdrückte diese und andere Überzeugungen, um Hitlers Sprachrohr zu werden.

Hitlers Merkur steht im Widder, Goebbels' Merkur im zweiten Marszeichen (Skorpion), doch weicher aspektiert, und die beiden «Wohltäter», Jupiter und Venus, stehen im dritten Haus in der Waage. Wie Hitler probte er seine Reden, und obwohl Hitler sein Publikum wie kein anderer unter seinem Bann halten konnte, war Goebbels der perfektere Darsteller. Er war der Erfinder der grossen Lüge. «Er sprach von der Integrität der Regierung und wusste, dass sie korrupt war. Er sprach vom Sieg, als die Niederlage unausweichlich war.»[13] Er war ein aussergewöhnlich fähiger Verkäufer und als solcher ein vollendeter Heuchler.

Unter den Spitzenleuten der Nazis war Hermann Göring derjenige, der dem jovischen Typ, wie er allgemein gesehen wird, am nächsten kommt. Er war Reichsmarschall und Hitlers designierter Nachfolger; Jupiter stand bei ihm im Quadrat zur Sonne, im Quinkunx zum Mond, in weitem Trigon zur Venus im Schützen, in Konjunktion mit Mars und in Opposition zu Saturn. Der Mars im Widder herrscht über den Aszendenten im Skorpion und weist Göring als Mann der Leidenschaften und des Kampfes aus. Die Konjunktion mit Jupiter, ebenfalls im Widder, lässt uns an einen Menschen denken, der energisch für seine Überzeugungen kämpfte und sich hervorragend in die kriegerische Religion seiner Vorväter einpasste; der feurige Jupiter an der Spitze des fünften Hauses und im Quadrat zur Sonne sorgte, trotz der Sonne im Steinbock, für ein gewisses Mass an Prahlerei.

Er war gewiss ein prunkvoller Typ, ein Liebhaber der Kunst (Venus im ersten Haus) und eines genussvollen Lebens, und er besass eine beachtliche Garderobe von Uniformen, Anzügen und Sportkleidern, die er häufig wechselte. Allgemein liebenswürdig und gewiss grosszügig, war er ein Charakter, der in voller Lebensgrösse auftrat, ein führender Minister, der in seinem riesigen Büro hinter einem gewaltigen Schreibtisch sass, ein heldenhafter Kampfpilot des ersten Weltkrieges und ein Mann mit weit gespannten Interessen und einem extravaganten Lebensstil. Im traditionellen jovischen Stil setzte der zunächst schlanke Mann viel Gewicht an (er war ein zwanghafter Esser). Er empfing seine Gäste gern in seinem prächtigen Jagdhaus (Jupiter in Konjunktion mit Mars im vierten Haus?).

Saturn steht in Opposition zur Konjunktion im Widder, und so kämpft das Heldenhafte/Ehrgeizige/Energische mit dem Kontrollierenden (auch die Sonne steht im Steinbock in weitem Quadrat zu Saturn) – ein Kampf zwischen dem Glauben an die eigenen Kräfte und einem Gefühl für die eigenen

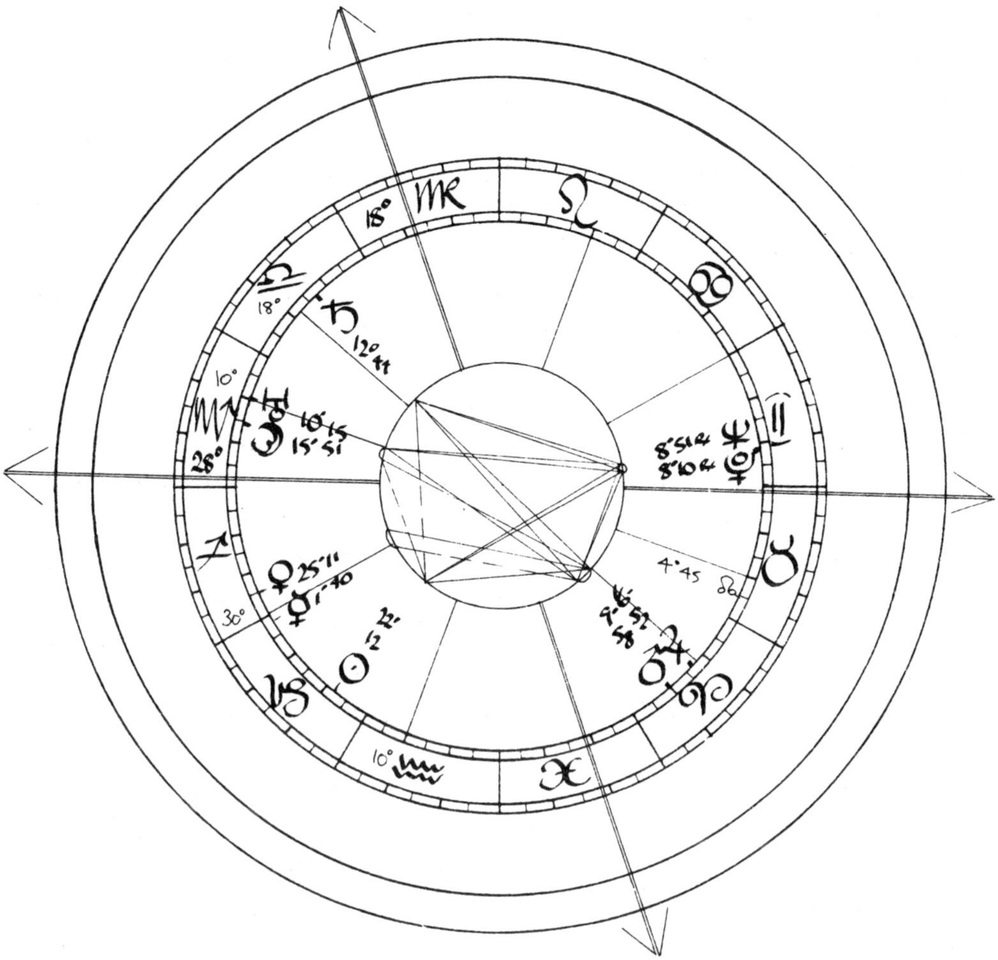

Hermann Göring, 12. Januar 1893, 4.00 Uhr MET, Rosenheim, Deutschland
(47° 51' N., 12° 06' O.)

Grenzen. Hier liegt ein grosses Potential für Frustration und ein ebenso grosses Potential, die Frustration auf grandiose Weise zu überwinden. Diese Kombination lässt sich mit einer Episode aus seiner Jugend illustrieren. Nach seiner Einberufung in die Infanterie erfuhr er von den Entwicklungen der Kriegsfliegerei und witterte sofort eine Chance, berühmt zu werden. Er bewarb sich um eine Versetzung, doch da er wusste, dass die Zeit knapp war, fälschte er die Versetzungsurkunden (das Gesuch wurde später abgelehnt) und verliess einfach sein Regiment, um die Pilotenausbildung zu beginnen. Er wurde nicht bestraft – vielleicht dank seiner guten Führung und seiner grossen Beliebtheit. Er hatte ja im Grunde nicht rebelliert; es war eine freche Weigerung, sich durch Regeln binden zu lassen. Mars und Jupiter weigerten sich, Saturn zu gehorchen. Göring hielt bis 1945 durch, wenn auch Zeiten zuversichtlicher Aktivitäten und Bemühungen manchmal mit depressiven Phasen bezahlt werden mussten. Gelegentlich, wenn er frustriert war, brach seine gewalttätige Neigung in der typischen Art von Mars-Saturn durch, doch er war kein grausamer Mann.

Das Spannungsdreieck zwischen Sonne, Jupiter, Mars und Saturn spricht für grossen Ehrgeiz, besonders mit Saturn im zehnten Haus. Ein Mensch mit dieser Kontellation neigt zur Expansion und arbeitet hart, um der erste und grösste zu sein. Göring erkannte nur Hitler als ihm überlegen an, und nur von Hitler akzeptierte er Einschränkungen. Er war für ein Volk, das unter grossen Entbehrungen litt, eine anziehende Figur, denn die Menschen sahen nostalgisch die frühere Grösse und hungerten nach den Schätzen der Welt.

Unter allen wichtigen Gestalten des Dritten Reiches hatte Heinrich Himmler, der gefürchtete Chef der SS, den stärksten Jupiter, und doch ist er der undurchsichtigste. Urteilt man nach dem Horoskop, das durch ein geschlossenes Trigon in den Feuerzeichen dominiert wird – Jupiter steht an der Himmelsmitte im Schützen in Konjunktion mit Uranus -, dann könnte man vermuten, dass er ein äusserst prunkvoller Typ war, doch dem war nicht so. Obwohl einige, die ihn persönlich kannten, seine «lebhafte Persönlichkeit» und seine «Begeisterungsfähigkeit»[15] erwähnten, scheint er eher introvertiert gewesen zu sein und wirkte unbedeutend und sogar mittelmässig.

«Doch Himmler war alles andere als mittelmässig. Er hatte fanatische Visionen und Energie und sah sich selbst als eine Figur in der Machtpolitik, und binnen zehn Jahren war er zu einem der Herren Europas aufgestiegen.»[16] Seine Feurigkeit kam nicht in extravaganten Gesten zum Ausdruck, sondern als machtvolle Phantasie und brennendes Sendungsbewusstsein.

Einmal sagte mir jemand, das Auffälligste an Himmler sei sein «verdrehter Glaube» gewesen – eine gute Art, die Konjunktion von Jupiter und Uranus zu beschreiben. Diese verdrehten Überzeugungen inspirierten die Entwicklung der SS. Alen Oken sagt von dieser Konjunktion: «Der Betreffende entwickelt oft originelle Ideen und Konzepte, die er oder sie gern mit anderen teilt.»[17] Durch eine Kombination von Opportunismus und purem Glück stieg Himmler rasch in eine Position auf, die ihn in die Lage versetzte, seine Phantasien auszuagieren. Er modellierte die brutale, elitäre SS nach dem Vorbild der Deutschordensritter, einem der schrecklichen, militaristisch orientierten Or-

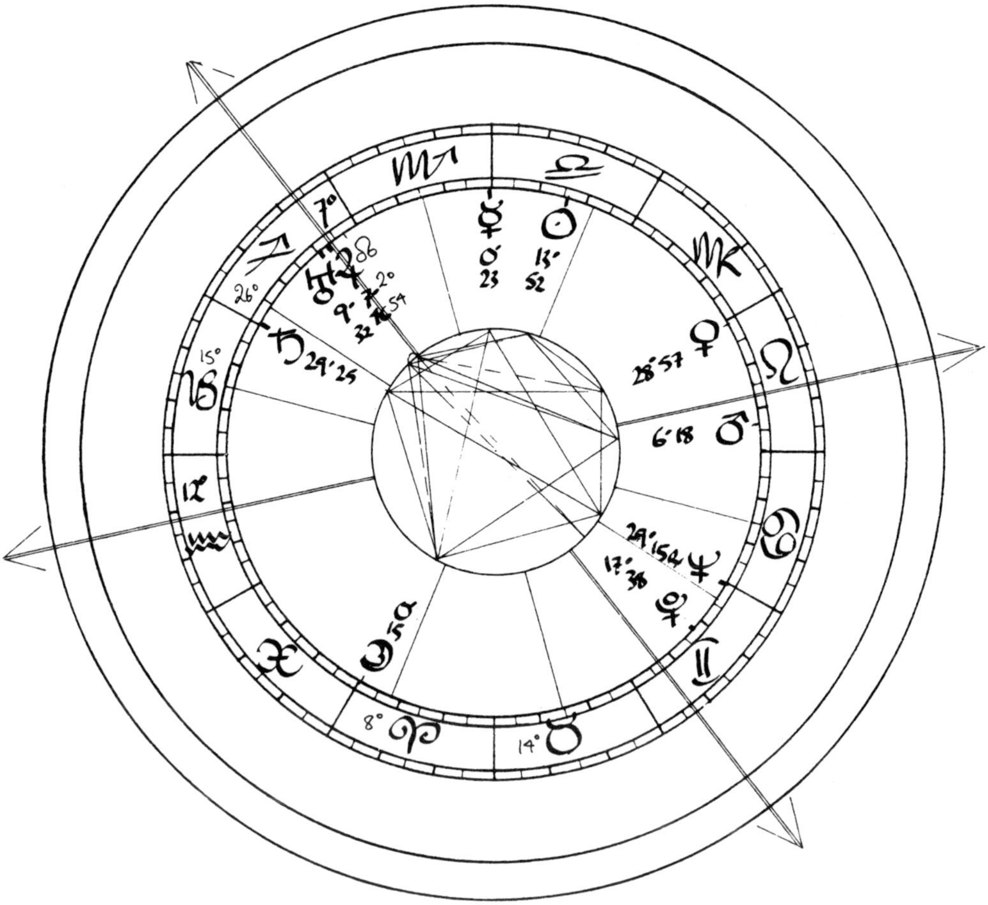

Heinrich Himmler, 7. Oktober 1900, 15.30 Uhr MET, München (48° 08' N., 11° 35' O.)

den des zwölften Jahrhunderts, und begann sich als Hochmeister dieses neuen Ordens zu betrachten.

Es ist alles im Horoskop abzulesen, vor allem am geschlossenen Trigon. Die Aspekte von Jupiter zu Mars im Löwen und dem Mond im Widder betonen den martialischen, heroischen Aspekt seiner Phantasie; im Gegensatz zu Göring war Himmler allerdings kein Held, sondern liebte es nur, die Uniform eines Armeekommandeurs zu tragen. Wir finden auch eine weite Opposition zum rücksichtslosen Pluto, während die Uranus-Konjunktion und der Aszendent im Wassermann eher für Ideen von einer Bruderschaft offen sind.

Jupiter herrscht über das elfte Haus, und in diesem Haus steht Saturn, der Mitherrscher des Horoskops; Saturn im elften Haus kann sich danach sehnen, ein voll akzeptiertes Mitglied des Clubs zu werden, während er doch ständig Schwierigkeiten hat, sich akzeptiert zu fühlen, so dass es leichter fällt, sich einer sehr formellen, stark organisierten Gruppe anzuschliessen.

Im Juli 1934, als die progressive Venus exakt im Sextil zum visionären Jupiter stand, erwarb Himmler sein Traumhaus, das Schloss Wewelsburg, in dem er mit ausgewählten SS-Offizieren mittelalterliche Szenen nachspielte; anscheinend sah er sich als Reinkarnation Heinrichs I., dem Gründer des Germanischen Reiches aus dem zehnten Jahrhundert. Jupiter in Konjunktion mit dem MC ist nicht unbedingt ehrgeizig, doch wenn er es ist, dann kennt er keine Grenzen, und Uranus steuert Willenskraft und Dringlichkeit bei. Von besonderem Interesse ist auch das Fehlen von Planeten in Erdzeichen, welche der feurigen Phantasie durch schlichte Sachlichkeit entgegenwirken könnten. Wie so häufig, wenn das Erdelement fehlt, entwickelte Himmler eine besessene Kleinlichkeit in seiner Arbeit, doch hinter dem pedantischen Bürokraten stand ein Mann, der sich selbst als König sah. In einer weniger geladenen Umgebung mag eine solche Überheblichkeit harmlos sein, doch sie machte es Himmler relativ leicht, die deutsche Nation und seine Rolle in ihr zu erhöhen und arrogant die jüdische Rasse abzutun. Beim Aufbau der Konzentrationslager handelte er unpersönlich und mit grosser Distanziertheit, wie es seinem Wassermann-Aszendenten entspricht, während er privat recht freundlich war, tierlieb und sogar sentimental (Mond Trigon Jupiter und im Quadrat zu Neptun).

Er war auf seine Art ein religiöser (oder vielleicht auch abergläubischer) Mensch, der in den heiligen Büchern verschiedener Religionen nach Ideen suchte, die zu seiner Vision passten, an die allein er wirklich glaubte. «Er sah sich als Lehrer und Reformer, geboren, um die Welt zu verändern.»[18] Er liebte es zu predigen. Religion war eine Notwendigkeit für ihn, und er hielt sich für einen Menschen, der in diesem Bereich eine führende, sogar messianische Rolle spielte – er soll sogar gesagt haben, dass er gern Kultusminister geworden wäre. «Ich bestehe darauf, dass die Mitglieder der SS an Gott glauben. Ich will keine Männer um mich haben, die kein höheres Wesen und keine höhere Instanz anerkennen»[19], erklärte er einmal. Und dieses höhere Wesen, was auch immer es sei, war natürlich auf Himmlers Seite, auf Deutschlands Seite. Mit einem solchen Gefühl der Rechtschaffenheit und Wichtigkeit konnte er es sich leisten, in grossen Massstäben zu denken. Bei der Bekanntgabe eines von ihm selbst ausgestellten Befehls – es ging um die Eröffnung von Dachau, wo 5 000 Gefangene untergebracht werden sollten – sagte er: «Wir planen in grossem Massstab und lassen uns nicht durch kleinliche Einwände behindern, weil wir überzeugt sind, dass dies all jene ermutigen wird, die unsere Nation achten und ihren Interessen dienen.»[20] «Zumindest mangelte es ihm am Verständnis dafür, dass sein Name so gehasst wurde. Er hielt sich für einen guten Mann, der, wenn er Fehler beging, diese doch zumindest im Namen einer guten Sache begangen hatte.»[21]

Nichts kann uns wachsamer gegenüber einem ungezügelten Jupiter machen als das Naziregime. Hitler, mit Jupiter in einem Erdzeichen, suchte materielle Expansion; Himmler, mit Jupiter im Schützen, sah die Dinge auf einer eher spirituellen als materiellen Ebene. Görings Vision (Jupiter im Widder) drehte sich um Ruhm; Goebbels (Jupiter in der Waage) suchte etwas Unparteiischeres. Sie alle erkannten eine Gelegenheit, wenn sie sie sahen, und alle identifizierten sich mit etwas unermesslich Grossem. Keiner von ihnen sah sich jemals genötigt, innezuhalten. Für sie persönlich war Jupiter überwiegend tatsächlich ein Wohltäter, doch sie haben ihren Sturz auch einer übermässigen Expansion zu verdanken, und, zumindest in Hitlers Fall, einer Überschätzung der eigenen Möglichkeiten und Kräfte. Ihr Gott verliess sie erst, als schon Millionen Menschen abgeschlachtet waren. Das Volk mag tatsächlich untergehen, wenn es keine Visionen hat, doch das Verfolgen einer inspirierenden Vision, getragen von einer Woge der Begeisterung, kann zur Entfesselung ungeheuer destruktiver Kräfte führen.

Anmerkungen

1 Betty Lunsted, *Astrological Insights into Personality*, Astro Computing Services, San Diego 1980.

2 Zitiert in George Gardiners *Margaret Thatcher*, William Kimber, London 1975.

3 Shakespeare, *Henry V*, 3. Akt, Szene I.

4 Graham Ellis, «Astrology and the Philosophical Mind» in *Astrology*, Sommer & Herbst 1983 (Bd. 57 Nr. 2 u. 3). Der Autor analysierte die Aspekte Sonne/Jupiter und Merkur/Jupiter in den Geburtshoroskopen von 90 Philosophen und fand heraus, dass beide Aspekttypen signifikant gehäuft auftraten; besonders die Konjunktion, das Quadrat, das Septil und das Dezil.

5 Michel Gauquelin, *The Spheres of Destiny*, Corgi 1981.

6 Michel Baigent, «The Astrological Chart of the United States», *Astrological Journal*, Winter 1980-81.

7 Siehe zum Beispiel die Schriften von Nicholas Culpeper aus dem siebzehnten Jahrhundert über medizinische Astrologie und Klibansky, Saxl und Panofsky, *Saturn and Melancholy*, Nelson, London 1964.

8 Stephen Arroyo, *Relationships and Life Cycles*, CRCS 1979, S. 88.

9 Zitiert in *The Times*, 21. Februar 1975.

10 Liz Greene, *The Outer Planets and their Cycles*, CRCS 1979. (Deutsch: «Jenseits von Saturn», Hugendubel-Verlag).

[11] Charles Carter, *An Introduction to Political Astrology*, Fowler, London 1951, S. 31.

[12] Ebenso von Bedeutung ist sicher die Opposition von Chiron auf 6° 55' Krebs zu der Konjunktion zwischen Mond und Jupiter, doch über Chiron in dieser Stellung ist mir zu wenig bekannt, um eine Interpretation zu wagen.

[13] Siehe Anmerkung auf S. 70

[14] Viktor Reimann, *Joseph Goebbels: The Man who Created Hitler*, Sphere Books 1979, S. 241.

[15] Der schwedische Graf Bernadotte bei der ersten Begegnung, zitiert in R. Manvell & H. Fraenkel, *Heinrich Himmler*, Heinemann 1965, S. 219.

[16] Roger Manvell und Heinrich Fraenkel, *Heinrich Himmler*, Heinemann 1965, S. 187.

[17] *Alen Oken's Complete Astrology*, Bantam 1980, S. 427. (Originalausgabe in *The Horoskope, the Road and its Travellers*, 1974).

[18] Manvell und Fraenkel, *Heinrich Himmler*, Heinemann 1965.

[19] ebd.

[20] ebd.

[21] ebd. S. 187.

Daten

USA	Michael Baigent im *Astrological Journal*, Winter 1980-81.
F.D. Roosevelt	Astrological Association Data Section.
Ronald Reagan	Lois Rodden, *American Book of Charts*, Astro Computing Services, San Diego, 1980. Dirty Data.
Margaret Thatcher	Astrological Association Data Section.
Adolf Hitler	AA Data Section.
Josef Goebbels	*American Book of Charts.*
Heinrich Himmler	*American Book of Charts.*

Verbrechen

«Jene, die eine ausreichende Anzahl von Fällen untersucht haben, müssen zugeben, dass Jupiter sehr eindeutig zum Verbrechen neigen kann, und dies sogar, wenn er anscheinend 'gut' aspektiert ist.»

Charles Carter[1]

Nach der Betrachtung der Nazihoroskope überrascht es sicher nicht, dass Jupiter auch in einer Abhandlung über Verbrechen zur Sprache kommt. Ich gehe von Carters Zitat aus, dass Jupiter allgemein in den Horoskopen von Kriminellen eine Rolle spielt, doch meine Interpretation weicht etwas von Carters Sicht ab. Carter sagt: «Das Motiv ist wahrscheinlich die Notwendigkeit, die finanziellen Folgen der Zügellosigkeit auszugleichen oder der Wunsch, die Mittel für verschwenderischen Genuss, Luxus und ein prächtiges Leben zu beschaffen.» Dies mögen gelegentlich tatsächlich die Motive sein, doch in keinem der hier vorgestellten Fälle spielte finanzieller Gewinn eine Rolle. Ich glaube, Jupiter trägt vor allem dadurch zu Verbrechen bei, dass er die Erlaubnis dazu gewährt und von Beschränkungen befreit. Ein starker Jupiter ist nicht bereit, an den vorgeschriebenen Grenzen innezuhalten; er gibt uns das Gefühl, unter einer «höheren Autorität» zu handeln als der des geschriebenen Gesetzes, und er hilft uns, «noch einmal davonzukommen» oder fördert zumindest den Glauben daran.

Die beiden Massenmörder Denis Nilsen und Peter Sutcliffe sind im Abstand von etwas mehr als sechs Monaten geboren, und ihre Horoskope haben eine ganze Reihe von gemeinsamen Faktoren. Die Hauptaspekte zwischen den äusseren Planeten sind, abgesehen von dem jahrzehntelang gültigen Sextil zwischen Neptun und Pluto, ein Trigon zwischen Jupiter und Uranus und ein Quadrat von Jupiter und Saturn. Hinzu kommt eine Mars-Pluto-Konjunktion im Löwen, die in Sutcliffes Horoskop zwar einen Orbis von knapp über 10 Grad hat, aber dennoch eine Rolle spielen mag. In beiden Horoskopen sind die Erdzeichen unbesetzt (wenn man Sutcliffes Himmelsmitte nicht in der Jungfrau ansiedelt). Beide haben eine Konjunktion von Mond und Saturn (im Quadrat zu Jupiter). Nilsen hat die Venus im Skorpion im Quadrat zu Pluto, Sutcliffe die Venus im achten Haus und im Halbsextil zu Pluto. Beide haben starke Merkur-Uranus-Kontakte, die ich allerdings nicht für unmittelbar relevant halte. Schliesslich ist bei beiden Jupiter stark betont.

In Sutcliffes Fall regiert er das Horoskop (Aszendent Schütze) und bildet mit allen Planeten ausser Neptun wichtige Aspekte. Nilsen hat Jupiter in Konjunktion mit dem Aszendenten, und seine Sonne steht im Schützen.

Denis Nilsen wurde am 9. Februar 1983 verhaftet. Handwerker, die eine Rohrverstopfung in seinem Wohnhaus beseitigen sollten, entdeckten Leichenteile, die zerhackt und durch die Toilettenspülung beseitigt worden waren. Er gestand, in vier Jahren fünfzehn junge Männer ermordet zu haben, von denen nur zwei als vermisst gemeldet worden waren; die Überreste der anderen wurden später gefunden. Hier sehen wir vielleicht schon Jupiter am Werk. Wie konnte es so leicht gehen und ohne Verdacht zu erregen? Er war im

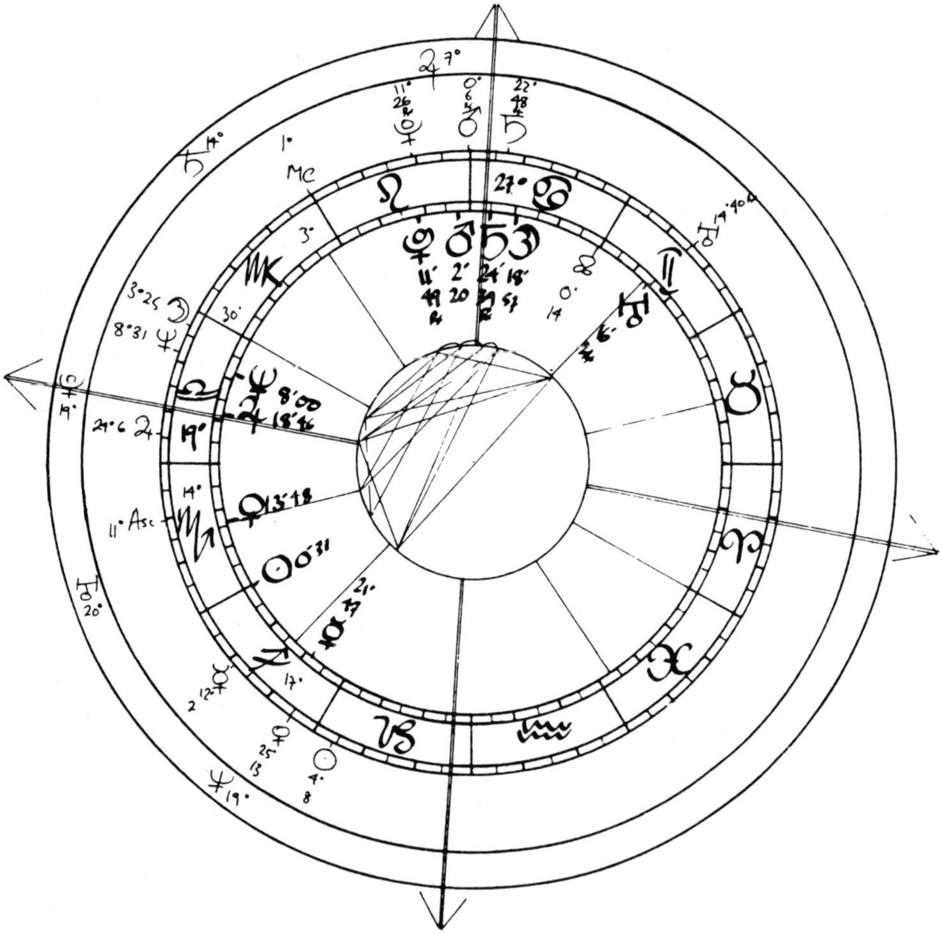

Denis Nielsen, 23. November 1945, 4.00 Uhr GMT, Fraserburgh (57° 41' N., 2° 00' W.)
Progressionen und Transite für den 31. Dezember 1978, erster Mord.

öffentlichen Dienst und fiel nur durch seine Gewerkschaftsarbeit auf, die seine Vorgesetzten störte und ihn um Beförderungen brachte. Ich weiss[2], dass der Schütze ein bevorzugtes Zeichen von Gewerkschaftsführern ist; wenn auch nicht unbedingt rebellisch, so ist es doch ein Zeichen, das an Freiheit glaubt und sich nicht ohne weiteres beherrschen lässt; ausserdem fällt es Schützen gewöhnlich leicht, in anderen Menschen Interesse zu wecken.

Der Waage-Aszendent macht den Umgang mit Freunden (oder Feinden) und Partnern wichtig – das Bedürfnis, einen anderen Menschen als Gegengewicht in der Nähe zu haben, um mit einem anderen Standpunkt konfrontiert zu werden. Schütze und Waage sind allgemein sozial orientierte Zeichen. Doch die Venus, Herrscherin der Waage und damit des Horoskops, steht im Skorpion im Quadrat zu Pluto. Bei einer solchen Kombination verlaufen Beziehungen nicht so leicht und zivilisiert, wie die Waage sie gern hätte, sondern sie beinhalten eine Reise in die Unterwelt oder einen Machtkampf. Venus-Pluto-Betonte müssen tiefe Beziehungen eingehen und können schwer unter Einsamkeit leiden. Jupiter am Aszendenten erfreut sich gewöhnlich an dem Gefühl, «etwas zu erreichen» und erscheint zuversichtlich (oft mit Recht), doch hier ist er natürlich in einen lebenslangen Kampf mit Saturn verwickelt. Mars, der Herrscher des siebten Hauses, ist in Konjunktion mit Pluto, so dass dieser dunkle Herr (oder die Dame?) abermals in Beziehungen auftaucht. Mars-Pluto spricht für eine gewisse Gewalttätigkeit, die allerdings nicht unbedingt direkt ausagiert werden muss; und da Mars in Konjunktion mit dem MC ist, rückt dieser Aspekt stärker ins Bewusstsein. Die Konjunktion, die der im herrschaftlichen Löwen stehende Mars zusätzlich mit Saturn hat, dürfte die Neigung zur Gewalt durch Frustration eher verschärfen als dämpfen. In dieser Pluto-Mars-Saturn-Kombination steckt auch die Möglichkeit starker, doch frustrierter sexueller Impulse. Nilsen war ein einsamer Mann, der sich nach einer dauerhaften Beziehung sehnte, doch er war unfähig, eine solche Beziehung aufzubauen; teilweise, weil er schüchtern war (Mond Konjunktion Saturn), teilweise, weil es ihm seine strenge Erziehung erschwerte, offen zu seinen homosexuellen Neigungen zu stehen.

Er hatte eine schwere Jugend; sein Vater, mit dem er kaum Kontakt hatte, liess sich von seiner Mutter scheiden, als Nilsen drei Jahre alt war. Sie war sehr damit beschäftigt, den Lebensunterhalt zu verdienen, und konnte ihm nicht viel Zeit widmen – Mond und Saturn widerspiegeln das Gefühl, nicht geliebt zu werden. Ob die Mars-Pluto-Konjunktion im zehnten Haus auch für Gewalttätigkeit im Zusammenhang mit seiner Mutter spricht? Man könnte hier das zehnte Haus mit einiger Berechtigung als Bereich des Vaters sehen oder des Grossvaters, der einige Jahre lang sein Ersatzvater war. Der Vater seiner Mutter war ihm der liebste Mensch, und als er auf See starb und im Haus der Familie aufgebahrt war, wurde der damals Sechsjährige zu ihm geführt, ohne dass ihm jemand sagte, dass er tot war. Der Anblick des bleichen, reglosen Körpers des ihm liebsten Menschen hinterliess bei ihm einen tiefen und verwirrenden Eindruck. Neptun stand damals in Konjunktion mit seinem Aszendenten: eine Zeit der Geheimnisse und der Unsicherheit. Er brauchte lange, um zu verstehen, was geschehen war, und er klammerte sich an sein letztes Bild von seinem Grossvater. Seine Venus im Skorpion, die auch das achte Haus regiert, stand bei diesem Todesfall im Trigon zu Uranus; bei seiner Geburt war es ein Quinkunx. Die Beziehung endete abrupt, es war eine schokkierende Erfahrung und der Beginn einer Verstörtheit, in der Liebe und Tod hoffnungslos miteinander verwoben waren. Pluto stand zu dieser Zeit im Trigon mit seinem Merkur, dem Herrscher des neunten und elften Hauses. Man kann annehmen, dass seine Haltung zum Leben in dieser Zeit tief geprägt wurde, und sich fragen, wie sich das auf seine Fähigkeit auswirkte, sich anderen anzuschliessen. Er war gewiss unfähig, über seine Situation zu sprechen oder sie zu verstehen.

Dieses kindliche Erlebnis von Verlust und Verwirrung gibt uns einen Schlüssel zum Verständnis seiner späteren Phantasien über den Tod und seiner Nekrophilie; sie werden auf erschreckende Weise durch die Pluto-Aspekte zu Venus und Mars symbolisiert. Auch der Titel, den Brian Masters seiner exzellenten Nilsen-Biographie gab, passt genau: *Killing for Company*[3] – Töten, um Gesellschaft zu haben. Nilsen sehnte sich danach, anderen Menschen nahe zu sein, doch er konnte nur zu Leichen eine Beziehung haben; er setzte sie sogar auf Stühle, ordentlich gewaschen und bekleidet, damit sie mit ihm fernsehen konnten.

Phantasie ist eine Sache, Mord eine andere. Es ist leicht, den Phantasten im Horoskop zu erkennen: Neptun und wahrscheinlich Jupiter im zwölften Haus, dazu das völlige Fehlen des Erdelements. Doch wie wurde die Phantasie ausagiert? Die Transite und Progressionen zur Zeit seines ersten Mordes sind aufschlussreich. Die wichtigsten Progressionen sind das Trigon zwischen Merkur und Pluto, das Quadrat des progressiven Aszendenten zu Pluto (was fast zu erwarten war) und der Quinkunx zwischen Saturn und Venus. Der Transit-Saturn steht im Sextil zur Venus. Nilsen war gerade wieder einmal von jemand zurückgewiesen worden, von dem er gehofft hatte, er würde sein einsames Leben teilen. Der Transit-Neptun steht auf 19° Schütze, Uranus auf 20° Skorpion, Pluto auf 19° Waage – alle drei betonen das Quadrat zwischen Jupiter, Aszendent und Mond im Geburtshoroskop. Der Mond regiert die Himmelsmitte, und Nilsen musste in seiner Karriere ebenfalls einen Rückschlag hinnehmen – die erwartete Beförderung wurde ihm versagt. Die Verbindung von Mond und Jupiter ist sehr unbeständig, und man kann sich extreme Emotionen vorstellen, die im allgemeinen von Saturn in Schach gehalten wurden, die diesmal jedoch durchbrachen. Er konnte seine Gefühle nicht ausschalten. Der Durchgang Plutos über den Aszendenten ist immer ein wichtiger Transit, er symbolisiert auf einer gewissen Ebene eine Todeserfahrung oder eine Erfahrung erlittener Gewalt, und hier befindet sich Pluto zugleich in Konjunktion mit Jupiter. Jeder Transit über Jupiter kann uns die Perspektive verlieren lassen und unsere Sicht der Welt verändern, und Pluto-Transite über Jupiter können unsere Hoffnungen verdüstern und uns zwingen, den Sinn in der Dunkelheit zu finden oder tief in uns selbst. Pluto verstärkt auch, er kann uns unsere Frustrationen schmerzhaft bewusst machen und Explosionen auslösen. Mond und Jupiter verbreiten viel Freundlichkeit und guten Willen, doch Nilsen wusste nicht, wohin damit. Vielleicht konnte Nilsen sich unter Plutos Einfluss einreden, dass er, indem er einen jungen Mann erwürgte, den er aufgelesen und mit nach Hause genommen hatte, einem anderen einsamen, hoffnungslosen Menschen etwas Gutes tat - ein Gefühl, das er in Gedichten über manche seiner toten Opfer zum Ausdruck brachte. Natürlich muss er auch seine Macht erlebt haben – wenn man jemanden erwürgt hat, besitzt man ewig Macht über Leben und Tod des Opfers -, und diesmal hatte er es so arrangiert, dass sein Geliebter ihn nicht verlassen konnte.

Die Rolle Jupiters hat mit der Lösung von Hemmungen zu tun – Nilsen trank, bevor er die Morde beging, sehr viel, und ich glaube, Alkohol kann gehemmte Menschen enger mit ihrem Jupiter in Kontakt bringen. Jupiter-Uranus-Verbindungen machen besonders geneigt, über alle Grenzen hinauszugehen, doch das Quadrat zu Saturn blockiert und verspottet die jovische Erwartung einer grenzenlosen Freiheit. So entfesselt sich ein Kampf zwischen Freiheit und Kontrolle, und der Betreffende könnte sich gezwungen fühlen, sich der Kontrolle zu widersetzen, um seine Handlungsfreiheit unter Beweis zu stellen – wie Göring es tat, als er sein Regiment verliess. Nilsen sass in der Klemme, er durfte nicht weitergehen und wachsen, und so fand er einen eigenen, plutonischen Weg, es zu tun. Der Transit-Jupiter stand auf der Halbsumme seiner Mars-Pluto-Konjunktion: eine neue Möglichkeit, seine gerade gewonnene Macht zu erproben, eine neue Art der Beziehung (Mars beherrscht das siebte Haus) und der Sexualität.

Peter Sutcliffe, der «Yorkshire Ripper», litt wie Nilsen an einer Gefühlshemmung (Mond-Saturn) und an Schüchternheit, abgesehen von den seltenen Gelegenheiten, wenn er sich betrank und übermässig erregt wurde (Mond-Jupiter). Er war ein einsamer Heimlichtuer mit einem Leben voller Phantasien (Neptun im Trigon zur Sonne, Konjunktion mit der Himmelsmitte), die manchmal schreckliche Formen annahmen. Er war ausserdem vom Tode besessen (fünf Planeten, unter ihnen Mars und Pluto, im achten Haus, Sonne im Sextil zu Pluto). Er arbeitete als Jugendlicher als Totengräber und fand Gefallen an dieser Arbeit. Die Sonne im siebten Haus zeigt, dass er sich durch Beziehungen finden musste, doch er konnte anderen Menschen nicht wirklich nahe kommen. Ausserdem fühlte er sich sexuell unzulänglich (Saturn im achten Haus?) und von Frauen verspottet. Zwei oder drei Jahre bevor die Morde begannen, hatte seine von ihm idealisierte Mutter (Neptun im zehnten Haus) eine Affäre, doch lässt sich schwer sagen, ob das der Auslöser war. Die exakte Konjunktion von Mond und Saturn deutet an, dass er zwar seiner Mutter gegenüber positive Gefühle hatte, sich jedoch nicht wirklich genährt fühlte. Wie ambivalent auch seine Gefühle ihr gegenüber waren, auf jeden Fall unterschied er in gute und schlechte Frauen und zog offenbar aus, um die schlechten Frauen zu töten, vor allem Prostituierte, die ihm nicht geholfen hatten, seine Männlichkeit zu finden. Er hatte dreizehn Frauen getötet und verstümmelt, als er gefasst wurde; er war immer wieder durch das Fahndungsnetz der Polizei geschlüpft.

«Es war ein Wunder, dass sie mich nicht früher erwischten (...) Sie hatten schon lange alle Fakten, doch dann erkannte ich, warum sie mich nicht fassten. Es lag alles in Gottes Händen.»[4] Diese Worte sprach Sutcliffe bei der Verhandlung, in der er auch davon redete, dass ihn Gottes Stimme zum Töten gedrängt hätte. Die Geschichte seiner «göttlichen Mission» erregte viel Aufsehen, und obwohl sie möglicherweise verdreht wurde, um ihn als Geistesgestörten verurteilen zu können, betont sie doch, dass man (nach Nilsens Worten) «gewissermassen eine Gottesrolle» spielt, wenn man das Leben eines anderen Menschen in die Hand nimmt. Es braucht vielleicht nicht viel Phantasie, um sich vorzustellen, dass sich ein Mensch nicht nur stark, sondern auch frei fühlt, wenn er tötet, weil er dabei alle üblichen Grenzen überschreitet. Sutcliffe hatte sich schon früher einen Spass daraus gemacht, alle möglichen Regeln zu missachten; beispielsweise fuhr er immer wieder ohne Führerschein und ohne Steuern und Versicherung zu zahlen. Einmal bat er sogar die Polizei um Hilfe, als ihm bei einer seiner Spritztouren das Benzin ausging. Mit dem Aszendenten im Schützen und der Sonne im Trigon zu Jupiter mag man

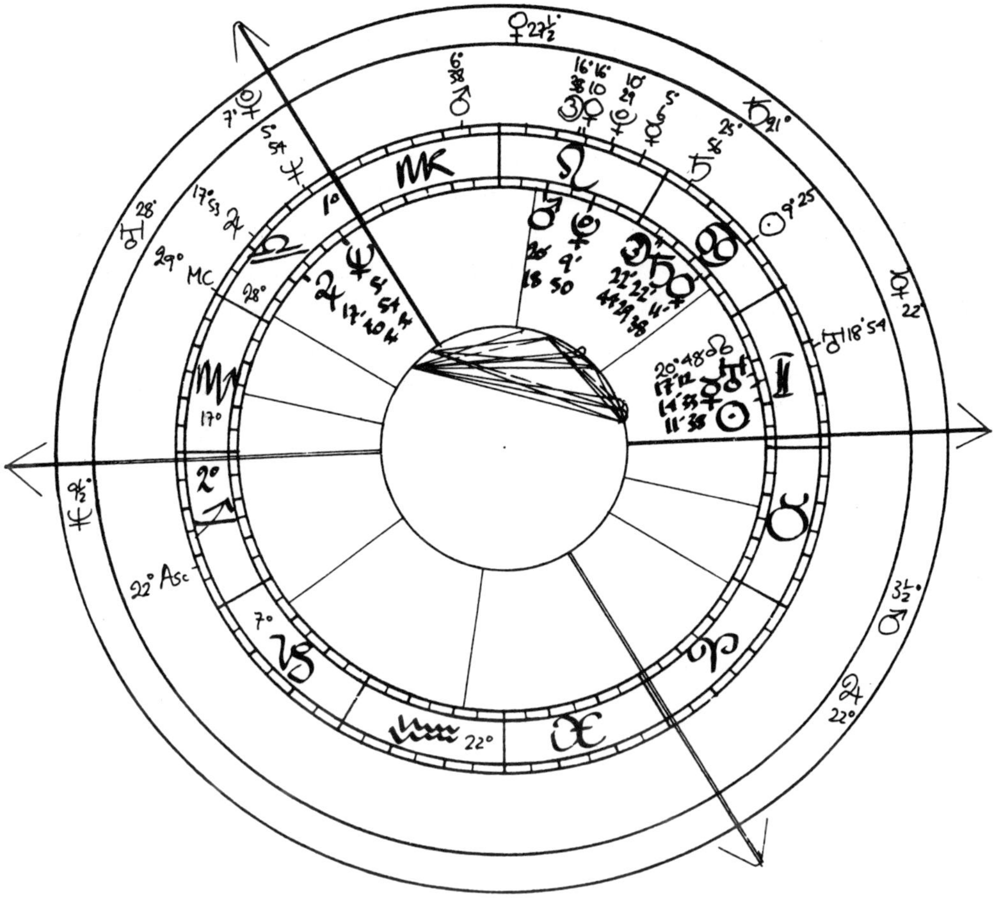

Peter Sutcliffe, 2. Juni 1946, 20.30 Uhr BST, Bingley (53° 51' N., 1° 50' W.)
Progressionen für den 5. Juli 1975, erster Mordversuch.

eine so gleichgültige Haltung zu Formalitäten erwarten, doch ich glaube, dass erst das Quadrat zu Saturn die Notwendigkeit schuf, sich immer wieder zu beweisen und das Glück zu strapazieren.

Sutcliffe beging seinen ersten Mordversuch, als Saturn zu seiner Radixstellung zurückkehrte; die progressive Sonne stand im Halbsextil zu Pluto. Der progressive Deszendent stand auf der Mond-Saturn-Konjunktion, vorausgesetzt, die Geburtszeit stimmt, und Jupiter im Quadrat zu ihr, so dass mit dem Quadrat zwischen Mond und Jupiter ein ungefähres Spannungsdreieck entsteht. Wie Nilsen muss er eine schwierige Zeit durchgemacht haben, in der er immer wieder die alten Verletzungen durch den entmutigten Mond erlebte, also auf eine ihm bekannte Art zurückgewiesen wurde, höchstwahrscheinlich von einer Frau. Als der Jupiter-Transit kam, überbordeten seine Gefühle und brauchten ein Ventil; doch sie waren immer noch kontrolliert genug, um ihm ein gewisses Mass an Planung zu erlauben.

Man könnte behaupten, dass Jupiter bei Sutcliffes Morden keine Rolle spielte, doch es bleibt die Frage, warum der «schützende» Einfluss eines so starken Jupiters derartige Taten nicht verhinderte. Dies kann nicht der Planet sein, von dem geschrieben steht: «Der wirkliche Charakter Jupiters ist Gutmütigkeit, Freiheit und bewusstes Vertrauen, Offenheit und eine Haltung, mit der es schwer fiele, etwas Falsches zu ersinnen oder zu tun – und nie und nimmer könnte er für einen schlechten Charakter verantwortlich sein.»[5]

Anmerkungen

[1] Charles Carter, *Essays on the Foundations of Astrology*, Theosophical Publishing House 1978, S. 33 (Originalausgabe 1947).

[2] Von Charles Harvey.

[3] Brian Masters, *Killing for Company*, Jonathan Cape 1985.

[4] Gordon Burn, . . . *Somebody's Husband, Somebody's Son*, Pan 1985, S. 326 (Erstausgabe bei Heinemann 1984).

[5] James Wilson, *A Complete Dictionary of Astrology*, Samuel Weiser, New York 1969, S. 313 (Originalausgabe 1819).

Recht

Das Recht und die juristischen Berufe werden gewöhnlich Jupiter zugeordnet, doch das Wort «Recht» hat zahlreiche Bedeutungen, von denen viele dem Planeten fremd zu sein scheinen. Charles Carter[1] war über die Verbindung so verblüfft, dass er fragte: «Ist diese Zuschreibung nicht nur überspannt, sondern sogar falsch?» Ich habe keine Antwort auf diese Frage gefunden. Zwischen Jupiter und dem Recht kann man gewiss einige Verbindungen herstellen, doch sie ergeben kein besonders klares Bild. Ich denke auch an William Lilly, dessen Werk für viele Stundenastrologen fast eine heilige Schrift ist. Er führt Rechtsangelegenheiten nicht unter dem neunten Haus auf, sondern schreibt Rechtsstreitigkeiten dem siebten und Rechtsanwälte dem zehnten Haus zu.[2] Das «Oxford English Dictionary» führt das Wort *law* (Recht oder Gesetz) auf einen alten isländischen Begriff zurück, der etwas «Festgelegtes oder Fixiertes» bedeutete, was eher an Saturn denken lässt; allerdings findet sich auch ein Abschnitt über das *göttliche Gesetz*, und hier kommen wir, glaube ich, Jupiter etwas näher: «Die Gesetzessammlung, die den Willen Gottes hinsichtlich des Verhaltens Seiner intelligenten Geschöpfe ausdrückt.» Bei den Griechen stand, zumindest in den Anfangstagen von Zeus' Herrschaft zur Zeit der *Ilias*, der König der Götter nicht für Moralität, sondern für die Aufrechterhaltung der Ordnung. Die griechische Vorstellung von *Dike* oder Gerechtigkeit (die Göttin dieses Namens wurde Zeus' Tochter und sass neben seinem Thron) hatte zu verschiedenen Zeiten verschiedene Untertöne, doch im Grunde stand sie für korrektes oder angemessenes Verhalten und das Wissen über den eigenen Standort.[3] Für Zeus war die Hybris, das heisst der Anspruch auf göttlichen Besitz und die Überschreitung der durch die eigene Stellung vorgegebenen Grenzen, ein unverzeihlicher menschlicher Fehler. Paradox dabei ist, dass derlei hemmungslose Grenzüberscheitungen für den astrologischen Jupiter charakteristisch sind.

Die Kinder Jupiters sind manchmal geneigt, «das Gesetz zu diktieren», als besässen sie eine göttliche Autorität, und ihre Fähigkeit, sich selbst und andere von der Rechtschaffenheit ihrer dogmatischen Aussagen zu überzeugen, könnte vor Gericht sehr von Nutzen sein. Ich verfüge nicht über ausreichendes Material, um die Bedeutung Jupiters in den Horoskopen von Vertretern juristischer Berufe zu verallgemeinern, doch der Planet spielt zumindest in den Horoskopen der meisten Anwälte, die ich gesehen habe, eine grosse Rolle. Dies bringt uns auf die zweifelhafte Natur der jovischen Moralität, denn ein Anwalt muss seinen Klienten plausibel und überzeugend und ohne Rücksicht auf persönliche Ansichten vertreten; und andererseits hören wir immer wieder von Richtern, die die Grenzen ihrer Kompetenz überschreiten und das Gericht zu einer Entscheidung drängen, die mit ihren persönlichen Überzeugungen übereinstimmt. Auch hier haben wir eine gottähnliche Position. Man kann sich fragen, ob Salomons berühmtes Urteil über das umstrittene Kind trotz aller «Weisheit» wirklich moralisch war.

Ein eher nebensächlicher und trotzdem erwähnenswerter Punkt ist die «Würde des Gerichts», die in gewissen Ritualen zum Ausdruck kommt, die leicht in Pomp abgleiten, wie der Schlag mit dem Hammer oder das Tragen von Perücken, Talaren und Halskrausen. Zum Gericht gehört, wie zur Kirche, zur Bühne und zum Militär, eine gewisse Kostümierung, ein Punkt, den wir bereits früher angesprochen haben.

Vielleicht sollten wir uns vergegenwärtigen, dass die Verbindung der Rechtsberufe mit dem neunten Haus aus dem allgemeineren Hintergrund der Universitätsausbildung zu erklären ist, die sich wiederum unter der Schirmherrschaft der Kirche entwickelte. Obwohl das geschriebene Gesetz, das unserem Tun klare Grenzen setzt, saturnischer Natur ist, führt uns die Frage seiner Interpretation ins Reich der Spekulationen. Eine Anwältin, die ich zu diesem Thema befragte (sie hat die Sonne in den Zwillingen im Trigon zu Jupiter und drei weitere Planeten in den Zwillingen im neunten Haus, anscheinend eine ausgezeichnete Qualifikation – merkurische Fähigkeiten sind für einen Anwalt lebenswichtig), erklärte, dass eine der wichtigsten Eigenschaften eines guten Anwalts die Fähigkeit sei, ein paar Züge vorauszuschauen; er muss Mögliches erspüren, die wichtigen Punkte erkennen und sehen, wohin die Entwicklung führt – und das klingt sehr nach Jupiter. Man braucht eine gewisse Härte, die aus einer anderen astrologischen Abteilung kommt, doch beim Auftritt vor Gericht kann eine schauspielerische Begabung sicher nicht schaden.

Wir sind wieder bei der Fähigkeit zum spekulativen Denken angelangt: wenn die Dinge sich in diese Richtung entwickeln, wird dies und jenes gebraucht werden; entwickeln sie sich dorthin, etwas anderes. Jeder Gerichtsverhandlung haftet etwas Spekulatives an, denn wie gut der Fall auch aussehen mag, man kann den Ausgang nie mit völliger Gewissheit voraussagen. Dies ist der Grund für die Beliebtheit von Gerichtsszenen im Fernsehen und übrigens auch von Fernsehdebatten: Sie verdanken einen grossen Teil ihrer Attraktivität der Aufregung über den ungewissen Ausgang – genau wie das

Glücksspiel. Es ist tatsächlich ein Glücksspiel, vor Gericht zu gehen. Anscheinend gibt es unendlich viele Möglichkeiten, um Vorschriften auszulegen. Wäre das Gesetz rein saturnisch, dann brauchten wir keine Verhandlungen oder Anwälte, denn der Ausgang wäre von vornherein klar.

Abgesehen von der Juristerei scheint Jupiter uns ins Reich der Moral zu führen. Denn obwohl moralische Konflikte letzten Endes tief persönlich erlebt werden, beruht die Vorstellung von Richtig und Falsch auf unpersönlichen Prinzipien. Hinter dem saturnischen Gesetzbuch, der Festlegung juristischer Grenzen, selbst hinter dem Waage-Anspruch, zwischen streitenden Parteien zu einem gerechten Urteil zu kommen, bleibt die Frage von Richtig und Falsch bestehen; zwar variiert sie von Individuum zu Individuum und von Generation zu Generation, doch deutet sie immer über die augenblickliche Situation hinaus auf allgemeine Moralvorstellungen. Die Suche nach solch tiefliegenden ethischen Grundsätzen gehört zu den Aufgaben der Philosophie.

Anmerkungen

[1] Charles Carter, *Essays on the Foundations of Astrology*, Theosophical Publishing House, London 1978, S. 32 (Originalausgabe 1947).

[2] William Lilly, *Christian Astrology*, Regulus, London 1985, S. 54, 55 (Originalausgabe 1659).

[3] Hugh Lloyd-Jones, *The Justice of Zeus*, University of California Press 1972.

Hypothesen und Theorien

Das neunte Haus ist das Haus der physischen Reisen, der geistigen Höhenflüge und des spekulativen Denkens, ein Haus, dessen Kräfte mobilisiert werden, um hinter das Offensichtliche und Vertraute vorzudringen und uns selbst in Beziehung zur Welt oder zum ganzen Kosmos in einer grösseren Perspektive zu sehen. Spekulieren, ein Wort, das uns in mehr als einer Hinsicht an Jupiter denken lässt, entstand aus dem Wort für einen Wachturm (lateinisch *specula*): Ein hoher Ort, von dem aus wir in alle Richtungen blicken und einen guten Überblick geniessen können, so dass wir die Dinge schon aus grosser Entfernung erkennen. (Ich muss hier an den «Elfenbeinturm» der Akademiker denken.) Spekulationen über die Natur der Dinge finden in Hypothesen ihren Ausdruck (Arten des Sehens oder Betrachtens; die gleichen Wurzeln finden wir beim *Theater*, wo man ein Spektakel anschaut). «So könnte man sagen, dass die Theorie vor allem eine Art der *Einsicht* ist, also eine Art, die Welt zu betrachten, und nicht eine Form des *Wissens* darum, wie die Welt ist.»[1] Jupiters Domäne lässt sich nicht auf saturnische Fakten reduzieren. Hypothesen sind unsere Versuche, tieferliegende Gesetze zu erkennen, und ihre Entwicklung ist eine der wichtigsten Aufgaben unserer Universitäten.

Jupiter und das neunte Haus haben mit allen Spekulationen und Theorien zu tun, doch vor allem mit der Philosophie, die vielleicht weiter als jede andere Disziplin ins Unbekannte hinausgreift und uns in die Lage versetzen sollte, uns über unsere kleinlichen Sorgen zu erheben. Ihr Ziel ist es nach Ludwig Wittgenstein, «der Fliege den Weg aus der Falle zu zeigen», uns aus den saturnischen Beschränkungen zu befreien. Graham Ellis fand bei seinen Forschungen über Aspekte heraus, dass gewisse Kontakte zwischen Sonne und Jupiter und Merkur und Jupiter in den Horoskopen von Philosophen häufiger auftreten als in denen anderer Akademiker (s. Anmerkungen S. 127). Die Konjunktion und das Quadrat, auch das Septil und das Dezil traten besonders häufig auf, das Trigon nicht signifikant und die Opposition seltener als dem Zufall nach zu erwarten wäre; ein Hinweis darauf, dass der Wunsch, in diesem Bereich zu forschen, nur in bestimmten Konstellationen als starker Drang empfunden wird.

Da Philosophen sich besonders auf die jovische Dimension einstimmen müssen, könnten weitere Studien Jupiters in den Horoskopen von Philosophen sehr lehrreich sein; Jupiters Positionen und Aspekte könnten zu Aussagen über die Natur der jeweiligen Theorien führen. Das Jupiterzeichen sagt uns, wie ein Mensch das Forschen und Spekulieren angeht, und mir ist aufgefallen, wie oft Jupiters Element in den Horoskopen von Philosophen eine Rolle zu spielen schien. Jupiter in Feuerzeichen scheint Geist, Transzendenz und den Glauben zu betonen auf Kosten der Verankerung mit der materiellen Welt (z.B. Kierkegaard, Hegel und sogar Descartes), während Jupiter in Erdzeichen eher auf die alltägliche Realität bezogen scheint. Spinoza (Sonne im Schützen, Jupiter im Stier) beginnt seine *Ethica* mit einer Definition der Materie und findet Descartes' Glaube an eine transzendente Gottheit beleidigend. Sartre, zu dessen Lehrsätzen jener gehört, wonach «die Existenz der Essenz vorausgeht» (Erde vor Feuer?) hat ebenfalls Jupiter im Stier, während der Empiriker John Stuart Mill, der sich auch als «Utilitaristen» bezeichnete, Jupiter im Steinbock hat. Auch Marx hat Jupiter in diesem Zeichen im elften Haus und im Trigon zu Sonne und Mond im zweiten Haus im Stier, was sowohl vom Haus als auch vom Element her (Kollektivismus, Materialismus) die passende Stellung zu sein scheint. Die meisten Philosophien basieren angeblich auf der Vernunft, was vielleicht einem luftigen Konzept entspricht; ich weiss nicht viel über Philosophen mit Jupiter in Luftzeichen, doch ich würde bei diesen einen distanzierten und skeptischen Ansatz vermuten. Kant fällt in diese Kategorie, ausserdem Einstein (Jupiter im Wassermann), der eine aussergewöhnliche Bereitschaft zeigte, im Namen der Wahrheit widerlegt zu werden. Mir fällt auch Jungs Jupiter in der Waage auf, der wohl einerseits mit seiner Wertschätzung des Denkens als Gegengewicht zu den Gefahren des blinden Glaubens zu tun hat (Aszendent Wassermann) und andererseits mit den Prinzipien der Gegensätzlichkeit und der Enantiotropie, die für seine Gedanken sehr grundlegend sind. Ich habe nur wenige wichtige Philosophen mit Jupiter in Wasserzeichen gefunden – vielleicht neigt diese Stellung eher zur Kontemplation. Nietzsche hatte Jupiter in den Fischen; das Buch, das seinen Ruf als Denker begründete, war *Die Geburt der Tragödie aus dem Geiste der Musik*. In diesem Werk führt er aus, der Geist des Rationalismus, beispielhaft bei Sokrates, habe den Tod der Tragödie herbeigeführt. Er setzt sich für die Wiederbelebung des dionysischen Elements in der Kunst ein. Er stellt sich einen künstlerischen Sokrates vor, der Dichtung und Musik leidenschaftlich liebt; die Vorliebe der Fische für das Leiden durchzieht sein ganzes Werk. Liz Greene hat die Verbindung zwischen Dionysos, dessen Geschichte starke Verbindungen zur christlichen Mythologie aufweist, und dem Planeten Neptun herausgearbeitet.

Natürlich können wir nicht die Gesamtheit der komplexen Gedanken eines Philosophen auf etwas so Einfaches wie das Jupiterzeichen reduzieren; wollen wir die Vorlieben eines Philosophen in seinem Geburtshoroskop herauskristallisieren, dann müssen gewiss noch andere Faktoren einbezogen werden – die Natur des neunten Hauses zum Beispiel und vor allem die Sonne –, doch es würde sich gewiss lohnen, Jupiter in den Horoskopen von Philosophen näher zu untersuchen.

Anmerkung

1 David Bohm, *Wholeness and the Implicate Order*, Routledge & Kegan Paul 1980, S. 4.

Glück

«Un coup de dès n'abolira jamais le hasard.»
Mallarmé

Wir sind darauf fixiert, jene glücklich zu nennen, die im Leben erfolgreich sind («Du hast aber Glück, dass du so ein schönes Boot hast»), während wir sie in Wirklichkeit oft um das Ergebnis harter Arbeit beneiden, und die hat nur wenig mit Jupiter zu tun. Ich glaube nicht, dass Jupiter direkt mit materiellem Reichtum assoziiert werden kann – er ist alles andere als ein der Erde verwandter Planet –, doch indirekt kann er eine grosse Hilfe beim Erreichen dieses Ziels sein. Eine positive Haltung zum Leben ruft häufig positive Reaktionen hervor, und ob wir eine solche Disposition einer schönen Kindheit, einem guten Karma aus früheren Leben oder einem guten Los zuschreiben: es bleibt ein jovisches Thema. Es ist nicht nur möglich, gute Dinge durch «positives Denken» oder «Glücksbewusstsein» anzuziehen (Dinge, über die Menschen mit starkem, doch insgesamt nicht besonders gut aspektiertem Jupiter gern sprechen); vielmehr ist die Fähigkeit, die in einer Situation liegenden Möglichkeiten und Chancen zu erkennen, von unschätzbarem Wert. Ausserdem wird ein Mensch, der den Blick auf die angenehme Seite des Lebens richtet (traditionell der Sanguiniker) auch dann glücklich beschenkt, wenn er oder sie objektiv betrachtet ein schwieriges Leben hat und womöglich sogar materiell arm ist.

Glück zu haben ist das weltliche Gegenstück zur göttlichen Gnade, und viele Menschen mit starkem Jupiter berichten von einem Gefühl, besonders protegiert zu sein; ich glaube, dieses Gefühl kann nicht völlig auf ihr Vertrauen in ihre eigene Voraussicht reduziert werden. Anscheinend gibt es Menschen, die mehr als ihren gerechten Anteil Glück haben, und David Livingstones knappes Überleben im Dschungel, vor allem seine Entdeckung durch Stanley im letzten Augenblick – als sein grosses Trigon zwischen Sonne, Jupiter und Uranus einem Jupiter-Transit ausgesetzt war (s. S. 63) – überschritt die Möglichkeiten, die gute Planung allein geboten hätte.

In den wenigen Fällen grosser Lotteriegewinne, die ich studieren konnte, war Jupiter meist nicht besonders stark oder gut aspektiert. Transite und Progressionen unter Beteiligung Jupiters spielen eine Rolle, doch wichtiger ist das achte Haus, das jenes Eigentum regiert, auf das wir keinen unumstrittenen Anspruch haben. Vielleicht finden wir hier eine Andeutung nicht nur auf unverdiente Fülle, sondern auch auf die Belastung, der unsere Beziehungen durch solche Gewinne ausgesetzt werden. Von sechs Horoskopen (fünf stammen von Lois Rodden aus dem *American Book of Charts*) hatten vier zum Zeitpunkt des Gewinns Saturntransite durch das achte Haus, und drei hatten Venustransite, beides Planeten, die der Erde zugeordnet werden. Keiner hatte den laufenden Jupiter im achten Haus; einer, der beim einzigen Glücksspiel in seinem Leben gewann, hatte den Transit-Jupiter im fünften Haus.

Jupiter ist bekannt dafür, dass er die Leute dazu verleitet, sich ganz auf ihr Glück zu verlassen, kurz: einen hohen Einsatz zu wagen. Spielen um Geld scheint allen Kulturen gemeinsam zu sein und spielt ausserdem beim Sport und bei Wettkämpfen eine wichtige Rolle (nach meinem Gefühl ist Sport hauptsächlich in diesem Sinn eine jovische Beschäftigung). Das Glücksspiel scheint seinen Ursprung in der Weissagung[1] zu haben, durch welche wir mehr sehen können, als unsere normale Wahrnehmung erlaubt: besonders Dinge, die in der Zukunft liegen. Jupiter wird natürlich mit dieser Art des Sehens assoziiert, und er ist der Herrscher der Leber, des Organs, das früher häufig zur Weissagung benutzt wurde. Der Sinn der Übung war es, den Gott zu bewegen, Dinge zu offenbaren, die der Frager zu seinem Vorteil nutzen konnte; durch Opfergaben konnte man hoffen, den angerufenen Gott günstig zu stimmen und eine wohlwollende Antwort zu bekommen. Es scheint, als wollten wir auch beim Glücksspiel einen Gott für unsere Sache gewinnen oder zumindest «das Schicksal herausfordern», wie Dostojewski (selbst ein leidenschaftlicher Spieler) es in *Der Spieler*[2] sagt. Der Spieler neigt wie der *Haruspex* dazu, Rituale um den eigentlichen Vorgang herum zu entwickeln. Verwandt mit der Weissagung ist Jungs Konzept der Synchronizität: das Zusammentreffen von Ereignissen, die in ihrer Bedeutung, doch nicht in ihren Ursachen verbunden sind. Dies ist gewiss ebenfalls ein jovisches Phänomen.

Forschungsprojekte bei Mitgliedern der «Gamblers Anonymous»[3] bestätigten, dass sich bei leidenschaftlichen Spielern eindeutig starke jovische Züge finden. Sie betrachten materielle Werte mit Verachtung. Wenn sie Geld haben, sind sie verschwenderisch. Sie haben «Grandeurphantasien» und träumen von ihrem «Grossmut» und ihrer «Freigiebigkeit». Sobald sie etwas erreicht haben, legen sie keinen Wert mehr darauf; die Jagd ist für sie wichtiger als die Beute. Doch sie haben auch Züge, die uns an Jupiter-Saturn-Kontakte denken lassen: Ihr Bewusstseinszustand «schwankt zwischen Hoffnung und Verzweiflung», und es ist nicht klar, ob sie am Ende wirklich mehr gewinnen wollen, als sie zwangsläufig verlieren müssen. Der Drang, das eigene Glück (oder Gottes Gunst) auf die Probe zu stellen, riecht wirklich sehr nach Jupiter-Saturn, und ich vermute, dass sich bei vielen leidenschaftlichen Spielern Spannungsaspekte zwischen den beiden finden lassen. Liz Greene erwähnt, der Jupiter-Saturn-Typ sei «immer in Erwartung des grossen Durchbruchs mit Hilfe eines Glücksfalles, der irgendwie nie kommt.»[4] Dostojewski hat eine genaue Konjunktion der beiden Planeten im Widder, mit einem Trigon zum Mars und einem Quinkunx zur Sonne. Die saturnischen Tugenden werden gebraucht, um Jupiters Lasterhaftigkeit entgegenzuwirken; Joyce Wehrman betont in ihrem Buch über astrologisches Glücksspiel[5], dass Jupiter uns zwar zum Spielen ermuntere, dass Saturn jedoch für den erfolgreichen Spieler unentbehrlich sei. Doch ein schwieriger Kontakt *zwischen* den beiden Planeten (wobei ich mich frage, ob überhaupt ein gänzlich einfacher existiert) kann, besonders, wenn Jupiter anderweitig betont ist, den Menschen in einen verzweifelten Kampf stürzen: Er muss sein Glück beweisen oder versuchen, den Gott mit einem unfehlbaren System zu fangen. Saturn scheint Jupiter einzusperren, und Jupiter entweicht und überwältigt Saturn.

Spekulation und der Drang, den Stein des Schicksals oder der Vorsehung ins Rollen zu bringen, sind offenbar recht grundlegende Antriebe, die immer wieder in kosmologischen Mythen auftauchen. In der *Ilias* (Buch XV) erzählt Poseidon Iris, wie er, Zeus und Hades das Meer, den Himmel und die Unterwelt aufteilten (die Erde behielten sie gemeinsam). Und weiter heisst es: «Ein berühmter Ausspruch des Philosophen Heraklit besagt, dass Aion (die *durée creatrice*, die ewige, schöpferische, göttliche Zeit; dies ist die Bedeutung des Wortes Aion im Griechischen) ein Junge sei, der (. . .) ein Brettspiel spielt.»[6] Einstein sprach von – nach meinem Dafürhalten auf einer nicht rationalen Ebene erlebten – Schwierigkeiten, die Quantentheorie anzunehmen, weil er nicht akzeptieren konnte, dass Gott mit dem Universum Würfel spiele. Mit der Quantentheorie sind wir zu der Idee zurückgekommen, dass die Wurzel aller Dinge ein Würfelspiel sei, dass es nichts Stabiles oder Gewisses gibt, sondern nur Wahrscheinlichkeiten, als wären diese das letzte Gesetz. Vielleicht ist Jupiter der Planet der Wahrscheinlichkeit.

Anmerkungen

1 John Cohen, *Psychological Probability*, George Allen & Unwin 1972, S. 85 und Anmerkung.

2 ebd. S. 66

3 ebd. S. 68ff.

4 Liz Greene, *Saturn*, Samuel Weiser, 1976 (Aquarian Press, 1977), S. 124.

5 Joyce Wehrmann, *Winning*, private Veröffentlichung in Kalifornien 1980.

6 Marie-Louise von Franz, *Divination and Synchronicity*, Inner City Books, Toronto 1980, S. 58.

Praktischer Teil

Ich hoffe sehr, dass die in diesem Teil angebotenen Interpretationen, die in vielen Fällen durch die bereits erläuterten Horoskope illustriert werden können, den Leser anregen, eigene Deutungen zu versuchen; sie erheben keinen Anspruch auf Vollständigkeit.

Jupiters *Zeichen*stellung, die durch Aspekte modifiziert wird, beschreibt die Mittel, die wir einsetzen, um zu erfahren oder erlangen, was jenseits der augenblicklichen Situation liegt, um die höhere Ordnung der Dinge, allgemeine Gesetze und zukünftige Möglichkeiten zu erkennen. Wir eröffnen uns neue Ausblicke und suchen Antworten – zum Beispiel auf gewissenhafte, greifbar praktische Weise, wenn Jupiter in der Jungfrau steht; sorglos, extravagant und aufrührerisch, wenn er im Schützen plaziert ist; feinsinnig und intuitiv, wenn er in den Fischen ist; spröde und kühl, wenn er im Wassermann steht. Das Zeichen Jupiters findet auch in der Art und Weise, wie Menschen ihre Ansichten ausdrücken, seinen Niederschlag.

Jupiter in den Häusern

Jupiter im ersten Haus

Menschen mit Jupiter im ersten Haus zeigen eine Weltoffenheit, die andere als wohltuend empfinden. Ganz allgemein haben Menschen mit dieser Stellung eine Abneigung gegen jede Beschränkung ihrer Möglichkeiten. Ausserdem haben sie oft weit gespannte Interessen und sind leicht bereit, etwas Neues zu versuchen; oft können sie andere leicht dazu bewegen, sich ihnen anzuschliessen.

Sie sehen das Leben recht unbekümmert, und dies oft mit Recht, denn wenn sich eine Tür schliesst, geht eine andere auf; häufig probieren sie mühelos nacheinander eine ganze Reihe von Lebensstilen aus, wobei sie ein gewisses Risiko und eine Spur von Ungewissheit in ihrem Leben geniessen und der vorhersagbaren Sicherheit vorziehen. Pünktlichkeit ist nicht ihre Stärke; dies scheint an der Abneigung zu liegen, sich an die Uhrzeit binden zu lassen, wie auch an dem Vertrauen, dass die Dinge im richtigen Augenblick geschehen, wenn man ihnen ihren Lauf lässt.

Hinter dieser Haltung steckt ein Vertrauen auf eine Art Sinn jenseits menschlicher Berechnung, und dies läuft oft auf einen starken religiösen Glauben hinaus. Besonders im späteren Leben und als Folge von Spannungsaspekten kann dies zu einer sehr dogmatischen und sogar pompösen Haltung führen, die mit einer starken Betonung der eigenen Würde einhergeht; bei Männern ist das verstärkt zu beobachten. Doch Menschen mit dieser Stellung besitzen oft die rettende Gabe, über sich selbst zu lachen, und selbst wenn sie starr an bestimmten Ansichten festhalten, sind sie für andere Bereiche offen.

Sie legen oft grossen Wert aufs Vergnügen, und sie haben die Fähigkeit, die komische Seite einer Situation zu erkennen. Ein extremes Beispiel hierfür ist der Clown, der oft im Bestreben, Angst abzubauen, seine Fähigkeit zu nutzen begann, die Menschen zum Lachen zu bringen; auch hier scheinen oft Spannungsaspekte zu Jupiter vorzuherrschen. Jupiter ist am Werk, wenn man andere davon überzeugt, dass überall Licht und Sonnenschein sei und aus dem positiven Widerhall Vertrauen schöpft. Natürlich besteht hier auch die Gefahr, dass man sich zum Hanswurst macht, und die tiefen Gefühle nie hinter der Maske hervortreten.

Jupiter im zweiten Haus

Ausser in Erdzeichen ist Jupiter nicht besonders auf materielle Dinge orientiert. Besitz schränkt Beweglichkeit und Freiheit ein, und Jupiter im zweiten Haus will in diesen Bereichen frei von Sorge sein. Wir finden hier häufig eine Unbekümmertheit im Umgang mit Besitz und Geld und eine Bereitschaft, sich leicht davon zu trennen in der Erwartung, dass die materiellen Bedürfnisse irgendwie erfüllt würden. Die Grosszügigkeit, die so häufig mit dieser Stellung einhergeht, sorgt dafür, dass dieser Glaube belohnt wird. Noel Cowards Horoskop mit Jupiter im zweiten Haus gibt uns ein gutes Beispiel für diese Annahme. Er war bekannt für seinen extravaganten Lebensstil und seine Freigiebigkeit; und auch am Anfang seiner Karriere, als er nicht sehr begütert war, fehlten ihm nie die Freunde, die ihm durch schwere Zeiten helfen konnten. Doch gelegentlich stösst man auch auf Fälle, in denen Leichtsinn und Verschwendung verhängnisvoll waren. Mozart war immer bereit, einem Bedürftigen Geld zu schenken oder zu leihen, gleichgültig, ob er es sich leisten konnte, und er starb in tiefer Armut.

Manchmal bricht Jupiters Spielleidenschaft in dieser Stellung durch, und der Wunsch, materielle Probleme ohne grosse Mühe zu lösen, führt zu närrischen Plänen für den Gelderwerb oder zu Spekulationen. Doch selbst wenn diese Unternehmungen erfolgreich sind, hält der aus ihnen gewonnene Wohlstand nicht lange vor.

Diese Position ist wahrscheinlich für die Finanzen am produktivsten, wenn Jupiter in einem Erdzeichen steht, so dass der Betreffende in materiellen Gütern den Weg nach vorn zu grösserer Freiheit und grösseren Möglichkeiten sieht; in diesem Fall geht er vorsichtiger vor, und Jupiter im Stier scheint sogar ausgesprochen günstig fürs Geschäft zu sein. Margaret Thatcher (s. Horoskop Seite 115), die Jupiter im zweiten Haus im Steinbock hat, ist ein gutes Beispiel für einen Menschen mit einer ökonomischen Vision. Ihr inbrünstiger Glaube an die Monetisierung als richtiger Weg zur materiellen Expansion beruht auf dem Glauben an eine harte Währung.

Eine faszinierende Geschichte über Jupiter im zweiten Haus ist der Fall von Guy und Edna Ballard, die diese Stellung gemeinsam haben. 1916 gründeten sie einen religiösen Kult mit Namen «Mighty I Am», dessen Grundthese war, dass man geben müsse, um zu empfangen. Nachdem gewaltige Summen gespendet worden waren, gab es schliesslich gerichtliche Auseinandersetzungen. Man kann über die Motive des Paars spekulieren: War es ein hemmungsloser, unverschämter Betrug, der sich auszahlte, oder suchten sie wirklich nach dem letzten Beweis für Gottes Existenz in der materiellen Welt? Glaubten sie wirklich an das Prinzip des Brotbrechens?

Jupiter im dritten Haus

Das dritte Haus repräsentiert das Netzwerk des emsigen Informationsaustausches durch Lernen, Lehren, Schreiben und Sprechen. Menschen mit Jupiter in diesem Haus sammeln begierig Daten aus weit verstreuten Quellen, um zu allgemein gültigen Schlüssen zu kommen, und sie interessieren sich oft weniger für Fakten als für die Spekulationen, zu denen diese führen. Kinder mit dieser Stellung freuen sich gewöhnlich über die Gelegenheit, die ihnen die Schule bietet: Sie können ihren Forscherdrang ausleben, wenn ihnen auch manchmal die Disziplin fehlt, den Lehrplan durchzuhalten. Bei Jupiter-Merkur-Kontakten können Worte selbst zum Mittel der Forschung werden, und es findet sich immer wieder die Fähigkeit, durch Symbole mehr als die wörtliche Bedeutung von Wörtern zu vermitteln.

Mit einem veränderlichen Planeten in einem veränderlichen Haus besteht kaum der Wunsch, sich an Wissen zu klammern; es ist eine gute Stellung, um das Wort weiterzuverbreiten. Viele Rundfunkleute haben Jupiter im dritten Haus. In diesem Beruf können sie nicht nur ein breites Publikum erreichen, sondern häufig sind sie auch gute Interviewer; das heisst, sie spüren, welche Fragen sie stellen müssen, damit eine Diskussion in Gang kommt oder zu wichtigen Ergebnissen führt. Jupiter im dritten Haus findet sich auch häufig bei Schriftstellern.

Die Horoskope Martin Luthers (Seite 79) und Mrs. Pankhursts demonstrieren die Fähigkeit eines Jupiters im dritten Haus, eine Botschaft zu verkünden; die düsterste Spielart dieser Fähigkeit finden wir bei Hitler (117) und Goebbels (121), dem Propagandaleiter der Nazis; beide verstanden die Massenmedien exzellent zu nutzen. Aufrichtigkeit ist nicht unbedingt nötig, um wirkungsvoll Ideen zu verbreiten, und wenn Jupiter im Spiel ist, dann fällt es in jedem Falle leicht, die enge Grenze zwischen Überzeugungskraft und Unwahrheit zu überschreiten; die buchstabengetreue Wahrheit ist für Jupiter nicht unbedingt ein wichtiges Anliegen. Jupiter im dritten Haus kann im Verkauf oder in der Öffentlichkeitsarbeit sehr hilfreich sein, doch er kann, besonders mit etwas Hilfe von Neptun, auch ein überzeugender Lügner sein, der sich vom beeindruckenden Klang seiner eigenen Worte fesseln lässt.

Jupiter im vierten Haus

Während man sagen könnte, dass die Himmelsmitte die Spitze des bewussten Strebens darstellt, das Gesicht, mit dem wir uns der Öffentlichkeit zeigen – und mit dem wir uns häufig identifizieren -, hat der IC mit jenen geheimen Tiefen zu tun, in die wir zurückfallen, wenn unsere Bewusstheit gemindert ist; ein Meer voller früherer Erfahrungen, die wir mitunter gern vor uns selbst verstecken. Dieses Haus steht für ein grundlegendes Zugehörigkeitsgefühl – oder sein Fehlen -, das die Grundlage bildet, auf dem unsere bewusste Struktur aufbaut. Menschen mit Jupiter in diesem Haus werden nicht unbedingt mit einem Silberlöffel im Mund geboren, doch gewöhnlich haben sie in ihren frühesten Tagen ein Gefühl der Verheissung um sich gespürt, so dass sie später nicht durch zu enge Erwartungen an sich selbst gehemmt werden.

Obwohl der Elternteil, der logischerweise mit diesem Haus assoziiert wird, die Mutter wäre, und ich zur Annahme bereit bin, dass dies manchmal die bessere Interpretation ist, bestätigt meine Erfahrung allgemein eher die traditionelle Ansicht, dass dies das Haus des Vaters sei. Wenn Jupiter hier steht, gab es gewöhnlich einen Vater oder eine Vaterfigur, die dem Kind einen Eindruck von der Weite der Welt vermittelte und den Forscherdrang ermunterte («er erweiterte meinen Horizont», sagte ein Klient), und obwohl dieser Mensch einige der schlimmsten Eigenschaften Jupiters gezeigt haben mag – Unverlässlichkeit oder Tyrannei -, behält man ihn gewöhnlich in dankbarer Erinnerung.

Das Heim wird von Menschen mit dieser Stellung gewöhnlich nicht als Zufluchtsort oder gemütliches Nest betrachtet; eher gilt das genaue Gegenteil, nämlich, dass sie das Haus stets offen halten, weil sie die Belebung mögen, die die Gesellschaft anderer Menschen mit sich bringt. Zeus war unter anderem der Beschützer von Gastgeber und Gast, und seine gastfreundliche Seite tritt hier besonders hervor; in den meisten Fällen war dies ein Element der Kindheit, das ins spätere Leben übernommen wird.

Planeten im vierten Haus haben es an sich, unvermutet und ohne bewusste Kontrolle aufzutauchen, und Jupiter neigt hier dazu, ein spontanes Gefühl der Freude zu erwecken, mit dem man sich aus schwierigen Situationen retten kann.

Jupiter im fünften Haus

Die ernsten Angelegenheiten, die den Erdhäusern zugeschrieben werden – Verdienen, Ordnen, materieller Erfolg -, könnten kaum effektiv verwirklicht werden ohne den komplementären schöpferischen Impuls des Feuers, das im

Tierkreis der Erde vorausgeht. Vor der Arbeit (sechstes Haus) steht das Spiel[1]; es muss die protestantische Arbeitsethik gewesen sein, die derlei Aktivitäten das verniedlichende Etikett «Hobby» gab. Ich würde eher sagen, dass dieses Haus unsere Fähigkeit widerspiegelt, uns durch das auszudrücken, was wir tun wollen und nicht durch das, was wir tun müssen. Selbst voll ausgewachsene Tiere finden Zeit zum Spielen, und deshalb sollten wir annehmen, dass das Spielen eine wichtige Funktion hat; auf dieser Ebene ist es relativ leicht, eine Beziehung zu anderen Wesen herzustellen. Ein spielendes Kind probiert die Möglichkeiten des Lebens aus, und die Fähigkeit zum Spielen hält Erwachsene elastisch und schöpferisch.

Mit Jupiter im fünften Haus ist der Appetit auf Spass und Spiel und die Begeisterung dafür üblicherweise gross, grösser als bei Menschen mit Jupiter im ersten Haus. Man liebt in der Regel das Vergnügen, und obwohl Menschen mit dieser Stellung manchmal eine gewisse Genusssucht nachgesagt wird, sind sie gern bereit, den Genuss mit anderen zu teilen, häufig sind sie äusserst unterhaltsam.

Oft gibt es eine eindeutig exhibitionistische Seite. Jupiters Neigung zur Kostümierung scheint sich hier mit der löwischen Vorliebe für Auftritte zu verbinden, und tatsächlich findet sich diese Stellung häufig in den Horoskopen von Schauspielern und Bühnenkünstlern – Beispiele sind Marlene Dietrich, Peter Sellers, Janis Joplin, Bob Dylan, Bruce Lee, Raquel Welch und Vanessa Redgrave. Zahlreiche Liebesaffären scheinen ebenfalls mit dieser Stellung einherzugehen – ein Ausdruck des unbändigen Dranges, immer neue Arten des Vergnügens zu finden.

Jupiter im sechsten Haus

Vom Standpunkt der Jungfrau aus ist ein idealer Arbeitstag geordnet und doch flexibel. Sie koordiniert die zahlreichen notwendigen Aufgaben so elegant wie möglich, um mit einem Minimum von Mühe und einem Maximum von Effizienz zu arbeiten. Jeder Teil des Plans findet seinen Platz in einem sozusagen organischen System. Es besteht kaum die Gefahr, dass etwas ausser Kontrolle gerät. Menschen mit Jupiter im sechsten Haus fühlen sich gewöhnlich in einer derart hoch organisierten Welt gefangen. Für Routinearbeiten fehlt ihnen die Geduld, und sie folgen bei der Arbeit lieber der Inspiration des Augenblicks, ohne sich um lästige Beschränkungen wie bestimmte Arbeitszeiten zu kümmern. Sie brauchen das Gefühl, dass hinter dem Tagesablauf etwas steckt, was über ihn hinausgeht, dass es darin Freiraum für neue Entdekkungen gibt. Planeten im sechsten Haus manifestieren sich oft in den Menschen, mit denen wir arbeiten, und Jupiter in dieser Stellung bringt uns in Kontakt mit Kollegen, die den Routineablauf durchbrechen und die Türen zu neuen Erfahrungen aufstossen.

Es ist nicht gerade leicht, Jupiters Vision auf die Alltäglichkeit des sechsten Hauses abzustimmen; manchmal braucht man dazu eine Haltung wie im Zen-Buddhismus, der uns zeigt, dass nichts wichtiger ist als der triviale Ablauf des gewöhnlichen Lebens – vom Zähneputzen bis zum Papier verräumen. Ein gewisses rituelles Element kann helfen; während die Jungfrau Rituale erschafft, um das Chaos unter Kontrolle zu halten, entwickelt Jupiter Rituale, um das Göttliche zu manifestieren.

Die regelmässigen Abläufe im menschlichen Körper sind ebenfalls eine Angelegenheit des sechsten Hauses; wir könnten sagen, dass dieses Haus letztlich mit einem inneren Gefühl für Ordnung zu tun hat. Jupiter scheint in diesem Haus mit Gesundheit und Heilung eher intuitiv und manchmal sogar spirituell umzugehen; viele ganzheitlich arbeitende Ärzte haben diese Stellung.

Jupiter im siebten Haus

Die Annahme, dass dies eine glückliche Position für eine Ehe sei, ist nach meinem Empfinden nicht sehr stichhaltig; Jupiter scheint hier sogar noch instabiler als Uranus, denn die Institution der Ehe ist nicht geeignet, Jupiters unersättlichen Appetit auf neue Erfahrungen zu stillen. Wie ein Mensch diese Stellung auslebt, hängt vor allem davon ab, ob er die unvermeidliche Ruhelosigkeit als Teil von sich selbst akzeptiert, oder ob er sie stets als Attribut des Partners sieht.

In bezug auf lang andauernde Beziehungen sind die Erwartungen gewöhnlich hoch gesteckt, doch eher unrealistisch, wie es auch bei Neptun im siebten Haus der Fall ist, und während eine dauerhafte Bindung vielleicht bewusst angestrebt wird, wählt man doch immer wieder Partner, die nach kurzer Zeit diesen lobenswerten Plan sabotieren. Ich habe überraschend viele Ehen oder eheähnliche Beziehungen mit Ausländern gefunden, also mit Menschen, die alle Arten romantischer und ungewohnter Möglichkeiten repräsentierten und dabei doch Fremde blieben. In einem Fall heiratete eine Frau einen Ausländer, den sie erst wenige Wochen kannte. Nachdem sie ein oder zwei Jahre mit ihm gelebt (und ihn unterstützt) hatte, verschwand er, um während der nächsten zwanzig Jahre gelegentlich wieder aufzutauchen. Die Tatsache, dass sie sich trotz der langen Zeit nicht zu einer Scheidung entschliessen konnte, spricht für eine gewisse Neigung zu Bindungen mit einem unzuverlässigen

Menschen; es ist wahrscheinlich, dass er ihre Phantasien einer ungebundenen Existenz auslebte, die nicht zu den Werten passte, mit denen sie sich identifizierte. Wenn man die Wanderlust Jupiters als Teil von sich selbst erfährt, können Beziehungen bald ihre Intensität verlieren. Doch sie hinterlassen nicht unbedingt einen andauernden bitteren Nachgeschmack, denn die alten Erwartungen suchen sich bald ein neues Ziel. Offenbar ist es möglich, eine Beziehung zu finden, in der beide Partner gemeinsam weiterschreiten, doch dies setzt bei der Wahl des Reisegefährten einen glücklichen Griff voraus. Es bedeutet, ein wenig gefährlich zu leben, doch Jupiter blüht in der Gefahr auf.

Jupiter im achten Haus

Das achte Haus ist das Haus des Todes und der geheimnisvollen Transformation, das Haus von Vereinigung und Spaltung, von Sexualität und Trennung, von Dingen, die versteckt sind und von Dingen, die uns nicht ganz gehören. Mit Jupiter in diesem Haus führt der Weg zu grösserem Verständnis durch die Tiefen, und dies kann bedeuten: durch Sexualität und emotionalen Aufruhr (George Sand ist ein Beispiel), durch okkulte Lehren (der elisabethanische Astrologe John Dee) oder durch das Unbewusste (Arthur Janow). Eine Frau mit dieser Stellung empfand das Gebären als besonders freudiges und bedeutungsvolles Erlebnis, und es würde mich nicht wundern, wenn dies gelegentlich sogar in einem Mord zum Ausdruck käme.

Was Freud das Unbewusste nannte, ist die Müllkippe, auf die das Bewusstsein unerwünschten Abfall kippt. Erst Jung schenkte uns die Vorstellung vom Unbewussten als Ort von erstaunlichem Reichtum – Pluto war für die Römer auch der Gott des Reichtums – und als Ort der Bedeutung und der Sinnerfüllung. Für Freud, der Saturn und Mond im achten Haus hatte, wiesen die vom Unterbewusstsein produzierten Bilder in die Vergangenheit, in die Kindheit und zum Primitiven in uns. Für Jung, der Jupiter in diesem Haus hatte, enthielten die gleichen Bilder ein Gefühl von Verheissung und Führung; er fand das Licht in der Dunkelheit und war danach um so besser fähig, andere durchs Dunkel zu geleiten. In der Zeit seiner psychotischen Erfahrungen, auf denen ein grosser Teil seiner Arbeit beruht, ging der progressive Mond durch das achte Haus und hatte Kontakt mit Jupiter. Interessant ist, dass der Durchbruch des Unbewussten direkt auf den Bruch von Jungs Freundschaft mit Freud folgte. Er hatte emotional viel in diese Freundschaft investiert, so dass das Element der Trennung, das ebenfalls in dieses Haus gehört, zu einem Teil des Bildes wurde.

Jupiter im neunten Haus

Jupiter in diesem Haus, über das er unumstritten herrscht, macht uns zum beständigen Sucher und Forscher, der immer noch etwas mehr hinter dem sieht, was er oder sie bereits entdeckt hat. Wenn es eine spirituelle Suche ist, folgen die Menschen häufig einer ganze Reihe verschiedener Traditionen, die jeweils begeistert aufgenommen und später verworfen werden. Wenn ein bestimmter Weg gewählt und beschritten wird, finden wir häufig eine erfrischende Fähigkeit, unterwegs immer wieder neue Inspiration zu finden, so dass ständig ein Gefühl des Wunderns und des Unterwegs-Seins vorherrscht.

Eine Kirche, die persönliche Forschung behindert, wird von Menschen mit Jupiter im neunten Haus nicht geschätzt.

Natürlich gibt es unter den Menschen mit dieser Stellung verwegene Reisende, wenn auch überraschend wenige bekannte Forscher in diese Gruppe gehören. Hier findet sich auch ein zügelloser Appetit auf die Entwicklung und Ausarbeitung von Theorien und Philosophien; Einstein ist ein Beispiel.

Jupiter im zehnten Haus

Die Himmelsmitte repräsentiert den Aspekt von uns, der am deutlichsten im Blickfeld der Öffentlichkeit liegt, und ich habe bemerkt, dass Menschen sich oft mit dem Zeichen am MC identifizieren, auch wenn es für das Horoskop als Ganzes eher untypisch ist. Es ist das Gesicht des Ladenbesitzers, den wir hinter der Theke sehen, das Gesicht des Politikers im Fernsehen und das Gesicht, das zu zeigen unsere Mutter uns ermunterte.

Wenn Jupiter in diese Schnittstelle zwischen einem selbst und der Öffentlichkeit eindringt, dann erscheint er offen und gutmütig, und wenn man öffentliches Ansehen erreicht, dann trägt er gewiss zur Popularität bei, denn die persönliche Vision, die der Betreffende der Welt vorträgt, fesselt leicht die Aufmerksamkeit der Öffentlichkeit. Es ist eine Stellung, in der man das Rampenlicht geniesst. Sie ist in sich nicht besonders ehrgeizig, doch wo Ehrgeiz ist, kann Jupiter ihn natürlich enorm beflügeln. In solchen Fällen finden sich häufig Herausforderungen durch andere Planeten; Saturn zum Beispiel kann Jupiter anspornen, immer grösseren Ruhm und immer grössere Selbsterhöhung zu suchen. Ich habe diese Stellung in einigen Horoskopen von Kinderstars gefunden, hinter denen hohe mütterliche Erwartungen standen.

Obwohl Jupiter an der Himmelsmitte dem Bild in der Öffentlichkeit schmeichelt, steht er keineswegs für eine erfolgreiche Karriere. Wie bei Jupiter üblich, kann aus dem Gefühl, dass es unendlich viele Möglichkeiten gebe, die nie verwirklicht werden, eine starke Ruhelosigkeit entstehen. Eine Sache nach der anderen wird ausprobiert und für mangelhaft befunden, und kein Beruf scheint den gewünschten Weitblick oder die nötige Freiheit zu gewähren. Ein Mensch mit dieser Stellung braucht eine Rolle, in der er seinen Forscherdrang – die Fähigkeit, den Weg nach vorn zu erkennen – ausleben kann.

Jupiter im elften Haus

Das elfte Haus widerspiegelt, wie wir uns in Gruppen verhalten, denen wir angehören, und welche Erfahrungen wir hier machen, angefangen bei der Gesellschaft als Ganzes bis zum sozialen Mikrokosmos wie zum Beispiel ein Verein, eine Firma und vor allem natürlich unsere Familie.[2] Planeten in diesem Haus manifestieren sich häufig im Kontext der Gruppe und werden oft über andere Gruppenmitglieder erlebt, und sie tauchen ebenfalls in unseren Vorstellungen darüber auf, wie eine Gruppe organisiert sein sollte – mit anderen Worten, in unseren politischen Überzeugungen.

Oberflächlich betrachtet neigen Menschen mit dieser Stellung dazu, sich in verschiedenen Kreisen auszubreiten und sich möglichst viele soziale Optionen offenzuhalten. Es fällt ihnen gewöhnlich leicht, Gruppenprozesse in Gang zu bringen. Diese Stellung ist unter Politikern sehr häufig; sie spricht für politische Theorien von einer recht idealistischen Natur, deren Augenmerk auf der Freiheit liegt. Wenn auch häufig politische Visionen und grosse Begeisterung vorhanden sind, so sind Menschen mit Jupiter im elften Haus doch schlechte Parteimitglieder, denn das strikte Festhalten an einer formulierten Linie ist nicht ihr Stil; sie stellen lieber Regeln auf, als sich an sie zu halten.

Karl Marx, mit Jupiter im elften Haus im Steinbock, hatte eine Vision einer Gesellschaft, die er vor allem in materialistischen Begriffen formulierte; kein Mensch sollte mehr der Sklave eines anderen sein. Die Vision basierte auf historischer Notwendigkeit und verlangte ein hohes Mass von Organisiertheit. Für W.B. Yeats dagegen (Jupiter im Schützen) waren Visionen alles andere als materiell. Seine Sehnsucht nach der idealen spirituellen Bruderschaft führte ihn durch die verschiedensten Organisationen und fand ihren Höhepunkt in der Aufnahme im Geheimorden des «Golden Dawn».

Jupiter im zwölften Haus

Der Dienst, der im sechsten Haus verlangt wird, ist von unmittelbar praktischer Natur und dreht sich um die Abfolge kleiner Aufgaben, welche die Maschinerie reibungslos laufen lassen. Der Dienst im zwölften Haus ist von einer anderen Art. Er fordert völlige, äusserste Hingabe, die keinen Raum für Eigeninteressen lässt. Es ist das Haus der Opfer, und hier stehen Planeten nie ausschliesslich zum persönlichen Gebrauch zur Verfügung. Vielmehr müssen sie, ob wir wollen oder nicht, einer Ebene geopfert werden, die jenseits von uns selbst liegt. Dieses Haus ist gewöhnlich stark betont in den Horoskopen von medial begabten Menschen und Parapsychologen, die nicht anders können als die persönliche Kontrolle aufgeben und zulassen, dass etwas anderes durch sie strömt. Wir sind Kanäle, durch welche sich die Einflüsse des zwölften Hauses manifestieren.

Jupiter ist traditionell der Herrscher des zwölften Hauses, eine Tatsache, die mir erst richtig bewusst wurde, als ich die Horoskope einiger hundert Schauspieler betrachtete, also der Angehörigen jener Berufsgruppe, die am stärksten das Fische-Element zum Ausdruck bringen. Ich fand heraus, dass bei ihnen Jupiter häufig in diesem Haus stand und die eher prunkvolle Position im fünften Haus auf den zweiten Platz verdrängte. Hier finden wir die empfängliche Seite Jupiters, die alle unsere Phantasien ausdrückt; hier werden Stimmungen und Sehnsüchte und Ängste vermittelt, die nicht dem Schauspieler selbst, sondern allen Menschen eigen sind. Er oder sie bringt uns in Berührung mit dem Reich der Mythen, mit Geschichten und Erfahrungen, die universell sind, und in diesem Prozess verkörpert er etwas viel Grösseres, als das Alltagsleben gewöhnlich zulässt.

Der Segen Jupiters im zwölften Haus wächst vielleicht in dem Ausmass, in dem wir uns selbst verlieren können. Das kann man an Orten erleben, die traditionellerweise mit Beschränkung und Isolation assoziiert werden. Gelegentlich erlebt jemand im Krankenhaus oder im Gefängnis, wo es an jeglichem äusserem Schmuck fehlt, eine überraschende Freude. Besonders, wenn der Planet gut aspektiert ist, kann ein geheimnisvolles Gefühl des Geschütztseins entstehen. Manchmal besteht eine starke hellsichtige Begabung und eine Empfänglichkeit für prophetische Träume.

Anmerkungen

1 Robert Hand äusserte sich ganz ähnlich über das fünfte Haus.

2 Robert Hand hat ebenso wie ich bemerkt, dass die Rolle, die man in der Ursprungsfamilie spielte, sich oftmals im elften Haus widerspiegelt; schliesslich ist die Familie die erste Gruppe, der wir angehören.

Daten

Die genaue Geburtszeit von Noel Coward ist im Babyalbum seiner Mutter mit 2.30 Uhr angegeben. Er wurde am 16. Dezember 1899 in Teddington, England, 51° 25' N., 0° 20' W., geboren. Die Seite ist abgedruckt in *Noel Coward and his Friends* von Sheridan Morley, veröffentlicht von Weidenfeld und Nicolson 1979.

Alle anderen in diesem Kapitel verwendeten Horoskope stammen aus Lois Roddens *American Book of Charts*, ACS 1980, ausgenommen jenes von Edna Ballards, das dem ebenfalls von Lois Rodden herausgegebenen Buch *Profiles of Women*, AFA 1979, entnommen wurde.

Die Aspekte des Jupiter

Sonne-Jupiter-Aspekte

Die Sonne als unsere wichtigste Lichtquelle ist ein Symbol des Bewusstseins, das aus der Dunkelheit emporsteigt und dem es bestimmt ist, wieder in ihr zu versinken. Wir können unser individuelles Potential nicht entwickeln, ohne die Charakteristika unseres Sonnenzeichens zu entwickeln oder uns in das Haus vorzuwagen, in dem die Sonne steht, und bei diesem Prozess spielen Planeten, die die Sonne aspektieren, eine wichtige Rolle. Bei allem, was wir zu erreichen suchen, werden wir von ihnen gefördert oder behindert, denn sie sind notwendige Elemente unseres Selbstausdrucks und unserer Erfüllung.

Jupiter passt gut zur Sonne, denn sie haben vieles gemeinsam: Beide sind männlich und streben grössere Bewusstheit an – im Mythos um Zeus gibt es solare Elemente; beide werden mit Königtum assoziiert; und astronomisch gesehen ist Jupiter der einzige Planet, der mehr Energie abstrahlt, als er empfängt. Die Kombination dieser beiden wirkt vorausschauend und erzeugt ein Gefühl des Überflusses, das zu anderen Menschen hinausströmt.

Ein Mensch mit einer Sonne-Jupiter-Verbindung besitzt ein Gespür für die künftige Entwicklung der Dinge, denn er sieht nicht nur die nackten Tatsachen (diese werden manchmal sogar übersehen oder unterbewertet), sondern er sieht die Richtung, in die die Dinge führen; oft hat dieser Mensch auch das Gefühl, geführt zu werden, und die Tendenz, Eingebungen zu folgen. In jeder Situation liegt ein Potential, doch niemand ist besser gerüstet, die Chancen zu Wachstum und Entwicklung zu erkennen als der Mensch mit Sonne-Jupiter-Aspekten; bei harmonischen Verbindungen fehlt allerdings manchmal der Antrieb, solche Gelegenheiten zu ergreifen und eine Veränderung zu bewirken. Menschen mit einem Trigon sind gewöhnlich leicht zufriedenzustellen und besitzen ein beneidenswertes Vertrauen in ihr eigenes Leben und häufig einen unkomplizierten religiösen Glauben. Dieser Aspekt wird oft mit purem Glück in Verbindung gebracht, welches das Vertrauen zu rechtfertigen scheint, und obwohl Offenheit, Grosszügigkeit und Lebensmut eine Rolle spielen können, lässt sich das Glück nicht immer aus persönlichen Haltungen oder Bemühungen erklären.

Die Spannungsaspekte, vor allem das Quadrat und auch die Konjunktion, sind mit einer Art Unzufriedenheit gesegnet, die extrem produktiv und schöpferisch sein kann. Es ist der Drang, hinauszugreifen, zu erforschen, zu fragen, Türen zu öffnen – ein Verlangen, ohne Schranken und Grenzen zu leben, koste es, was es wolle. Der Sonne-Jupiter-Typ lässt sich durch das Leben nicht leicht einschränken, denn selbst unter den elendsten Bedingungen fühlt er oder sie sich nicht wirklich gefangen. Ob die Suche einem spirituellen oder intellektuellen Ziel oder einem tiefen Sinn gilt, der Freiheit oder der Expansion in der Welt – immer werden Gewinn und Erreichtes weniger wichtig scheinen als das Gefühl der Expansion selbst, als die Absicht und die Vision, die sie beflügeln. In einem stark erdbetonten Horoskop und besonders wenn Jupiter in einem Erdzeichen steht, können praktische Errungenschaften oder die Anhäufung materieller Güter kurzfristige Ziele sein, und Sonne und Jupiter können in diesem wie in jedem anderen Bereich unersättlich sein. Doch letzten Endes sind es die Freiheit und das Gefühl unbegrenzter Möglichkeiten, die man mit materiellen Mitteln zu erreichen sucht. Da Jupiter eine Affinität zu geistigen Dingen besitzt, werden diese Menschen oft in Angelegenheiten hineingezogen, die sich jeder Beweisfähigkeit und Messbarkeit entziehen, so dass sie manchmal als leichtgläubig beurteilt werden. Ihre grossen Träume sind oft unrealistisch, doch sie können eine Quelle beträchtlicher Inspirationen und Energie sein.

Was erreicht wurde, ist bald nicht mehr interessant, und oft gilt dies auch für Dinge, die schwer zu gewinnen sind. In ihrer Begeisterungsfähigkeit unterschätzen Menschen mit Spannungsaspekten häufig die Schwierigkeiten, die mit der anstehenden Aufgabe verbunden sind, und wenn sie den Tag nicht durch die pure Kraft ihrer positiven Energie überstehen, dann geht ihnen bald die Luft aus. Natürlich hängt viel davon ab, wieviel Schwung und Beständigkeit im Horoskop insgesamt angelegt sind. Doch Begeisterung ist anstekkend, und den Menschen mit diesen Aspekten – besonders den dynamischen – fällt es leicht, die Phantasie der anderen zu beflügeln, sie zu inspirieren und Unterstützung zu gewinnen. Sie teilen bereitwillig, was sie haben, denn ihr Grundimpuls ist der Überfluss. Das Bild des Sämanns, der vermeintlich sorglos, doch in der sicheren Erwartung, dass sie wachsen werden, seine Samen verstreut, passt hier sehr gut. Ansichten werden oft begeistert verkündet und nachdrücklich bekräftigt. Vorzugsweise werden Dinge offen und nicht geheim getan, wenn auch die scheinbare Offenheit Zweifel kaschieren kann. Ein Fünkchen Eigenlob ist nicht ungewöhnlich.

Menschen mit schwierigen Aspekten wirken oft erheblich zuversichtlicher, als sie wirklich sind. Irgendwo in ihrem Innern klafft eine Lücke zwischen der Vorstellung von dem, was sie sein sollten und dem Bild, das sie tatsächlich von sich haben. Manchmal liegt dies an elterlichen Erwartungen, die nicht angemessen waren. Ein Elternteil, häufig der Vater, repräsentiert strenge Prinzipien und geistige Werte oder träumt von grösserer Freiheit, und das Kind absorbiert dies, um den Werten in Form einer persönlichen Aufgabe eine Gestalt zu verleihen.

Im schlimmsten Fall lässt sich jemand von einer solchen Vorstellung derart packen und kann die andern so mitreissen, dass er sich mit etwas Grösserem identifiziert – mit der Firma, dem Staat, dem Kult, dem Willen Gottes oder was auch immer – und seine wahre Individualität und jedes Gefühl für die Realität verliert. Dies ist keineswegs jedem Erfolg abträglich, doch es kann zu allen Arten von Exzessen und Missachtung der Gefühle anderer führen.

Jeder problematische Jupiter-Aspekt kann als das erfahren werden, was Carter «religiöse Schwierigkeiten» nennt. Unser Widerwille, den eigenen Zweifeln und Unstimmigkeiten ins Gesicht zu sehen, ist so gross, dass wir sehr häufig eine Seite des Konfliktes auf jene Menschen oder Gruppen in der Aussenwelt projizieren, die unsere Überzeugungen zu bedrohen scheinen. Ich glaube, dass sich Menschen mit diesen Aspekten zu spirituellen Wegen hingezogen fühlen, mit denen sie irgendwie nicht ganz übereinstimmen, doch da es ihnen eine so wichtige Angelegenheit ist, werden sie hastig oder empört jeden derartigen Einwand verwerfen. So fordern sie sich selbst heraus, ihr tatsächliches Wesen mit ihren Glaubensvorstellungen in Einklang zu bringen – oder umgekehrt.

Die Anwendung der «Harmonics»[1] in der Astrologie verspricht ein umfassenderes Verständnis der unterschiedlichen Bedeutung der verschiedenen Aspekte. David Hamblin, der für seine Arbeit auf diesem Gebiet bekannt ist, schreibt über Sonne-Jupiter-Aspekte unter anderem:

Wenn Jupiter mit Expansion zu tun hat (was natürlich nur ein Schlüsselwort für die Vielfalt von Jupiters Bedeutungen ist), dann scheint mir, als hätten die Sonne-Jupiter-Aspekte vor allem mit *Selbst*expansion zu tun. Die nachstehend wiedergegebenen Beispiele betreffen lauter Menschen mit exakten Aspekten, also Quadrate mit nicht mehr als zwei Grad Orbis und andere entsprechend genauere Aspekte.

Quadrate zwischen Sonne und Jupiter
(Streben nach Selbstexpansion):
David Lloyd George, Harold Macmillan; Paramhansa Yogananda (Mystiker), Robert Wadlow (der grösste Mann, der je lebte; siehe «Guinness» Buch der Rekorde), Henry Deterding (ein Workaholic und Ölmagnat) und David Hamblin.

Halbquadrate zwischen Sonne und Jupiter
(Streben nach der Manifestation der Selbstexpansion):
Che Guevara, Jawaharlal Nehru, Krischnamurti, Mohammed Ali (Cassius Clay), Katherine Mansfield, Spike Milligan, Lord Byron.

Quintile zwischen Sonne und Jupiter (1/5 von 360° = 72°)
(Aufbau von Strukturen der Selbstexpansion):
James Dean, Robert Redford, Glenda Jackson, Albert Finney, Carol Channing, Tim Brooke-Taylor (einer der «Goodies»), Anthony Eden, Shelley, Alfred Hitchcock, Howard Hughes, Louis Pasteur, Galilei, Antoine de St.-Exupéry.

Dezile zwischen Sonne und Jupiter (1/10 von 360° = 36°)
(Suche nach Strukturen der Selbstexpansion):
Eleonora Duse, Greta Garbo, wahrscheinlich Rudolf Nurejew, Josef Goebbels, Herbert von Karajan, Jean-Paul Sartre, Alexandre Dumas, Tennyson.

Septile zwischen Sonne und Jupiter (1/7 von 360° = 51°)
(inspiriert durch [die Idee von] Selbstexpansion):
Friedrich Nietzsche, Jack Kerouac, James Thurber, Fritz Perls, Christmas Humphreys (schrieb über Buddhismus), Dervla Murphy (Reiseschriftstellerin), Jeanne d'Arc, Michelangelo, Sheila Scott (Fliegerin), Tony Hancock, John Addey, Reinhold Ebertin, Grock (Clown).

Halbseptile zwischen Sonne und Jupiter (26°)
(*Suche* nach Inspiration in der Selbstexpansion):
Charles Dickens, J.B. Priestley, John Milton, Emile Durkheim (Begründer der Soziologie), Einstein, Le Corbusier, Oswald Mosley, Chris Sizemore.

Nonile zwischen Sonne und Jupiter (1/9 von 360° = 40°)
(Freude an der eigenen Expansivität):
Rudolf Steiner, C.G. Jung, Annie Besant, Satya Sai Baba (Wundertätiger), Helen Keller.

Halbnonile zwischen Sonne und Jupiter (20°)
(*Suche* nach Freude an der eigenen Expansivität):
Paul Cézanne, Rex Harrison, Heinrich VIII.

Natürlich wird die Interpretation dieser Aspekte durch die Zeichen- und Häuserposition von Sonne und Jupiter und durch andere Planeten beeinflusst, die mit ihnen verbunden sind.

Mond-Jupiter-Aspekte

Der Mond wird mit der dreifaltigen Göttin assoziiert, deren Mythen älter sind als die Mythen um die Sonnengottheiten. Sie ist der Inbegriff dessen, was von Anfang an da war, nämlich die Mutter. Sie ist verkörpert in den Zyklen der Natur und den prärationalen, vorbewussten Geheimnissen des Lebens, aus denen wir kommen und zu denen wir zurückkehren. In der Erfahrung des Kindes ist der Vater jemand, der, wenn überhaupt, erst später auf der Bühne erscheint. Unser Leben wird am Anfang von unserer Mutter umfangen, und ohne sie oder jemand, der ihre Rolle übernimmt, können wir nicht lange überleben. Sie ist unserere früheste Umwelt, und das erste und Fundamentalste lernen wir von ihr, ehe die Bewusstheit unserer eigenständigen Identität erwacht. Wenn sie es ausgeprochen falsch anpackt oder wenn ihr etwas zustösst, wird unsere Kapazität zu späterem Wohlbefinden beschädigt.

Der Mond widerspiegelt im Horoskop unsere Erfahrung mit dem Bemuttertwerden; er beschreibt eine Seinsform, in die wir ohne unser Dazutun verfallen, wenn wir nicht kämpfen, sondern – gleich einer Mutter auf ihr Kind – reagieren, ohne nachzudenken. Bevor wir rationale Gedanken haben, lernen wir Gefühle, Instinkte und die Phantasie kennen. Der Mond repräsentiert eine intimere Seite in uns als die Sonne, und von ihm hängt ein grosser Teil unserer Fähigkeit ab, uns geborgen und glücklich zu fühlen.

Jupiter findet sich leicht in diese irrationale Gesellschaft ein – schliesslich ist er im Zeichen des Mondes erhöht. Die Trigone sprechen für tiefe innere Ruhe und einen natürlichen Energiefluss, wie er in der Psychotherapie unweigerlich mit einer guten mütterlichen Versorgung im frühesten Alter assoziiert wird. Nur wer die bereitwillige Erfüllung seiner eigenen Bedürfnisse erlebt hat, ist fähig, sie auch seinerseits zu schenken, und Mond-Jupiter-Kontakte gehen gewöhnlich mit einer aufrichtigen Sorge um die Gefühle anderer einher; diese Menschen drücken auch unumwunden ihre Sympathie aus.

Bei schwierigen Aspekten und sogar der Konjunktion fehlt die innere Ruhe der Trigone; es gibt Erregbarkeit und manchmal ein etwas hektisches Gefühl, was uns an eine Mutter denken lässt, die sehr unruhig war – unverlässlich und geneigt, dies durch übergrosse Nachsicht zu kompensieren. Menschen mit diesen Kombinationen sind oft sehr charmant, doch sie neigen dazu, zu dick aufzutragen; vielleicht weil die Gefühle schwankend und so oft vorgespiegelt sind. Wie bei vielen Jupiter-Kontakten besteht auch hier die Tendenz, ein zu grosses Stück abzubeissen und im Eifer des Augenblicks Dinge zu versprechen, die völlig unrealistisch sind. Der Mensch fühlt sich recht wohl, wenn er in Bewegung oder Erregung ist und hat Schwierigkeiten, zur Ruhe zu kommen. Er kann allzu vielen Dingen gleichzeitig seine Aufmerksamkeit schenken und tendiert daher zu Sorglosigkeit und Unordnung.

Im Horoskop einer Frau können Mond-Jupiter-Kontakte eine üppige Weiblichkeit anzeigen, und oft führen sie zu einer entwaffnenden Spontanität und Überschwenglichkeit; typisch ist die Frau, die die Muse ihrer Partner ist. Die vergötterte Schauspielerin Marilyn Monroe ist ein gutes Beispiel: In ihrem Falle steht Saturn im Quadrat zu einer Mond-Jupiter-Konjunktion im Wassermann, und es scheint fast, als hätte sie ihre blühende Weiblichkeit so stolz zur Schau gestellt (Jupiter steht auch im Sextil zur Venus), um Zurückweisung und Gefühlen von Unzulänglichkeit zu entgehen. Der Eindruck, den sie vermittelte, war äusserstes Vertrauen zu ihrer Weiblichkeit, doch hinter den Kulissen fühlte sie sich ungeliebt und konnte nicht das Kind bekommen, nach dem sie sich sehnte. Die schillernde Verbindung zwischen Mond und Jupiter kann auch in Hysterie abkippen; Jupiters mangelnder Respekt für Grenzen kann Gefühle über alle Massen aufblasen.

Männer mit diesen Kontakten sind häufig emotional sehr empfindsam, und je bewusster sie sich zu rationalen Wesen entwickelt haben, desto hilfloser sind sie, wenn sie von einem Transit über einen solchen Aspekt berührt werden. Nicht selten ist der sensible Typ, der sich bei Frauen immer wieder zum Narren macht. Sein Bild des Weiblichen ist farbenfroh, inspirierend und zügellos, und wenn er diesem Bild – wie es unweigerlich geschieht – in der Aussenwelt begegnet, geht es mit ihm durch. Im Herzen sind Mond und Jupiter romantisch, und ich habe bemerkt, dass sehr sentimentale Musik oft jenen Menschen beiderlei Geschlechts ein Ventil bietet, deren Verhaltenskodex wenig Raum für emotionalen Ausdruck lässt.

Ein starkes emotionales Element taucht immer auch dort auf, wo es um den Glauben geht; wenn es hier Probleme gibt, stammen sie höchstwahrscheinlich aus einem Konflikt zwischen dem, was man tief in sich fühlt, und dem, was man glaubt oder glauben will, was zu einer gewissen Empfindlichkeit in diesem Bereich führt. Obwohl die beiden Planeten einander nicht feindlich sind, repräsentieren sie dennoch die entgegengesetzten Pole von Geist und Instinkt. Besonders für Frauen kann dies einen bedeutsamen Kampf auslösen; eine mögliche Lösung des Konfliktes kann im Bild der spirituellen Mutter gesehen werden, deren göttliche Weisheit wie eine Lotusblüte aus den Wurzeln ihrer weiblichen Natur erwächst. Eine Frau mit einem Spannungsdreieck zwischen Sonne, Mond und Jupiter übte eine bestimmte spirituelle Praxis unter Anleitung eines männlichen Lehrers aus und entwickelte und lehrte schliesslich ihre eigene, spezifisch weibliche Form dieser Praxis. Die Mutter selbst ist oft ein Bindeglied zur Spiritualität: Marilyn Monroe gehörte eine Zeitlang der «Christian Science Church» an (Jupiter im Wassermann!), und dazu wurde sie von einer Tante angeregt, die eine aus einer ganzen Reihe von Mutterfiguren in ihrem Leben war.

Merkur-Jupiter-Aspekte

Die Aufgabe eines Menschen mit diesen Aspekten liegt darin, die breiten und oft aufregenden Ausblicke Jupiters durch den schmalen Kanal der Sprache zu leiten. Im grossen und ganzen gelingt dies Menschen mit weichen Aspekten mit grösserer Eleganz als jenen mit Spannungsaspekten, doch dies ist nicht immer der Fall, und stets spielt dabei das Zeichen Merkurs eine grosse Rolle.

Manchmal existiert eine bemerkenswerte Fähigkeit, genau die richtigen Worte zu finden, um zu vermitteln, was mit dem inneren Auge gesehen wird – die Fähigkeit, in Symbolen zu sprechen. Diese Kombinationen finden sich in den Horoskopen zahlreicher Poeten mit einem mehr oder weniger starken visionären Einschlag - Rimbaud, dessen Horoskop auf Seite (Seite 99) abgedruckt ist, zählt zu ihnen. Worte scheinen diesen Menschen zuzufliegen, und gewöhnlich schreiben sie schnell, viel und farbig. Eher introvertierte Menschen ziehen das Schreiben dem Reden vor, doch ob in Sprache oder Schrift – Merkur-Jupiter-Kontakte bringen uns Ideen und Bilder, welche den Geist anderer beflügeln.

Die beiden Planeten sind jedoch im jeweils entgegengesetzten Zeichen im Exil, und es kann recht schwierig sein, sie zu einer befriedigenden Zusammenarbeit zu bewegen. Die Neigung zur Weitschweifigkeit ist oft besonders hervorstechend und wird mitunter verspottet. Im schlimmsten Fall ist es die Unfähigkeit, sich kurz zu fassen oder die Neigung, scheinbar eine Menge mitzuteilen, wenn man eigentlich nichts wirklich Bedeutsames zu sagen hat – mit anderen Worten, die Sprache als Tarnkappe zu benutzen, wie es gewisse Politikern tun. Allgemein besteht ein starker, ehrlicher Wunsch nach Kommunikation, doch sieht man so viele Möglichkeiten, dass es schwierig scheint, sie alle zu ergreifen; oder man findet nicht die richtigen Worte, um all das auszudrücken, was man vor sich sieht. Dann beginnt man, die Dinge von einer anderen Seite anzupacken, es purzeln immer neue Bilder aus einem heraus, und man fängt an, endlos zu reden. Menschen mit diesen Kombinationen neigen dazu, durch die Sprache Forschung zu betreiben, und mögen daher versuchen, während des Sprechens den Sinn hinter ihren Worten zu erfassen. Wenn sie auch begierig sind, ihre Einsichten zu vermitteln, so schaffen sie im Endeffekt doch nicht immer Klarheit. Manchmal wird auch mehr gesagt, als die Diskretion gebietet. Das Schreiben mag einem leicht von der Hand gehen, doch kann es an Urteilskraft fehlen. Sir Richard Burton schrieb dicke Bände voller faszinierender Informationen, doch nach strenger Auslese wären sie lesbarer geworden. Mit einem Merkur-Jupiter-Aspekt lässt man die Worte gern einfach herausfliessen und sich zwischen Allgemeinem und Besonderem hin- und herbewegen; eine redaktionelle Bearbeitung ist einem gewöhnlich zuwider. Da Jupiter sich kaum um Einzelheiten kümmert, können diese Kombinationen eine gewisse Sorglosigkeit bescheren.

Jedesmal, wenn wir eine neue Sprache lernen, expandieren wir und entdecken eine neue Art, die Welt zu betrachten; so kann die Sprache selbst eine Form des Reisens werden, und Menschen mit Aspekten zwischen Merkur und Jupiter haben oft eine Begabung für das Erlernen von Fremdsprachen.

Wie bei Oppositionen von Planeten, die in den Zwillingen und im Schützen stehen, kann es eine Diskrepanz zwischen Vernunft und Glauben geben. Vielleicht erklärt das Vorherrschen von Konjunktionen und Quadraten zwischen Merkur und Jupiter in den Horoskopen von Philosophen (siehe Seite 141) deren Drang, Vernunft und Glaube in Einklang zu bringen. Die Frustration, die Merkur erzeugt, wenn er Jupiter festnageln will, entsteht aus dem Wunsch, Dinge zu verstehen, die jeder Formulierung trotzen. Menschen mit solchen Aspekten stehen häufig unter dem Zwang, so etwas zu versuchen, und es kann sie ein Leben lang beschäftigen.

Venus-Jupiter-Aspekte

Jupiters überströmende Natur bringt eine faszinierende Offenheit und grossen Charme ins soziale Reich der Venus. Den Menschen mit Kontakten zwischen diesen beiden Planeten bietet die Welt eine endlose Folge faszinierender Gefährten, die immer neue Interessen entfachen und den Weg nach vorn zu neuen Horizonten weisen. Gewöhnlich sind sie beliebt, weil ihr Interesse an anderen Menschen ungekünstelt ist und sie darauf gestimmt sind, die positiven Seiten in den Menschen, denen sie begegnen, zu sehen und darauf zu reagieren. Doch jemand, der sich durch dieses mühelose, offene Entgegenkommen geschmeichelt fühlt, kann recht unangenehm berührt sein, wenn er erkennt, dass daran nichts Exklusives ist und dass der Mensch, der bei der Begegnung so aufrichtig erfreut schien, nun auf der anderen Seite des Raumes mit gleichem Enthusiasmus mit jemand anders spricht.

Jupiters bekannte Ruhelosigkeit und seine Abneigung gegen Langeweile und Beschränkung wirkt hier wie in anderen Aspekten, und selbst das Trigon gilt in Beziehungen nicht ausdrücklich als stabilisierender Faktor. Der Venus-Jupiter-Betonte kann in gewissen Grenzen treu sein, vorausgesetzt, die Tür ist nicht fest geschlossen, und höchstwahrscheinlich wird er einem eifersüchtigen Partner genügend Gründe liefern, unter ihm zu leiden. Damit meine ich nicht unbedingt eine Neigung zum Flirt, sondern eher den Wunsch nach anregender Gesellschaft. Selbst wenn eine enge Beziehung ihre Lebendigkeit verloren hat, hegt ein solcher Mensch nur selten ernsthafte Abneigungen, und gewöhnlich gelingt es ihm, zu früheren Partnern freundschaftliche Kontakte zu bewahren.

Derart erfreuliche Talente können für nützliche Dinge eingesetzt werden, und obwohl manchmal ein gewisser sozialer Opportunismus und sogar ein Hang zum Manipulieren zu bemerken ist, liegt in dieser Kombination nichts Gemeines, und sie verletzt nur selten tief.

In Beziehungen wird oft eine spirituelle Qualität gesucht, wie es auch bei Venus-Neptun-Aspekten der Fall ist, doch ohne die neptunische Sehnsucht, sich im Partner oder mit dem Partner zu verlieren. Bei schwierigen Aspekten können geheiligte und profane Werte aufeinanderprallen, und oft fühlt man sich zu Freunden und Partnern hingezogen, deren Lebensphilosophie nicht mit der eigenen übereinstimmt, doch wird dies gewöhnlich eher als bereichernd denn als bedrohend empfunden; eine eng begrenzte Gemeinschaft Gleichgesinnter läuft der Natur von Venus-Jupiter zuwider. Eine Klientin, die gerade einen Transit über ihr Venus-Jupiter-Quadrat erlebte, begegnete einem potentiellen Partner, der einem anderen Glauben angehörte. Ihre Glaubensgenossen drängten sie, die Beziehung abzubrechen, doch sie hatte das starke Gefühl, dass solche Unterschiede keine Barriere sein sollten.

Bei Venus-Jupiter-Kontakten spürt man allgemein jene Neigung zu Wohlleben und Genusssucht, die manchmal Jupiter zugeschrieben wird. Möglichkeiten zu endlosen Freuden eröffnen sich besonders, wenn im Horoskop ein starkes Venus- oder Stier-Element zu finden ist; die Freuden werden dann ohne grosse Schuldgefühle gesucht und freigiebig geteilt. Zwar findet sich ein Hang zum Luxus, doch mögen sich diese Menschen auch mit preiswerteren Freuden begnügen, wobei die Freude an der Kunst ebenso gross ist wie jene an sinnlichen Genüssen; und Menschen mit Venus-Jupiter-Aspekten wissen gewöhnlich genau, wie sie auch ohne volle Brieftasche ihr Vergnügen finden können. Oft besteht ein beträchtlicher Stolz auf die eigene Erscheinung und eine Vorliebe für ausgefallene Kleidung, und das Reisen ist gewöhnlich eine Quelle der Freude und eine Gelegenheit, neue Menschen kennenzulernen.

Mars-Jupiter-Aspekte

Die Kombination von Mars und Jupiter hat etwas von einer unheiligen Allianz. «Alle Planeten ausser Mars sind die Freunde Jupiters», sagt William Lilly[2], und in der Mythologie verachtet Zeus gewöhnlich Ares und seine beunruhigenden Aktivitäten. Wenn die Suche nach spiritueller Erleuchtung, nach universellen Gesetzen oder einer schöneren Zukunft von einem Geist des Kampfes und der Herausforderung getragen wird, dann ist das Ergebnis eine mächtige Kraft zum Guten wie zum Bösen, und dazu eine, die leicht ausser Kontrolle gerät.

Wie die Horoskope von Teresa von Avila (Seite 93), Martin Luther (Seite 79) und Billy Graham (Seite 83) zeigen, kann Mars Leidenschaft und Initiative beisteuern, um ein spirituelles Anliegen zu fördern, und das Christentum hat – sehr zum Unbehagen der Quietisten – viele Gestalten hervorgebracht, deren Mission in militaristischen Begriffen vermittelt wurde. Der christliche Bekehrungseifer passt sehr gut zu Mars und Jupiter, und die im neunzehnten Jahrhundert populäre Kolonisierung des «heidnischen» Territoriums wurde oft wie eine Eroberung beschrieben. David Livingstone (Seite 63), für den die Herausforderungen des Reisens und Bekehrens Hand in Hand gingen, hat einen Quinkunx zwischen diesen Planeten, ein Aspekt, der weit mächtiger ist, als allgemein angenommen wird.

Es mag viele Menschen geben, die glauben, ein «Heiliger Krieg» sei ein berechtigtes Unterfangen, doch die Überzeugtheit von der eigenen Rechtschaffenheit kann, kombiniert mit einem heroischen Geist, leicht eine Entschuldigung für schreckliche Exzesse liefern und in eine Philosophie ausmünden, die Macht mit Recht gleichsetzt; in allen Nazi-Horoskopen, die in diesem Buch erwähnt wurden, finden sich Kontakte zwischen Mars und Jupiter. Die Vorstellung vom Krieg als Vehikel für Spiritualität ist jedoch sehr alt, und diese Sichtweise kommt deutlich in der *Bhagawadgita* zum Ausdruck. In diesem Falle geht es nicht um die Aggression im Dienste einer eifrigen Selbstgerechtigkeit, sondern eher um den Kampfeifer als Metapher für den Mut im Angesicht der unvermeidlichen Gewalt und Absurdität des menschlichen Lebens. Interessant ist, dass Mars und Jupiter in der hinduistischen Astrologie als «Freunde» bezeichnet werden.

Heute ziehen nur noch wenige Menschen in einen religiösen Krieg, doch in einem Menschen mit Mars-Jupiter-Kontakten können sehr starke Emotionen geweckt werden, sobald es um Glaube oder Überzeugung geht. Oft besteht die Bereitschaft, Feindseligkeit und/oder den eigenen Bekehrungseifer auf Vertreter abweichender Ansichten zu projizieren, und es erfordert beträchtliche Aufrichtigkeit zu erkennen, dass hier die eigene hemmungslose Überzeugtheit zum Ausdruck kommt und das Bedürfnis, durch das Medium der eigenen Ansichten die eigenen Kräfte zu erproben. Wenn es zu dieser Erkenntnis kommt, können die Schwerter in der Debatte immer noch hallend aufeinanderprallen; ohne diese Erkenntnis können diese Kombinationen, vor allem die unharmonischen und die Konjunktion, extrem intolerant wirken und allgemein stark auf jeden Widerspruch reagieren. John McEnroe, der temperamentvolle Tennisstar, der für seine Auseinandersetzungen mit Schiedsrichtern ebenso bekannt ist wie für sein Spiel selbst, hat eine Opposition, die zusammen mit Sonne und Pluto ein grosses Spannungsdreieck bildet. Mars und Jupiter besitzen die gleiche Abneigung gegen Grenzen, und besonders wenn der Mars auch sonst betont ist, können persönliche Wünsche mit grosser Hingabe und ohne Rücksicht auf andere verfolgt werden. Oft besteht eine Vorliebe für Risiko, Spekulation und Abenteuer, und persönliche Ehre wird hoch bewertet.

In diesen Aspekten steckt viel Energie, und man kann sich mit grösstem Enthusiasmus für ein Sache einsetzen; doch bei Spannungsaspekten kann viel Energie mit unbedachten Handlungen und selbstgerechter Empörung verschwendet werden. Es besteht eine Tendenz, ziellos davonzugaloppieren, und wer in diese Kategorie gehört, ist gut beraten, wenn er sich den Spruch «eile mit Weile» merkt.

Wenn Mars in die spirituelle Suche eingebunden und die Schlacht innerlich ausgefochten wird, besteht oft die Bereitschaft, die Waffen gegen Instinkte und persönliche Wünsche zu erheben. Dies kann zu einer überharten Haltung gegenüber sich selbst führen. Das Reisen in der inneren wie der äusseren Welt ist stets mit Gefahren und Hindernissen verbunden, doch Menschen mit einer Mars-Jupiter-Kombination besitzen gewöhnlich Mut und gehen weiter, wo andere straucheln.

Jupiter-Saturn-Aspekte

Mars ist im Steinbock erhöht, denn seine Energien können hier eher beherrscht und strukturiert werden als die des Jupiter, der keine Affinität zur Erde hat. Im traditionellen Diagramm (Seite 46) steht Jupiter in Opposition zu Saturn, und auch zwischen den beiden mythischen Gestalten besteht keine grosse Liebe. Kronos verschluckt das Kind Zeus, weil er seine Entwicklung im Keime ersticken will, doch Zeus entkommt und usurpiert Kronos» Macht. Jupiters sorglose Freiheitsliebe ist eine Bedrohung für die durch Saturn repräsentierten Strukturen, während Saturns kalte Förmlichkeit Jupiters Improvisationen abblockt.

Wenn die beiden Planeten in harmonischem Aspekt und in verwandten Zeichen stehen, besteht gewöhnlich die Fähigkeit, gleichmässig und umsichtig voranzuschreiten und allen Einsichten ohne Energieverschwendung bis zum ersehnten Erfolg zu folgen; dies kann bei der Verwirklichung ehrgeiziger Pläne eine grosse Hilfe sein. Jupiter verliert einen Teil seiner Überschwenglichkeit, doch er neigt auch weniger zu Extremen. Die Konjunktion und Spannungsaspekte dagegen können äusserst ungemütlich werden, wenn sie im Horoskop betont sind, denn dann wird die Feindschaft zwischen den beiden Planeten deutlich erfahren.

In Saturns Welt ist kein Raum für Überraschungen. Alles wird so weit wie möglich geplant, und es werden nur erprobte Methoden angewendet. Wenn diese Vorsicht auf Jupiters Expansionsdrang und Wanderlust trifft, entsteht grosses Unbehagen. Manchmal gelingt es Saturn, die Kraft Jupiters zu unterdrücken oder zu veräusserlichen, und manchmal drängt Saturns Neigung, als Wetzstein für andere Planeten zu wirken, Jupiter nur dazu, sich um so energischer Ausdruck zu verschaffen, so dass eine verzweifelte Entschlossenheit entsteht, um jeden Preis die Freiheit zu erlangen oder den Glauben zu finden. Dies kann Jupiters schlimmste Seite an den Tag bringen.

Die erste dieser Möglichkeiten produziert den überzeugten und oft bekehrerischen Skeptiker, der keine Gelegenheit auslässt, einen Glauben zu verlachen, der nicht auf «objektiven Tatsachen» beruht. Dass hinter diesem System aus Fakten auch nur Überzeugungen und Annahmen stehen, ist ein Thema, das er tunlichst meidet. Selbst Karl Marx gelang es nicht ganz, Jupiter aus dem Spiel zu halten. Er hatte ein Sextil zwischen Jupiter, der im Saturnzeichen Steinbock stand, und Saturn, der im idealistischen und irrationalen Sumpf der Fische (Jupiters Zeichen) um Kristallisation rang. Das System, das Marx schuf, kann als Ersatzreligion mit einem eigenen Katechismus und einem gewaltigen Glauben an die erlösenden Kräfte des Proletariats gesehen werden.

Andererseits kann Jupiter sich durch Saturns Herausforderung gezwungen sehen, Beweise zu finden, wie der ungläubige Thomas, der seine Hand an Christi Seite legte, um sich zu vergewissern, dass er auferstanden war. Bei diesen Aspekten kann Vertrauen zugleich unterminiert und als Kompensation hoch bewertet sein. Es gibt eine Sehnsucht nach Gott (oder dem Glück), der sich zeigen und Zweifel und Ängste beseitigen möge, worauf immer wieder Enttäuschungen folgen. Es scheint einen Zwang zu geben, solche Enttäuschungen durch eine Art närrisches Glücksspiel immer wieder zu suchen. Die Phantasie, alle eigenen Probleme durch ein aussergewöhnliches Erlebnis gelöst zu sehen, durch eine Gnade oder eine Glückssträhne, verzehrt viel Kraft. Oder man setzt sich in eine emotionale Schaukel, in der man sich selbst in einen Zustand von unrealistischem Optimismus oder von Begeisterung hochschaukelt und dann unweigerlich wieder in eine Periode von Depressionen und dem Gefühl von Sinnlosigkeit hinunterstürzt.

Weiterhin existiert oft die Sehnsucht nach einem Gefühl jener Fülle, die ein gut aspektierter Jupiter schenken kann, und der Wunsch, grosszügig zu sein, während man in der Praxis Schwierigkeiten hat, überhaupt etwas zu geben ohne an Belohnung zu denken, oder Angst zu haben, dass die Gabe nicht auf fruchtbaren Boden fallen könnte. Dies kann manchmal bedeuten, dass man mit der einen Hand gibt und mit der anderen nimmt oder Geschenke anbietet, die nicht angemessen sind, so dass die ganze Angelegenheit einen faden Beigeschmack bekommt und enttäuschend wird.

Der Versuch, die eigenen Ängste und Zweifel zu leugnen, bedeutet unweigerlich, dass andere Menschen und die äusseren Umstände eben diese Qualitäten annehmen; anscheinend stehen sie gegen die Freiheit oder spirituelle Werte, so dass beständige Rebellion und Unzufriedenheit die Folge sind. Der Versuch, einen philosophischen oder religiösen Rahmen zu finden, kann ebenfalls zu Enttäuschungen führen, denn man muss kämpfen, um Bedeutung und Begeisterung lebendig zu erhalten. Wahrscheinlich ist es nur durch Akzeptieren und Annehmen der eigenen Ängste und Zweifel möglich, ein Gefühl der Bedeutung und des Sinns zu entwickeln, doch dies ist gewöhnlich die letzte Lösung, mit der man es versucht.

Jupiter-Uranus-Aspekte

Aspekte zwischen Jupiter und den langsameren Planeten können bis zu einem Jahr gültig bleiben und stehen deshalb für Zusammenhänge, die ganze Jahrgänge gemeinsam haben. Sie werden erst dann individuell bedeutungsvoll, wenn innere Planeten oder Achsen beteiligt sind. Diese Kombinationen weisen dann zugleich auf eine Tendenz, gewisse Glaubensrichtungen anzunehmen, wie auf bestimmte expansive Antriebe, die einer grossen Menschengruppe eigen sind. Gewöhnlich sind sie in den Horoskopen religiöser Führer besonders betont.

Zeus und Uranos waren Götter des höheren Reiches, des grenzenlosen Raums und der dramatischen Himmelsphänomene. Astrologisch gesehen neigen beide Planeten und ihre Zeichen, Schütze und Wassermann, stark zu Unabhängigkeit und Bewegungsfreiheit, und die Kombination der beiden kann in dieser Hinsicht extrem werden. Besonders die Spannungsaspekte können keine Bande ertragen und erzeugen starke Aversionen gegen ein gesetztes Leben. Wie das Kapitel über das Reisen illustrierte, finden sich diese Kombinationen gewöhnlich in den Horoskopen leidenschaftlicher Abenteurer; sie sehnen sich nach Veränderung, Aufregung und Forschung, besonders an Orten, an denen noch nicht viele Menschen waren. Die Planeten sind betont in den Horoskopen von Astronauten und Flugpionieren – im wörtlichen Sinne Reisende im Himmel und zugleich Erneuerer. Es ist, als sei das Ziel nichts Geringeres als die Flucht von der Erde mit ihren Beschränkungen. Menschen mit Spannungsaspekten, für die das Reisen nicht möglich ist, wechseln häufig und nicht unbedingt aufgrund bewusster Entscheidungen den Beruf oder die Wohnung; irgendwie streben sie instabile Situationen an, die sie hindern, sich zu sehr festzulegen. Ich kannte einige Menschen mit solchen stark betonten Aspekten, die anscheinend aufgrund einer plötzlichen Laune einen Job aufgaben; doch wahrscheinlich hatte sich der Drang weiterzuziehen schon eine ganze Weile aufgebaut. Ein Mann mit einer Opposition auf der MC/IC-Achse hatte in weniger als zwanzig Jahren fünfzig Jobs.

Wenn Jupiter-Uranus-Kontakte auf eine eher introvertierte Weise wirken, dann bringen sie oft höchst unkonventionelle und strittige Ideen und Ansichten hervor, die entweder revolutionär oder trotzig reaktionär sein können. Der brillante, innovative und umstrittene Psychiater R.D. Laing hat die beiden Planeten in Konjunktion am Aszendenten, und Heinrich Himmler (Seite 125), dessen Absicht es war, eine Vision der fernen Vergangenheit zu aktualisieren, hatte sie in Konjunktion an der Himmelsmitte. Ayatollah Khomeini, der islamische Revolutionsführer im Iran, der die Uhr um Jahrhunderte zurückdrehte, wurde unter der gleichen Konjunktion geboren wie Himmler, und ich bin sicher, dass sie eine prominente Stellung in seinem Horoskop einnimmt. Leider ist seine Geburtszeit nicht bekannt.

Wie man aus den beiden letzten Beispielen ersehen kann, ist es potentiell eine höchst gefährliche Kombination. Uranus' Aversion gegen Kompromisse, kombiniert mit Jupiters Neigung zu dogmatischen Verkündigungen, dazu der Widerstand beider Planeten gegen jede Art von Beschränkung, kann zu

Überheblichkeit und Fanatismus in extremer Form führen. Die Realität der menschlichen Schwächen wird leicht aus dem Blick verloren, und besonders, wenn das Horoskop von Feuer- und Luftzeichen dominiert ist, besteht eine ausgeprägte Abneigung gegen die Erforschung persönlicher Motive. Wo Jupiter Dinge aus Glauben annimmt, *«weiss»* Uranus und erblickt einen ganzen Plan mit verblüffender Klarheit. Und diese Gewissheit teilt sich anderen mit, die entweder abgestossen oder mitgerissen werden. In weniger extremen Fällen und besonders, wenn die Aspekte harmonisch sind, bleibt immer noch eine Menge Originalität und eine Neigung zu ungewöhnlichen Studiengebieten und unorthodoxen (oder unpassend orthodoxen) religiösen Ansichten.

Auf der kollektiven Ebene verbindet Charles Harvey in Anlehnung an Henri Barbault[3] den Jupiter-Uranus-Zyklus mit dem Kapitalismus und der «freien Marktwirtschaft», also mit dem Fehlen von Handelsbeschränkungen, und ausserdem mit politischem Extremismus und riskantem Vorgehen.

Jupiter-Neptun-Aspekte

Wie bei Jupiter-Uranus-Kontakten ist Jupiter im Aspekt zu Neptun nicht gerade auf der Erde zu Hause, doch hier dreht sich die Vision nicht um Freiheit und Revolution, sondern um eine sinnreiche Übertragung in eine andere Art der Realität. Statt den herrschenden Zustand in Frage zu stellen, beginnt man lieber ganz sachte, die Dinge von ihrer traumhaften oder magischen Seite zu betrachten; der Abschnitt über Visionen (Seite 89) enthält eine Reihe von Beispielen.

Menschen, bei denen diese Aspekte sehr stark wirken, fühlen sich gewöhnlich nicht zu Situationen hingezogen, in denen es um Macht geht, und Verantwortung finden sie ausgesprochen lästig; der Peter-Pan-Typ, der das Niemals-Land der Phantasie den harten Realitäten der «Erwachsenenwelt» vorzieht, ist ein typisches Beispiel. Es ist eine aussergewöhnlich romantische Kombination, die zu grandiosen Phantasien neigt, welche die Banalitäten des Alltagslebens kompensieren. Wenn dem Horoskop Erde fehlt, ist es besonders leicht, in einen inneren Raum abzudriften und die Berührung mit der kollektiven äusseren Realität zu verlieren; sogar die Abspaltung eines Persönlichkeitsteils ist möglich. Gewöhnlich besteht eine Offenheit für psychische Phänomene, wenn auch mitunter eher auf der Ebene des Interesses als auf jener der persönlichen Erfahrung.

Obwohl es oft starke mystisch-religiöse Neigungen gibt, kann die Tendenz vorherrschen, von einem Weg oder Lehrer zum nächsten zu wechseln, denn man sucht eine Art Universalität, die gegen jene Disziplin verstösst, die gewöhnlich von religiösen Organisationen verlangt wird. Es ist keine besonders dogmatische oder intolerante Kombination, und im besten Falle erzeugt sie einen erfreulichen, ökumenischen Blick auf die Dinge und eine Fähigkeit, verschiedene Standpunkte zu relativieren, ob es sich dabei nun um spezifisch religiöse handelt oder nicht.

Wie mit anderen Neptunaspekten sehnt man sich auch mit einer Neptun-Jupiter-Verbindung nach einem Ort jenseits des Leidens, was euphorische, durch Drogen induzierte Zustände einschliesst – der Zustand, der in den sechziger Jahren als «blissing out» das gesegnete Ausflippen, bezeichnet wurde – die Flucht aus der Welt. Dies ist der Gehalt von «Over the Rainbow», und Judy Garland hat tatsächlich ein Sextil zwischen den beiden Planeten, wobei Jupiter im Quadrat zum Aszendenten und Neptun im Sextil zur Sonne steht. Leider ist auch Pluto beteiligt, der eine ganz andere Geschichte erzählt; der Versuch, durch Drogen einen positiven Bewusstseinszustand zu erreichen, war gleichzeitig ihr Untergang.

Jupiter-Pluto-Aspekte

Der Gott der Höhe und der Gott der Tiefe haben wenig gemeinsam. Bei Jupiter ist alles möglich, bei Pluto geht alles irgendwann zu Ende. Menschen mit Aspekten zwischen diesen beiden Planeten können Jupiters Verheissung nicht lange geniessen, ohne mit der Dunkelheit in Berührung zu kommen; wo sie hoffnungsvoll und freudig hinausgreifen, fällt ein Schatten. Eine Frau mit dieser Konjunktion konnte sich an ihre kindlichen Erlebnisse mit der Kirche nur unter Schaudern erinnern; der Gang über den Friedhof hatte ihr einen viel tieferen Eindruck gemacht als das Versprechen auf Erlösung. Im Grunde gibt es zwei Möglichkeiten, mit dieser Stellung umzugehen: entweder werden die beiden Seiten abgespalten und man schwankt ewig zwischen ihnen, oder man versucht eine Art Synthese.

Das Christentum hat eher die Spaltung gefördert: das Streben zum Hellen und die Flucht vor dem Teufel. Die Konjunktion in Billy Grahams Horoskop und das häufige Auftauchen dieser Polarität (Jupiter-Pluto, Schütze-Skorpion) in Horoskopen von religiösen Führern findet ihren Ausdruck in einem Leben, das darauf verwendet wird, Menschen vor der ewigen Verdammnis und vor allem, was den Glauben zu zerstören droht, zu erretten. Die gleiche Spaltung kann in Begriffen erfahren werden, die eher philosophischer als religiöser Natur sind, und in jedem Falle besteht das Risiko der Paranoia, eines Gefühls, hartnäckig von jenen verfolgt zu werden, deren Ansichten als destruktiv oder nihilistisch betrachtet werden.

Wo eine solche Spaltung nicht aufrecht erhalten werden kann, dort führt der simple Glaube, den Jupiter so liebt, rasch zu Problemen, und das Ergebnis, oft recht früh im Leben, ist der Zusammenbruch spiritueller Werte oder des Glaubens. Etwas von dieser Art befiel den Forscher Stanley (Seite 66), als seine religiöse Erziehung ihm bei der Begegnung mit der brutalen Welt nicht helfen konnte.

Eines der Resultate dieser Art von Erfahrung kann ein tief verwurzeltes Misstrauen gegenüber allem sein, was Jupiter repräsentiert, eine Tendenz, überall Heuchelei zu riechen und mit Zynismus zu reagieren. Manchmal räumt jedoch die Aufgabe jeder Hoffnung oder die Nähe des Todes den Weg für eine Art spiritueller Läuterung frei: die Erfahrung des Lichtes in der Dunkelheit. Der Glaube, der daraus entsteht, ist im Feuer geschmiedet und beruht auf der Hinnahme von Tod und Vergänglichkeit und nicht auf einer einfachen Hoffnungsbotschaft.

Der Pfad zu Sinnfindung und Erleuchtung kann eine aktive Beschäftigung mit dem Dunklen, Versteckten oder Destruktiven erfordern, und oft besteht bei diesen Aspekten eine Vorliebe für magische und okkulte Praktiken und die Kräfte, die sie freisetzen können. Jim Jomes, der eine Konjunktion hatte, fand seine eigene Synthese, indem er einen Kult erschuf, der mit dem Tod der Gläubigen endete. Durch Drogen induzierte religiöse Erfahrungen scheinen ebenfalls recht häufig, obwohl die Einnahme von Drogen gewöhnlich nicht mit Pluto verknüpft wird. Richard Alpert (Baba Ram Dass) und Timothy Leary, die Gründer des LSD-Kultes in den sechziger Jahren, hatten eine Konjunktion bzw. ein Sextil von Jupiter und Pluto, und Leary, «der Mann, der die Welt in Bewegung brachte», hat nicht einmal einen besonders starken Neptun. Wir können einen Schlüssel finden, wenn wir uns vor Augen halten, dass diese LSD-Priester das Tibetanische Totenbuch als Anleitung benutzten: die Grundlage ihrer Offenbarung war die bewusste Verneblung des Ego-Bewusstseins, eine chemisch induzierte Todeserfahrung.

Eine andere Tendenz, die anscheinend mit diesen Aspekten verbunden ist, könnten wir das «Kassandra-Syndrom» nennen. Ich kenne mehrere Menschen mit diesem Syndrom, die Vorahnungen oder prophetische Träume haben, die allerdings stets auf die Voraussage kommender Todesfälle beschränkt bleiben. Oswald Spengler, der Philosoph, der den Untergang der westlichen Zivilisation voraussagte, hatte ein exaktes Halbquadrat.

Die vielleicht konstruktivste Lösung, wenn auch nicht unbedingt die leichteste, finden wir bei C.G. Jung, der einen exakten Quinkunx hatte und Jupiter im achten Haus. Für ihn beinhaltete jeder Optimismus in bezug auf persönlichen oder kollektiven Fortschritt die Einbeziehung der Schatten, jenes oft bedrohlichen Gegenpols zu unseren bewussten Zielen, der nicht erlöst werden kann und ein anderer Name für den Teufel ist.

Anmerkungen

1 Von John Addey eingeführte Methode, die vor allem in den angelsächsischen Ländern gebräuchlich ist.

2 William Lilly, *Christian Astrology,* Regulus 1985, S. 65 (Originalausgabe 1659).

3 Siehe M. Baigent, N. Campion und C. Harvey, *Mundane Astrology,* Aquarian Press 1985, Kapitel 6, insbesondere S. 186f.

Transite und Progressionen

Mein Interesse an Jupiter erwachte, als eine Reihe von Transiten nicht die Erfahrungen brachte, die ich mir gewünscht hätte. Meine ziemlich naive Ansicht war, dass Transite des Grossen Wohltäters Freude bringen mussten; statt dessen brachten drei Transit-Konjunktionen den Tod eines mir nahen Menschen, den Bruch einer Beziehung und eine Krankheit, also ausgesprochen unangenehme Erfahrungen.

Jupiter-Transite sind unberechenbar; manchmal schlägt ein Blitz ein, manchmal nimmt das Leben eine unerwartete Wende, manchmal scheint so gut wie nichts zu passieren. Ob ein solcher Transit als angenehm empfunden wird, hängt in erster Linie von der aktivierten Konstellation im Geburtshoroskop ab, denn Transite und Progressionen sind Kanäle, durch die das Geburtshoroskop eine lebendige Erfahrung wird. Wenn also ein hauptsächlich gut aspektierter Planet oder eine Achse mit dem Transit-Jupiter in Konjunktion kommt, ist es recht wahrscheinlich, dass man eine erfreuliche Erfahrung macht und sich aufregende neue Möglichkeiten eröffnen.

Trigone des transitierenden Jupiter erlebt man im allgemeinen als angenehme Zeiten, wenn sie auch nicht unbedingt mit bedeutenden Veränderungen zusammenfallen. Quadrate und Oppositionen, die vom laufenden Jupiter ausgehen, sind einschneidender. Gewöhnlich gehen sie mit viel Aufregung und Ungeduld einher. Es besteht eine Tendenz, die Dinge übermässig aufzubauschen, und oft treibt es einen, über die Stränge zu schlagen und etwas Neues zu versuchen, ein Risiko einzugehen oder sich zu sagen: «Ihr könnt mich mal!». In solchen Zeiten kann man leicht überzogen reagieren und Dinge tun oder sagen, die man später bereut. Manchmal, besonders wenn Uranus oder Mars beteiligt sind, geschehen Unfälle. Doch im Nachhinein werden solche Erschütterungen oft als befreiend empfunden, denn sie haben den Betreffenden vorwärts getrieben, was bei vorsichtigerem Vorgehen nicht möglich gewesen wäre. In jedem Falle sind diese Transite, soweit sie nicht mit gewichtigeren zusammenfallen, gewöhnlich nicht von grosser Bedeutung. Manchmal, wenn das sechste Haus oder Chiron beteiligt sind, kann es zu gesundheitlichen Problemen kommen. Schwellungen, Zysten und dergleichen sind für Jupiter besonders typisch.

Die wirklich wichtigen Jupiter-Transite sind die Konjunktionen mit dem Radix-Jupiter, bei denen man immer in Betracht ziehen sollte, dass damit ein neuer zwölfjähriger Zyklus beginnt. Das Schlüsselwort ist hier die Vorstellung von einem Neubeginn oder einer Chance für eine neue Entwicklung, denn Jupiter sät eher, als dass er erntet, und er ist auf die Zukunft orientiert. Ein Jupiter-Transit ist eine Öffnung, durch die etwas Neues eintreten kann; bei einer Konjunktion mit der Venus könnte man zum Beispiel einen Menschen kennenlernen, der eine wichtige Rolle im Leben spielen wird. Oft erhascht man nicht mehr als einen kurzen Blick auf die neuen Möglichkeiten, und besonders wenn Jupiter nicht rückläufig wird und der Transit schnell vorbei ist, übersieht man leicht seine Bedeutung.

Saturn-Transite nehmen wir gewöhnlich nur allzu schmerzlich wahr; dabei ist es sehr hilfreich zu beobachten, was unter einem Jupiter-Transit geschieht, was eine intuitive Wahrnehmung, Sinn für Symbolik und einen Blick für mögliche Entwicklungen verlangt. Man kann immer eine Art Wegweiser für die in Frage kommenden Richtungen entdecken. Ein Jupiter-Transit über die Himmelsmitte kann zum Beispiel einen Fortschritt in der Karriere durch einen neuen Job bedeuten, doch oft entsteht zunächst nicht mehr als eine neue Idee für die zukünftige Entwicklung in diesem Bereich. Eine solche Möglichkeit führt unter Umständen zu nichts, wenn wir nicht fähig oder bereit sind, die Idee weiterzuentwickeln. Es kann zu einem Ausbruch von Begeisterung kommen, der sich rasch erschöpft.

Jupiter-Transite können uns aufwecken, Blockaden lösen und Energie freisetzen. Sie hängen oft mit dem Tod zusammen, mit dem eigenen oder dem eines vertrauten Menschen. Dies lässt uns daran denken, dass der Tod auch als Befreiung aus Bindung oder Leiden und als Weiterschreiten erfahren wird; wenn ein Jupiter-Transit mit dem Tod eines anderen Menschen zusammenfällt, dann wird trotz der Trauer über dieses Ereignis gewöhnlich die Energie, die in diesen Menschen investiert wurde, freigesetzt und kann sich in eine neue Richtung bewegen. Eine Frau, deren Vater starb, als Jupiter in Konjunktion mit ihrem Herrscherplaneten war (andere Hinweise gab es kaum), war plötzlich fähig, die schon lange problematische Ehe mit einem Mann aufzugeben, der die negativen Qualitäten ihres Vaters verkörpert hatte. Sie erkannte, dass die Ehe zum grossen Teil ein fehlgeschlagener Versuch war, die Wertschätzung ihres Vaters zurückzugewinnen. Nun eröffneten sich ihr völlig neue Möglichkeiten, die sie sich vorher nicht hatte vorstellen können.

Wenn Jupiter-Transite mit schwierigen Erfahrungen irgendwelcher Art zusammenfallen, dann können sie uns aus eingefahrenen Gleisen werfen. Manchmal kann es ein Unfall oder eine Krankheit sein – Transite über den Aszendenten sind hierfür berüchtigt –, doch während eine Krankheit unter einem Saturn-Transit gewöhnlich die Lektion beinhaltet, auf unseren Körper zu achten, ist sie unter einem Jupiter-Transit eine versteckte Chance, etwas Neues zu entwickeln. Ein Mann, der unter einem solchen Transit einen kleinen Unfall hatte, stellte fest, dass die Zwangspause ihm die Freiheit gab, ein neues Projekt zu bedenken, das ihn in eine unerwartete Richtung führte.

Manche Jupiter-Transite sind nur schwer zu fassen. Es kann nie schaden, in solchen Zeiten auf *Träume* zu achten, denn diese können die kommenden Dinge vorzeichnen, und es kann noch weitere sehr fein gesponnene Erlebnisse geben. Ich erinnere mich an einen Jupiter-Transit über meinen Mond im Schützen, der mit einem Tag zusammenfiel, an dem ich mich ungewöhnlich frei fühlte und eine Offenheit spürte, wie nie zuvor, seit ich erwachsen geworden war. Am nächsten Tag war die Tür wieder zugefallen, doch es blieb mir ein Gefühl des Vertrauens, dass ich zu diesem Zustand zurückkehren konnte, und ich bekam einige Hinweise, wie dies möglich wäre. Am gleichen Tag lernte ich eine Frau kennen, die mich ermunterte, meine Arbeit in eine bestimmte, eindeutig lunare Richtung weiterzuentwickeln.

Zu Jupiter-Transiten über den Mond erfuhr ich vor kurzem[1], dass Transite und Progressionen dieser beiden Planeten untereinander in mehreren Fällen mit der Empfängnis zusammenhingen, und seitdem habe ich noch einige weitere Beispiele gefunden. Ich konnte noch nicht genug Daten sammeln, doch der Symbolismus entspricht genau dem, was wir von Zeus' Eskapaden zu erwarten haben – ein neuer Beginn, auf den rasches Wachstum im Schoss folgt. Bei mehreren Gelegenheiten konnte ich auch Jupiter-Transite im Horoskop eines Mannes zu solchen Zeiten feststellen. Ein indisches Astrologiebuch[2] empfiehlt, ein Kind dann zu zeugen, wenn Jupiter den Mond der Frau aspektiert; doch es ist nicht ganz klar, ob dies die Empfängnis selbst begünstigen oder für eine problemlose Geburt oder ein gesundes und gückliches Kind sorgen soll.

Jupiter rührt in jedem Haus die zugehörigen Bereiche auf, während er seinen durchschnittlich 11,8 Jahre dauernden Kreis durch die Zeichen zieht. Einen Begriff von den Dingen, die man hier erwarten kann, gibt uns Stephen Arroyo in seinem Buch *Relationships and Life Cycles*[3]. Ich glaube, Menschen mit einem starken Jupiter im Geburtshoroskop sind allgemein besser auf seinen Durchgang durch die Häuser eingestimmt und erfahren ihn als aufeinanderfolgende Entfaltung oder Expansion aller dieser Bereiche, während andere den Transit in manchen Häusern sehr stark und in anderen kaum spüren. Wenn Progressionen und Transite einen bestimmten Lebensbereich ins Licht der Aufmerksamkeit rücken und Jupiter in das entsprechende Haus eintritt, kann eine Woge von Aktivität losbrechen. Ein Mensch mit einer länger andauernden Progression zu Merkur entfesselte zum Beispiel eine geradezu verwirrende Lehrtätigkeit, als Jupiter ins dritte Haus kam. Ich glaube, wie bei allen Transiten, bringen auch hier jene Augenblicke etwas in Gang, in denen Jupiter eine Häuserspitze oder einen im betreffenden Haus stehenden Planeten berührt.

Die unauffälligsten Transite durch die Häuser scheinen mit einer Art Hoffnung oder Wunschdenken zum Thema dieses Hauses einherzugehen, was oft zu nichts Greifbarem führt – etwa zu Phantasien, viel Geld zu verdienen, wenn Jupiter im zweiten Haus ist, oder die Vorstellung zu malen, wenn er ins fünfte kommt. Ein andernmal steht man vor einer Wasserscheide, zum Beispiel, wenn Jupiter am IC einen Umzug bringt; den Beginn oder das Ende einer Beziehung, wenn er ins siebte kommt, oder den Wunsch, sich einem neuen Kreis anzuschliessen, wenn er ins elfte Haus eintritt.

Transite und Progressionen, die den Radix-Jupiter aktivieren und natürlich für alle Menschen mit einem starken Jupiter im Geburtshoroskop wichtig sind, können alle Arten von Erfahrungen auslösen, für die in diesem Buch Beispiele gegeben wurden. Es kann sich um eine Reise und den Drang zum Forschen handeln, um religiöse Erfahrungen, Visionen, Träume und Intuitionen – Martin Luther King hatte Progressionen von Sonne und Mond zu Jupiter (auch Neptun war beteiligt), als er in Washington seine berühmte Rede «Ich habe einen Traum» hielt. Möglich sind auch materielle Verbesserungen, ein Studienabschluss, der die Tür zu weiteren Studien oder zu einer Karriere eröffnet, oder eine plötzliche Lust am Glücksspiel, das sich auszahlen kann oder auch nicht. Sehr oft werden zu solchen Zeiten philosophische oder religiöse Ansichten besonders wichtig, sei es, weil man nun das ihnen zugrundeliegende Gesetz ausfindig machen möchte, sei es, weil die eigenen Vorstellungen in Frage gestellt werden oder einen Wandel durchmachen. Es kann sich eine völlig neue Sicht aller Dinge eröffnen.

Die schwierigsten Transite über Jupiter sind jene von Saturn und Pluto, die oft als Depression oder ein Gefühl des Eingesperrtseins empfunden werden. Hoffnungen verblassen, Möglichkeiten verschliessen sich, der Glaube muss geprüft werden; oder es entbrennt ein heftiger Kampf, um etwas festzuhalten, was man flüchtig erblickte. Einstein arbeitete an einigen seiner weitreichenden Theorien, als Saturn über seinen Jupiter ging und rückläufig wurde. Dies sind Zeiten, die eher für Reflektion als fürs Vergnügen geeignet sind. Eine kühne Abenteurerin machte sich wider besseres Wissen auf den Weg, als Saturn mit ihrem Jupiter im neunten Haus in Konjunktion stand; sie hatte das

Gefühl, etwas zu «erzwingen» und irgendwie den falschen Augenblick gewählt zu haben. Auf dem Weg zur Kanalfähre brach ihr Auto fünfmal zusammen, als wollte es ihre Befürchtungen bekräftigen, doch sie fuhr weiter. Es gab keine Katastrophe, doch während der ganzen Reise war sie deprimiert, so dass sie sie schliesslich für Zeitverschwendung hielt. Es wäre zweifellos fruchtbarer gewesen, daheim zu bleiben und den Grund für ihre Depressionen zu untersuchen, der höchstwahrscheinlich im Nachlassen ihrer religiösen Überzeugung lag, an der sie jahrelang festgehalten hatte. Andere Menschen, die unter Saturn-Jupiter-Transiten Reisen beginnen, fahren trotz eines Gefühls, dass sie zurückgehalten werden, so dass sich die erhoffte Freiheit und Begeisterung nicht einstellt. Eine ideale Reise setzt einen offenen Geist und eine gewisse Erwartung voraus, dass etwas Gutes geschehen werde, und dies fehlt gewöhnlich unter Saturn- oder Pluto-Transiten über Jupiter. Sie wirken beide eindeutig einschränkend.

Bei bevorstehenden Transiten und Progressionen, bei denen Jupiter aktiviert wird, sollten wir vielleicht bedenken, dass wir von Erlebnissen davongetragen werden können, die uns etwas Grösseres, Besseres und Bedeutsameres vermitteln, vorausgesetzt, wir leben mitten drin in «unserem» Jupiter. Jupiter beflügelt, trägt uns fort und begeistert uns wie ein Traum vom Fliegen, und wir wollen nicht auf den Boden zurück. Mit weit in die Ferne blickenden Augen übersehen wir vielleicht das Naheliegende.

Anmerkungen

1 Indirekt von Pat Harris, einer diplomierten, praktizierenden Astrologin.

2 M. Ramakrishna Bhat, *Fundamentals of Astrology,* Motilal Banarsidass, Delhi 1967, S. 113.

3 Stephen Arroyo, *Relationship and Life Cycles,* CRCS 1979, S. 186.